Die Anwendung des Europarechts im innerstaatlichen Bereich

Europäische Hochschulschriften
Publications Universitaires Européennes
European University Studies

Reihe II
Rechtswissenschaft

Série II Series II
Droit
Law

Bd./Vol. 3392

PETER LANG
Frankfurt am Main · Berlin · Bern · Bruxelles · New York · Oxford · Wien

Philippe Gréciano

Die Anwendung des Europarechts im innerstaatlichen Bereich

Rechtsvergleichende Analyse: Österreich-Frankreich

Mit einem Vorwort von Theodor Öhlinger

PETER LANG
Europäischer Verlag der Wissenschaften

Die Deutsche Bibliothek - CIP-Einheitsaufnahme

Gréciano, Philippe:

Die Anwendung des Europarechts im innerstaatlichen Bereich : rechtsvergleichende Analyse: Österreich-Frankreich / Philippe Gréciano. Mit einem Vorw. von Theodor Öhlinger. - Frankfurt am Main ; Berlin ; Bern ; Bruxelles ; New York ; Oxford ; Wien : Lang, 2002
(Europäische Hochschulschriften : Reihe 2, Rechtswissenschaft ; Bd. 3392)
Zugl.: Wien, Univ., Diss., 2000
ISBN 3-631-39378-4

ISSN 0531-7312
ISBN 3-631-39378-4

www.peterlang.de

In memoriam
Botschafter Dr. Stefan M. Gréciano,
seinem Einsatz für den Frieden,
von der Konferenz in Den Haag
zum Völkerbund in Genf.

Vorwort

Die Europäische Union – und im Besonderen die Europäische Gemeinschaft – wird seit jeher treffend als eine Rechtsgemeinschaft charakterisiert. Diese Rechtsgemeinschaft wird nicht nur durch das EG-Recht selbst gebildet; auch die Rechtsordnungen der Mitgliedstaaten bilden einen wesentlichen Teil dieser Rechtsgemeinschaft. Unter dem Dach des Gemeinschaftsrechts wachsen die Rechtsordnungen der Mitgliedstaaten immer mehr zusammen und formen die gemeinsame Basis der europäischen Rechtsgemeinschaft. Daher ist die Kenntnis und das Verständnis der Rechtsordnungen der "anderen" Mitgliedstaaten für jeden in einem Staat der EU arbeitenden Juristen wichtig und in einem Mindestmaß erforderlich.

Rechtsvergleichende Analysen wie die vorliegende Schrift von Philippe Gréciano leisten dazu einen wichtigen Beitrag, dass sich Europa auch im Bewusstsein der in den Staaten arbeitenden Juristen als eine Rechtsgemeinschaft formt.

o. Univ.-Prof. Dr. Theo Öhlinger
Universität Wien

Diese Arbeit ist am Juridicum der Universität Wien im Jahre 2000 als Dissertation eingereicht worden. Sie ist ein Ergebnis einer teilweise parallelen, teilweise sukzessiven Rechtsausbildung gleicher bzw. ergänzender Bereiche in Frankreich und Österreich. In Konzeption und Redaktion trägt sie die unvermeidlichen Spuren der beiden Rechtskulturen. Die Begegnung mit meinem Doktorvater, Herrn Univ. Prof. Dr. Theo Öhlinger hat sich insofern als besonders fruchtbar erwiesen, als er durch seine Forschung und seine Offenheit konstruktiv zum juristischen Vergleich beigetragen hat. Herrn Univ. Prof. Dr. Joseph Aicher danke ich für alle wissenschaftlichen Anregungen, für seine Ausbildung im Europarecht und für die zweite Begutachtung der Arbeit.

Wien – Berlin, Philippe Gréciano

Inhaltsverzeichnis

Abkürzungsverzeichnis

a.a.O.	am angegebenen Ort
ABl.	Amtsblatt der Europäischen Gemeinschaft
Abs.	Absatz
abw.	abweichend
adm.	administratif, -ve
Adm.	Administration
AFDI	Annuaire Français de Droit International
AJDA	Actualité Juridique, Edition Droit Administratif
allg.	allgemein
Anh.	Anhang
Anm.	Anmerkung
AÖR	Archiv des öffentlichen Rechts
Art.	Artikel
Ass. Nat.	Assemblée Nationale
Ass. plén.	Assemblée plénière
Auff.	Auffassung
Aufl.	Auflage
B	Beschluß
Bd.	Band
bes.	besonders
BG	Bundesgesetz(e)
BGB	Bürgerliches Gesetzbuch
BGBl	Bundesgesetzblatt
Bgld.	Burgenland
BK	Bundeskanzler
BKA	Bundeskanzleramt
BlgNR	Beilage zu den stenographischen Protokollen des Nationalrates
BM	Bundesminister
BRD	Bundesrepublik Deutschland
Bull.	Bulletin des Arrêts de la Cour de Cassation
BV	EU-Beitrittsvertrag
BVG/B-VG	Bundesverfassungsgesetz

B-VG-Nov	Bundesverfassungsgesetz-Novelle
bzw.	beziehungsweise
Cass.	Arrêt de la Cour de Cassation
Cass. ch. mixte	Arrêt de la Cour de Cassation, Chambre mixte
CC	Conseil Constitutionnel
C. Cass.	Cour de Cassation
CDE	Cahier de Droit Européen
CE	Conseil d'Etat
D	Recueil Dalloz
ders.	derselbe
d.h.	das heißt
Diss.	Dissertation
Doctr.	Doctrine
DÖV	Die öffentliche Verwaltung
DRiZ	Deutsche Richterzeitung
DVBl.	Deutsches Verwaltungsblatt
E	Entscheidungssammlung
EAG	Europäische Atomgemeinschaft / EURATOM
EAGV	Vertrag über die Gründung der EURATOM
ebda.	ebenda
éd.	édition
EDCE	Etudes et documents du C. E.
EEA	Einheitliche Europäische Akte
EG	Europäische Gemeinschaft
EGMR	Europäischer Gerichtshof für Menschenrechte
EGV	Vertrag zur Gründung der Europäischen Gemeinschaft
EGVG	BG v. 21. Juli 1925 zur Einführung der Bundesgesetze über das allgemeine Verwaltungsverfahren
EMRK	Europäische Menschenrechtskonvention
Enc. Dalloz	Encyclopédie Dalloz
EP	Europäisches Parlament

EPZ	Europäische Zusammenarbeit
ersch.	erschienen
EU	Europäische Union
EuGE	Europäischer Gericht erster Instanz
EuGH	Europäischer Gerichtshof
EuGHE	Entscheidungssammlung des EuGH
EuGRZ	Europäische Grundrechtszeitschrift
EuR	Europarecht
EURATOM	Europäische Atomgemeinschaft
EUV	Vertrag über die Europäische Union
EUVn	Vertrag von Amsterdam
EWG	Europäische Wirtschaftsgemeinschaft
EWGV	Vertrag zur Gründung der Europäischen Wirtschaftsgemeinschaft
EWR	Europäischer Wirtschaftsraum
f/ff.	folgende, fortfolgende
fasc.	fascicule
FinStG	BG v. 26. Juni 1958 betr. das Finanzstrafrecht und das Finanzstrafverfahrensrecht, BGBl 1958/129
Fn.	Fußnote
franz.	französisch
FS	Festschrift
GASP	Gemeinsame Außen- und Sicherheitspolitik
Gaz. Pal.	Gazette du Palais
Gem.	Gemäß
Ges.	Gesetz
GG	Grundgesetz für die BRD
Halbbd(e)	Halbband/ -bände
Hrsg./hrsg.	Herausgeber/herausgegeben
i. d .F./idF	in der Fassung
i. d. R.	in der Regel
i. e.	id est, im einzelnen
Info.	Informationen
insb./insbes.	insbesondere

int./intern.	international
i. S. (d.)	im Sinn (des, der)
i. V. m.	in Verbindung mit
JBl.	Juristische Blätter
JCP	Juris-Classeur Périodique (La semaine juridique)
Jhdt.	Jahrhundert
JO	Journal Officiel
JOCE	Journal Officiel des Communautés Européennes
JRP	Journal für Rechtspolitik
Jud.	Judikatur
JZ	Juristenzeitung
Ktn.	Kärnten
krit.	kritisch
L	Loi
Lég.	Législation
LG	Landesgesetz(e)
LGBl.	Landesgesetzblatt
LH	Landeshauptmann
Lit.	Literatur
Lreg.	Landesregierung
LT	Landtag
LVG	Landesverfassungsgesetz
Nachw.	Nachweis
Nov.	Novelle
NÖ	Niederösterreich
NR	Nationalrat
Nr.	Nummer
NVwZ	Neue Zeitschrift für Verwaltungsrecht
o. g.	oben genannte
OÖ	Oberösterreich
ÖJT	Österreichische Juristentage
ÖJZ	Österreichische Juristenzeitung
ÖVA	Österreichisches Verwaltungsarchiv

ÖVBl.	Österreichisches Verwaltungsblatt
ÖZfRZ	Österreichische Zeitschrift für Rechtsvergleichung
Pet. Aff.	Petites Affiches
proc.	procédure
PS	Parti Socialiste
PSU	Parti Socialiste Unifié
PUF	Presses Universitaires de France
R. A.	Rapport Annuel
Rdnr.	Randnummer
RDP	Revue de Droit Public et de la science politique en France et à l'étranger
Rec.	Recueil de la jurisprudence du Conseil d'Etat, Recueil Lebon
Req.	Requête
RFDA	Revue Française de Droit Administratif
RfR	Rundfunkrecht
RFSP	Revue Française de Science Politique
RISA	Revue Internationale de Sciences Administratives
RMC	Revue du Marché Commun
RPR	Rassemblement Pour la République
Rs	Rechtssache
Rspr.	Rechtsprechung
RTDeur	Revue Trimestrielle de Droit Européen
RV	Regierungsvorlage
Rz	Randzahl
S./s.	Seite/siehe
s. a.	siehe auch
Sbg.	Salzburg
Slg.	Sammlung der Rechtsprechung
s. o.	siehe oben
sog.	sogenannte
StGB	Staatsgesetzblatt
Stmk.	Steiermark
StReg.	Staatsregierung
s. u.	siehe unten

T. A.	Tribunal Administratif
T. C.	Tribunal des Conflits
Tir.	Tirol
u. a.	unter anderem
UBASG	BG über den unabhängigen Bundesasylsenat, BGBl. I 1997/77
UDF	Union pour la Démocratie Française
UDR	Union des Démocrates pour la République
usw.	und so weiter
UVS	Unabhängige Verwaltungssenate in den Ländern
Vbg.	Vorarlberg
Verf.	Verfassung
Verw.	Verwaltung
VerwR.	Verwaltungsrecht
VfGG	Verfassungsgerichtshofgesetz
VfGH	Verfassungsgerichtshof
VfSlg.	Erkenntnisse und Beschlüsse des Verfassungsgerichtshofes
VG	Verfassungsgesetz(e)
vgl.	Vergleiche
VPräs.	Vizepräsident
VwGH	Verwaltungsgerichtshof
VwSlg.	Erkenntnisse und Beschlüsse des Verwaltungsgerichtshofes
Wr	Wiener
Z	Zahl, Ziffer
ZaöRV	Zeitschrift für ausländisches öffentliches Recht und Völkerrecht
z. B.	zum Beispiel
ZEuP	Zeitschrift für europäisches Privatrecht
ZfRV	Zeitschrift für Rechtsvergleichung
ZfV	Zeitschrift für Verwaltung
Zit.	Zitiert
ZÖR	Österreichische Zeitschrift für

	öffentliches Recht
ZUV	Zeitschrift der Unabhängigen Verwaltungssenate
ZvglRWiss	Zeitschrift für vergleichende Rechtswissenschaft

Einleitung

Zum Thema der Anwendung des Europarechts im innerstaatlichen Bereich sind eine Vielzahl von qualifizierten Veröffentlichungen erschienen[1]. Es ist daher von juristischer Bedeutung, auch eine komparative Analyse zu führen, und dies unter mehreren Aspekten. Einerseits ist ein Vergleich zwischen zwei Staaten insofern interessant, als diese sich in ihrer Staatsorganisation grundsätzlich unterscheiden, so das Verhältnis zwischen Bundesstaat (Österreich) und Zentralstaat (Frankreich) im Lichte der Anwendung des Europarechts im innerstaatlichen Bereich. Diese Analyse läuft nicht nach einer schlicht bilateralen Perspektive, sondern nach einer trilateralen, d.h. der Vergleich zwischen beiden Staaten konzentriert sich auf ein *tertium comparationis*, nämlich den Vorrang und die unmittelbare Anwendbarkeit des Gemeinschaftsrecht, und insbesondere den dadurch geschaffenen Rechtsschutz. Diese Problematik befindet sich in der Implementierung sowohl als auch im Vollzug der supranationalen Rechtsakte, die nicht nur zu inhaltlichen, sondern auch zu strukturellen und verfahrensrechtlichen Veränderungen der österreichischen und französischen Rechtsordung führen, und gleichfalls unterschiedlich akzeptiert oder verweigert sind *„zum Teil determinierend, zum Teil ergänzend, zum Teil verdrängend"*, so Prof. *Raschauer*[2]. Andererseits ist die aktuelle Frage der Annahme der Rechtsgrundlagen sowie der Rechtsprinzipien, die sich in der Europäischen Menschenrechtskonvention (EMRK) befinden, seit dem Amsterdamer Vertrag vom 2. Oktober 1997[3] für die Europäische Gemeinschaft von großer Bedeutung geworden. Dieser Problemkreis steht im Mittelpunkt der wissenschaftlichen Arbeit, weil er konkrete und wichtige Anpassungsfragen aufwirft, insbesondere im Prozeßrecht im

---

[1] Dazu betreffend Österreich: *Öhlinger/Potacs*, Gemeinschaftsrecht und staatliches Recht. Die Anwendung des Gemeinschaftsrecht im innerstaatlichen Bereich, 1998. Betreffend Frankreich: *Constantinesco Vl.*, France: synthèse nationale, in L'application du droit communautaire par les Etats membres, Maastricht, 1985; *Constantinesco Vl./Jacqué*, L'application du droit international et communautaire au regard de la Constitution, in Koerning u. Rufneuds (Verlag), *Kovar*, Le Conseil d'Etat et le droit communautaire: des progrès mais peut mieux faire, Dalloz, 1992; *Simon*, Le Conseil d'Etat et les directives communautaires, du gallicisme à l'orthodoxie ?, RTD eur., 1992, Le Conseil d'Etat, la directive, la loi , le droit "ad augusta per augusta", Europe, 1992.

[2] *Raschauer*, Allgemeines Verwaltungsrecht, 1998, VII.

[3] CONF/4007/97; ABl. 1997, Nr. C 340,1.

Lichte des Artikels 6 der EMRK; dies hat zur Folge, daß das Europarecht *largo sensu* betrachtet wird. Die vergleichende Analyse beruht sowohl auf dem europäischen Recht der EMRK, als auch auf dem Gemeinschaftsrecht, wobei beide Rechtsordnungen in ihrer Natur zu unterscheiden sind[4]. Angesichts dieser Ausgangslage ist von Interesse, wie das gesamte Gemeinschaftsrecht angewandt wird und auf welche Weise es in einer relativ kurzen Zeit für Österreich (seit 1995) und einer bereits längeren für Frankreich (seit der Erklärung von Außenminister Dr. *Robert Schuman*, am 9 Mai 1950[5]) seine Geltung als supranationale Rechtsnorm und politische Leitlinie erhalten hat.

Der Amsterdamer Vertrag ist insofern eine neue Etappe im Rechtsschutz des Bürgers vor den nationalen sowie europäischen Gerichten, weil die Menschenrechte und das Gemeinschaftsrecht den Demokratiestandard[6] in Zukunft stärken werden und den sog. "neuen Demokratien" Garantien Aussicht auf Beitritt bringen. Dies entspricht der Auffassung von Herrn *Genscher*, Außenminister der Bundesrepublik Deutschland a.D., der *„die europäische Außenpolitik immer mehr als eine Innenpolitik"*[7] sieht. Diese Aussage entspricht dem Schicksal jedes europäischen Landes, und beinhaltet die Anpassungschance der innerstaatlichen Strukturen, um *„eine gezielte gleichberechtigte Kooperation in Europa zu führen"*, wobei nicht vergessen werden darf, daß Österreich, nach wie vor, einen anerkannt effizienten Rechtsschutz hat[8], und Frankreich in der Rechts-

---

[4] Siehe EuGH, Gutachten 2/94 vom 28. März 1996.

[5] Sowohl als der von seinem Mitarbeiter *Jean Monnet* entwickelte Plan für die Gründung einer zunächst funktional begrenzten supranationalen Gemeinschaft, die Montanunion. Dieser Plan ist in der französischen Regierungserklärung vom 9. Mai 1950 enthalten. Beck-Texte, München 1982, 151 f.

[6] Zu betrachten, sind die Verfassungs- und Verwaltungsänderungen, die als Folge der Anpassungs-programme der Beitrittskandidaten durchgefuhrt sind, z.B. in Tschechien, sowohl in Polen als auch in Rumänien. Dazu, Blockseminar *„on the road to Brüssels - Europa-Abkommen, Weissbuch, Nationale Programme für die Übernahmen des Acquis communautaire, Roads Maps - Meilensteine oder Stolpersteine auf dem Weg der assoziierten Staaten Mittel- und Osteuropas zum Beitritt?"*, Forschungsaufenthalt vom 28. November - 3. Dezember 1999 an der Vysoká Skola Ekonomická/Wirtschaftsuniversität in Prag.

[7] Antrittsvorlesung zur Europaprofessur, gehalten am 4 Mai 1999, im großen Hörsaal der Europa- Universität Viadrina Frankfurt (O.).

[8] Österreich hat ein größeres Grundrechtverständnis als andere Europäische Staaten, siehe dazu *Öhlinger* in Die Grundrechte in Österreich, EuGRZ, 1982.

geschichte eine Referenz für die Erklärung der Menschenrechte[9] ist. Aus dieser Sicht und in der Zeit, da Österreich als einer der ersten Staaten und Frankreich als letzter diesen Vertrag ratifiziert hat, bleiben immerhin wichtige Fragen offen, insbesondere in strukturellen sowie verfahrensrechtlichen Bereichen, die noch nicht geklärt worden sind, und oft wegen verschiedener Rechtskulturen, Rechtsdenkarten, und insbesondere Rechtstraditionen noch keine einheitliche europäische Lösung gefunden haben. Insofern hat sich die österreichische sowie die französische rechtliche Forschung der Thematik nur ungenügend gewidmet, so daß Analysen wie diese eine Lücke füllen können.

Diese wissenschaftliche Arbeit unterscheidet sich jedoch von anderen dadurch, daß sie aus der Staatenpraxis die neu aufgerollten Probleme der Anwendung des Gemeinschaftsrecht und die darüber erschienene Literatur kritisch durchleuchtet, was zu einer Erweiterung des behandelten Gegenstandes führt. Wir finden uns in einer Zeit, in der der österreichische Bundesstaat zuerst vom EuGH praktisch verurteilt werden soll, um für den Umsetzungsakt zuständig zu werden. Wenn umzusetzendes europäisches Recht in den Kompetenzbereich der Landes-gesetzgebung fällt und die Länder es nicht rechtzeitig umsetzen, zeigt die Arbeit, dass Anpassungsmechanismen relevant sind. Da die verteilte Zuständigkeit zur Gesetzgebung Regelungslücken zwischen Bundes- und Landesgesetzen in sich birgt, die gemeinschaftswidrig sind - ein gutes Beispiel dafür ist der persönliche Geltungsbereich der Bundes- und Landesvergabegesetze im Hinblick auf jene öffentlichen Auftraggeber, die nach den einschlägigen EG-Richtlinien diesen unterliegen müssen - sollen juristische Ähnlichkeiten und Verschiedenheiten mit Frankreich analysiert werden.

Der *Erste Titel* ist den Hauptzielen des Europarechts gewidmet und stellt das Problem der nationalen Anwendbarkeit dar. Der *Zweite Titel* konzentriert sich auf die Hauptdifferenz zwischen Österreich und Frankreich. Der *Dritte Titel* bietet konkrete Beispiele für die Problemlösung im österreichischen und französischen Rechtsstreit. Die Gesamtuntersuchung ist ein Versuch, die Entwicklung von der regionalen zur europäisch-internationalen Ebene zu verstehen und ein Beitrag, die Hürden in einem konstruktiven Dialog zu überwinden.

---

[9] Die sog. *Déclaration des Droits de l'Homme et du citoyen* vom 26. August 1789.

Erster Titel: Ziele des Europarechts

Europa fußt auf den Prinzipien der Einheitlichkeit und der Autonomie, welche die Fundamente der friedlichen zwischenstaatlichen Kooperation im Integrationsprozeß definieren. Insofern wird das Gemeinschaftsrecht als neue Rechtskategorie betrachtet. Weiterhinaus wird diese Rechtsordnung im Kollisionsfall mit dem nationalen Recht durch ihre Einständigkeit charakterisiert.

Erstes Kapitel: **Einheitlichkeit und Autonomie**

1. Das Gemeinschaftsrecht als neue Rechtskategorie

Als Folge der fortschreitenden internationalen Zusammenarbeit und der Schaffung immer neuer internationaler Organisationen sowie einer institutionalisierten Kooperation hat sich ein "internes Staatengemeinschaftsrecht" herausgebildet. Das Recht der im Jahre 1950 unterzeichneten EMRK bildet seit dem Amsterdamer Vertrag eine gemeinsame Quelle für einen effektiven Rechtsschutz des Bürgers.

Das Gemeinschaftsrecht bildet eine neue Rechtskategorie, die sowohl Elemente des Völkerrechts als auch Elemente des Staatenrechts enthält und daher seinen Platz in der Interferenz von beiden einnimmt. Auch wenn es sehr heterogen in seiner Struktur ist, so bildet das Gemeinschaftsrecht doch eine in ihrer Entstehung und Existenz autonome Rechtsordung, ohne daß diese ein eigenes Hoheitsgebiet besitzt. Dies ist eines seiner wichtigsten Merkmale, aus dem sich bedeutende Konsequenzen für das Verhältnis des Gemeinschaftsrechts zu den Rechtsordnungen der Mitgliedstaaten ergeben. Daneben besitzt das Gemeinschaftsrecht weitere Merkmale, die seine jetzt allgemein anerkannte Eigenständigkeit ausmachen. Auch wenn es wichtige Züge des Völkerrechts und des innerstaatlichen Rechts vereint, unterscheidet sich das Gemeinschaftsrecht doch sowohl vom Völkerrecht als auch vom innerstaatlichen Recht in seinen Quellen, in seinem Geltungsgrund, in seinem Anwendungsbereich sowie in seinen Rechtswirkungen.

2. Die Eigenständigkeit des Gemeinschaftsrechts

Die Heterogenität des Gemeinschaftsrechts erklärt, warum es verschiedenartige Bestimmungen und Rechtsnormen enthält, die sich nicht nur bezüglich der Adressanten, sondern darüber hinaus insbesondere auch in ihrer juristischen Substanz und Tragweite sowie in ihren Rechtswirkungen grundlegend unterscheiden. So sind einige Bestimmungen ohne weiteres anwendbar; andere enthalten unmittelbar anwendbare Rechtsnormen; andere wieder müssen konkretisiert werden, um juristisch verbindlich zu sein; etliche enthalten Verpflichtungen zur Aufstellung von Programmen.

Die Mitgliedstaaten haben durch die Gründung der Gemeinschaften ihre Gesetzgebungshoheit beschränkt und so einen eigenständigen Rechtskörper geschaffen, der für ihre Angehörigen und sie selbst verbindlich ist. Diese Feststellung hat der EuGH bereits in der berühmten Rechtsache aus dem Jahre 1964 *Costa/ENEL*[10] getroffen. Im Jahre 1962 verstaatlichte Italien die Elektrizitätserzeugung und -versorgung und übertrug die Betriebsanlagen der Elektrizitätsgesellschaften auf die Elektrizitätswerke ENEL. Herr *Costa* sah sich als Aktionär der von der Verstaatlichung betroffenen Aktiengesellschaft Edison Volta um seine Dividenden gebracht und verweigerte daraufhin die Begleichung einer Stromrechnung in Höhe von 1926 Lire. Vor dem Friedensgericht in Mailand rechtfertigte Herr *Costa* sein Verhalten unter anderem damit, daß das Verstaatlichungsgesetz eine Reihe von Bestimmungen des EWG-Vertrages verletzte. Das Friedensgericht hat dem EuGH Fragen zur Auslegung verschiedener Bestimmungen des EWG-Vertrages zur Vorabentscheidung vorgelegt. Im Verfahren vor dem EuGH wandte die italienische Regierung ein, das Vorabentscheidungsersuchen des Friedensgerichts sei *"absolut unzulässig"*, weil das staatliche Gericht innerstaatliches Recht anzuwenden habe und daher eine Vorlage an dem EuGH nicht in Frage komme. Hierauf hat der EuGH unmißverständlich ausgeführt, daß *"zum Unterschied von gewöhnlichen internationalen Verträgen der EWG-Vertrag eine eigene Rechtsordnung geschaffen hat, die bei seinem Inkrafttreten in die Rechtsordnungen der Mitgliedstaaten aufgenommen worden und von ihren Gerichten anzuwenden ist. Durch die Gründung einer Gemeinschaft für unbegrenzte Zeit, die mit eigenen Organen, ... insbesondere mit echten ... Hoheitsrechten ausgestattet ist, haben die Mitgliedstaaten, wenn auch auf einem begrenzten Gebiet, ihre Souveränitätsrechte beschränkt und so einen Rechtskörper geschaffen, der für ihre Angehörigen und sie selbst verbindlich ist"*. Diese Eigenständigkeit der Gemeinschaftsordnung ist für den Bestand der EG von grundlegender Bedeutung, da nur durch sie die Aushöhlung des Gemeinschaftsrechts durch nationales Recht verhindert und die einheitliche Geltung des Gemeinschaftsrechts in allen Mitgliedstaaten gewährleistet werden kann. So werden aufgrund der Eigenständigkeit der Gemeinschaftsrechtsordnung die gemeinschaftsrechtlichen Begriffe grundsätzlich nach den Erfordernissen des Gemeinschaftsrechts und den

[10] EuGH, Rs 6/64 - *Costa/ENEL* - Slg. 1964, 1251-1306 (Rz.8) über die Rechtsnatur des Gemeinschaftsrechts und die unmittelbare Anwendbarkeit sowohl als auch der Vorrang des Gemeinschaftsrechts.

Zielen der Gemeinschaft, insbesondere auch der effizienteste Rechtsschutz als *causa prima*, bestimmt. Diese gemeinschaftsspezifische Festlegung der Begriffe ist unerläßlich, da die gemeinschaftsrechtlich garantierten Rechte in Gefahr wären, wenn jeder Mitgliedstaat über die Festlegung der Begriffsinhalte den Anwendungsbereich der gemeinschaftsrechtlich garantierten Grundrechte sowohl als auch die Freiheiten letztendlich selbst bestimmen könnte. Als Beispiel hierfür kann etwa der Begriff des „Rechtsschutzes" angeführt werden, der die Tragweite des Grundrechtsschutzes bestimmt. Mit seinem gemeinschaftsspezifischen Inhalt kann der Rechtsschutzbegriff jetzt durchaus von den in den Rechtsordnungen der Mitgliedstaaten verwendeten und bekannten Begriffen abweichen.

Wie aber ist vor dem Hintergrund dieser Selbstständigkeit der Gemeinschaftsrechtsordnung das Verhältnis vom Gemeinschaftsrecht zum nationalen Recht zu beschreiben? Auch wenn das Gemeinschaftsrecht eine gegenüber den Rechtsordnungen der Mitgliedstaaten eigenständige Rechtsordnung darstellt, darf man sich dies nicht so vorstellen, daß sich die Gemeinschaftsrechtsordnung und die Rechtsordnung der Mitgliedstaaten wie Schichten des Erdsteins überlagern. Gegen eine solch starre Abgrenzung dieser Rechtsordnungen spricht zum einen, daß sie dieselben Menschen betreffen, die damit zu Staatsbürgern und Gemeinschaftsbürgern in einer Person werden; zum anderen ließe eine solche Betrachtungsweise unberücksichtigt, daß das Gemeinschaftsrecht nur dann lebendiges Recht werden kann, wenn es in die Rechtsordnungen der Mitgliedstaaten aufgenommen wird. In Wahrheit sind die Gemeinschaftsrechtsordnung und die nationalen Rechtsordnungen ineinander verzahnt und wechselseitig aufeinander angewiesen, so daß strukturelle Anpassungen in der Anwendung des Gemeinschaftsrechts im innerstaatlichen Bereich immerwieder erforderlich sind, sowohl in Frankreich als auch in Österreich.

3. Kollision zwischen Gemeinschaftsrecht und nationalem Recht

Aus der Situation der Kollision zwischen Gemeinschaftsrecht und nationalem Recht stehen beide Rechtsordnungen einander gelegentlich "feindlich" gegenüber. Eine derartige Situation tritt immer dann auf, wenn eine Bestimmung des Gemeinschaftsrechts für die Gemeinschaftsbürger unmittelbare Rechte und Pflichten begründet und inhaltlich mit einer Norm des nationalen Rechts in Widerspruch steht. Hinter dieser scheinbar so einfachen Problemlage verbergen sich zwei Grundsatzfragen des Aufbaus der EG, deren Beantwortung zum Prüfstein der Gemeinschaftsrechtsordnung werden sollte: die unmittelbare Anwendbarkeit des Gemeinschaftsrechts und der Vorrang des Gemeinschaftsrechts vor entgegenstehendem nationalen Recht.

3.1. Die unmittelbare Anwendbarkeit des Gemeinschaftsrechts

Die unmittelbare Anwendbarkeit des Gemeinschaftsrechts besagt zunächst nur, daß das Gemeinschaftsrecht neben den Gemeinschaftsorganen und den Mitgliedstaaten auch den Gemeinschaftsbürgern unmittelbar Rechte verleiht und Pflichten auferlegt. Im Hinblick insbesondere auf die Direktheit dieser Rechtsquelle spricht man von der autonomen Geltung des Gemeinschaftsrechts[11], wobei offen bleibt, welchen Vorschriften des Gemeinschaftsrechts diese Wirkung zukommt. Die Gemeinschaftsverträge geben hierzu nur in bezug auf das sekundäre, von den Organen beschlossene Gemeinschaftsrecht Auskunft. So heißt es in Art. 189 Abs. 2 EGV, daß die Verordnung *"unmittelbar in jedem Mitgliedstaat"* gilt.

Es ist eine der herausragenden Leistungen des Gerichtshofes der EG, die unmittelbare Anwendung der Vorschriften des Gemeinschaftsrechts gegen den anfänglichen Widerstand einiger Mitgliedstaaten durchgesetzt und damit die Existenz der Gemeinschaftsrechtsordnung gesichert zu haben. Ausgangspunkt seiner Rechtssprechung war ein ganz alltäglicher Fall, der jedoch in die Annalen der Rechtssprechung des Gerichtshofes eingehen sollte. In dieser Rs klagte das niederländische Transportunternehmen "*Van Gend & Loos*"[12] vor einem niederländischen Gericht gegen die niederländische Zollverwaltung, die für die Einfuhr eines chemischen Erzeugnisses aus der Bundesrepublik Deutschland einen erhöhten Zoll erhoben hatte. Das Unternehmen sah in dieser Praxis einen Verstoß gegen Art. 12 EWGV, der den Mitgliedstaaten die Einführung neuer und die Erhöhung bestehender Zölle im Gemeinsamen Markt verbot. Der Ausgang dieses Rs hing letzlich von der Frage ab, ob sich auch der einzelne gegenüber einem vertragswidrig erhobenen Zoll auf Art. 12 EWGV berufen kann. Da die Beantwortung dieser Frage

[11] Dazu *Öhlinger*, Verfassungsrecht, 1995, S. 76 f.

[12] EuGH 26/62 , Slg. 1963, 1-61, *Van Gend & Loos* – über die Rechtsnatur des Gemeinschaftsrechts und die Rechte und Pflichten des einzelnen.

eine Auslegung des EWG-Vertrages erforderte, setzte das niederländische Gericht das Verfahren aus und rief den EuGH an. Der Gerichtshof hat gegen den Rat zahlreicher Regierungen und seines Generalanwalts entschieden, daß alle diejenigen Normen der Gründungsverträge für den einzelnen unmittelbar anwendbar sein können, die unbedingt formuliert, in sich vollständig und rechtlich vollkommen sind und deshalb zu ihrer Erfüllung oder Wirksamkeit keiner weiteren Handlungen der Mitgliedstaaten oder der Kommission bedürfen. Dies wurde für Art. 12 EWGV bejaht, so daß auch das Unternehmen *Van Gend & Loos* aus dieser Vorschrift Rechte ableiten konnte, welche das niederländische Gericht zu wahren hatte und folgerichtig den vertragswidrig erhobenen Zoll für ungültig erklärte. Zur Begründung führte der Gerichtshof aus, "*daß die Gemeinschaft eine neue Rechtsordnung darstellt ..., eine Rechtsordnung, deren Rechtssubjekte nicht nur die Mitgliedstaaten, sondern auch die einzelnen sind. Das von der Gesetzgebung der Mitgliedstaaten unabhängige Gemeinschaftsrecht soll daher den einzelnen, ebenso wie es ihnen Pflichten auferlegt, auch Rechte verleihen. Solche Rechte entstehen nicht nur, wenn der Vertrag dies ausdrücklich bestimmt, sondern auch aufgrund von eindeutigen Verpflichtungen, die der Vertrag den einzelnen wie auch den Mitgliedstaaten und den Organen der Gemeinschaft auferlegt*".

Diese Rechtssache hat der Gerichtshof später auch für Vorschriften des EWG-Vertrages weitergeführt, die für den Gemeinschaftsbürger von weit größerer Bedeutung sind als Art. 12 EWGV. Hervorzuheben sind drei Urteile, in denen es um die unmittelbare Anwendung der Art. 48 (Freizügigkeit), Art. 52 (Niederlassungsfreiheit) und Art. 59 (Dienstleistungsfreiheit) ging.

Für die Garantien des Art. 48 EWGV hat der Gerichtshof die unmittelbare Anwendbarkeit in der Rechtsache *van Duyn*[13] entschieden. Dieser Rs lag folgender Sachverhalt zugrunde. Die Niederländerin *van Duyn* war im Mai 1973 die Genehmigung zur Einreise in das Vereinigte Königreich versagt worden, weil sie als Sekretärin bei der "Church of Scientology" arbeiten wollte, einer Schule, die vom britischen Innenministerium für „sozialgefährlich" betrachtet wurde. Unter Berufung auf die Vorschriften des Gemeinschaftsrechts über die Freizügigkeit der

---

[13] EuGH 41/74, Slg. 1974, 1337-1360, *van Duyn*, über die unmittelbare Anwendbarkeit und die Freizügigkeit der Personen.

Arbeitnehmer, insbesondere auf Art. 48 EWGV, erhob Fräulein *van Duyn* Klage vor dem High Court. Sie beantragte, der High Court möge feststellen, daß sie berechtigt sei, sich zur Ausübung unselbständiger Arbeit im Vereinigten Königreich aufzuhalten, und einen Anspruch auf eine Erlaubnis zur Einreise in das Vereinigte Königreich habe. Auf die Vorlage der EG, daß Art. 48 EWGV unmittelbar anwendbar sei, konnte sie als Einzelperson ihr Recht vor dem Gericht des Mitgliedstaates geltend machen.

Der Gerichtshof der EG wurde mit der Frage der unmittelbaren Anwendbarkeit von Art. 52 EWGV durch den belgischen *Conseil d'Etat* belangt. Dieser hatte sich mit einer von dem niederländischen Rechtsanwalt *J. Reyners*[14] eingereichten Klage auseinanderzusetzen, in der dieser sich auf seine Rechte aus Art. 52 EWGV berief. Herr *Reyners* sah sich zu dieser Klage veranlaßt, nachdem ihm - obwohl er die notwendigen belgischen Prüfungen absolviert hatte - die Zulassung als Rechtsanwalt in Belgien wegen seiner Ausländereigenschaft verweigert worden war. In seinem Urteil vom 21. Juli 1974 hat der Gerichtshof in dieser Rs entschieden, daß eine Ungleichbehandlung von Inländern und Ausländern in der Frage der Niederlassung nicht mehr beibehalten werden dürfe, da Art. 52 EWGV seit dem Ablauf der Übergangszeit unmittelbar anwendbar sei und damit den Gemeinschaftsbürgern das Recht einräume, auch in einem anderen Mitgliedstaat wie Inländer ihre Erwerbstätigkeit aufzunehmen und auszuüben. Herr *Reyners* mußte aufgrund dieses Urteils zur belgischen Anwaltschaft zugelassen werden.

Dem Gerichtshof bot sich in der Rs *Van Binsbergen*[15] die Gelegenheit, auch die unmittelbare Anwendbarkeit des Art. 59 EWGV ausdrücklich festzustellen. Es ging in diesem Verfahren u.a. um die Frage, ob eine niederländische Rechtsvorschrift, nach der vor einem Berufungsrichter nur in den Niederlanden ansässige Personen als Prozeßbevollmächtigte auftreten können, mit den gemeinschaftsrechtlichen Bestimmungen der Dienstleistungsfreiheit vereinbar ist. Der Gerichtshof verneinte diese Frage mit der Begründung, daß alle Beschränkungen, denen der Gemeinschaftsbürger aus Gründen seiner Staatsangehörigkeit oder

[14] EuGH, 2/74 – *Reyners* – Slg. 1974, 631-670 über die Niederlassungsfreiheit.

[15] EuGH, 33/74 – *van Binsbergen* – Slg. 1974, 1299-1321 über den Dienstleistungsverkehr.

seines Aufenthalts unterworfen würde, gegen Art. 59 EWGV verstießen und damit nichtig seien.

Von den zahlreichen weiteren Vertragsbestimmungen, für die der Gerichtshof die unmittelbare innerstaatliche Anwendbarkeit bejaht hat, sind noch hervorzuheben: Art. 30 EWGV, der die Freiheit des Warenverkehrs sicherstellt, und Art. 119 EWGV, der die Lohngleichheit für Männer und Frauen garantiert. Seit dem Jahre 1970 hat der Gerichtshof seine Grundsätze über die unmittelbare Anwendbarkeit auch auf Bestimmungen in Richtlinien und an Staaten gerichtete Entscheidungen ausgedehnt. Dies erschien folgerichtig, wenn auch das Vertragsrecht unmittelbar für die Gemeinschaftsbürger gelten kann, obwohl es in erster Linie die Mitgliedstaaten anspricht. Die Direktwirkung des Gemeinschaftsrechts in der Form, wie sie vom Gerichtshof fruchtbar gemacht und ausgebaut worden ist, kann in ihrer praktischen Bedeutung kaum überschätzt werden: sie verbessert die Stellung des einzelnen, indem sie die Fundamente der Rechtsstaatlichkeit (bzw. die Grundrechte) sowohl als auch die Freiheiten des gemeinsamen Marktes zu effektiven Rechten ausgestaltet, die er vor nationalen Gerichten durchzusetzen kann. Die unmittelbare Anwendbarkeit des Gemeinschaftsrechts wird damit gleichsam zu einer der Säulen der Gemeinschaftsrechtsordnung.

3.2. Der Vorrang des Gemeinschaftsrechts

Die unmittelbare Anwendbarkeit einer Bestimmung des Gemeinschaftsrechts führt zu einer zweiten, ebenso grundlegenden Frage: was geschieht, wenn eine Vorschrift des Gemeinschaftsrechts für die Gemeinschaftsbürger unmittelbare Rechte und Pflichten begründet und inhaltlich zu einer Norm des nationalen Rechts in Widerspruch steht?

Ein solcher Konflikt zwischen Gemeinschaftsrecht und nationalem Recht ist nur zu lösen, wenn eine der beiden Rechtsordnungen zurücktritt. Das geschriebene Gemeinschaftsrecht enthält insoweit keine ausdrückliche Regelung. In keinem der Gemeinschaftsverträge ist etwa eine Vorschrift enthalten, die besagt, daß das Gemeinschaftsrecht nationales Recht bricht oder daß es dem nationalen Recht nachsteht. Dennoch läßt sich die Kollision zwischen Gemeinschaftsrecht und nationalem Recht nur dahin gehend lösen, daß dem Gemeinschaftsrecht der Vorrang vor dem nationalen Recht eingeräumt wird und es damit alle nationalen

Vorschriften, die von einer Gemeinschaftsvorschrift abweichen, verdrängt und deren Platz in den nationalen Rechtsordnungen einnimmt. Denn was würde von der Gemeinschaftsrechtsordnung bleiben, wollte man das Gemeinschaftsrecht dem nationalen Recht unterordnen? Beinahe nichts, die gemeinschaftsrechtlichen Vorschriften könnten durch jedes beliebige innerstaatliche Gesetz aufgehoben werden. Von einer einheitlichen und gleichmäßigen Geltung des Gemeinschaftsrechts in allen Mitgliedstaaten könnte nicht mehr die Rede sein. Auch wäre es der EG unmöglich, die ihr von den Mitgliedstaaten übertragenen Aufgaben zu erfüllen. Die Funktionsfähigkeit der Gemeinschaft wäre in Frage gestellt, und der von großen Hoffnungen getragene Aufbau eines Vereinigten Europas wäre zerstört.

Wieder war es der Gerichtshof der EG, der angesichts dieser Folgen den für die Existenz der Gemeinschaftsrechtsordnung unumgänglichen Grundsatz des Vorrangs des Gemeinschaftsrechts gegen den Widerstand einiger Mitgliedstaaten durchgesetzt hat. Er hat damit der Gemeinschaftsrechtsordnung, neben deren unmittelbaren Anwendbarkeit den zweiten Pfeiler errichtet, der diese Rechtsordnung letzlich zu einem tragfähigen Gebäude werden ließ.

In der bereits vorgestellten Rs *Costa/ENEL* hat der Gerichsthof zwei für das Verhältnis des Gemeinschaftsrechts zum nationalen Recht bedeutsame Feststellungen getroffen. Zuerst haben die Staaten Hoheitsrechte endgültig auf das von ihnen geschaffene Gemeinwesen übertragen. Dies können sie durch spätere einseitige, mit dem Gemeinschaftsbegriff unvereinbare Maßnahmen nicht rückgängig machen. Zweitens ist es ein Grundsatz des Vertrages, daß kein Mitgliedstaat die Eigenart des Gemeinschaftsrechts antasten kann, im gesamten Bereich der Gemeinschaft einheitlich und vollständig zu gelten. Aus alledem folgt, daß das Gemeinschaftsrecht, welches den Befugnissen der Verträge entsprechend gesetzt wurde, gegen jedes entgegenstehende Recht der Mitgliedstaaten vorgeht. Es ist nicht nur stärker als das frühere nationale Recht, sondern entfaltet eine Sperrwirkung auch gegenüber später gesetztem Recht. Im Ergebnis hat der Gerichtshof der EG mit seinem Urteil zwar nicht die Verstaatlichung der italienischen Elektrizitätswirtschaft in Frage gestellt, aber ganz entschieden den Vorrang des Gemeinschaftsrechts vor dem nationalen Recht festgestellt.

An dieser Feststellung hat der Gerichtshof seitdem in ständiger Rechtsprechung festgehalten. In einem Punkt hat er sie jedoch weiterentwikkelt. Während er sich in dem eben genannten Urteil lediglich mit der Frage des Vorrangs beschäftigen wollte, befaßt er sich auch mit dem Verhältnis zwischen Gemeinschaftsrecht und innerstaatlichem Verfassungsrecht. Die nationalen Gerichte sind der Auffassung des Gerichtshofes der EG nach anfänglichem Zögern im Grundsatz gefolgt (cf. *Zweiter Titel*). In den Niederlanden, z. B., konnten ohnehin keine Schwierigkeiten auftreten, da in der niederländischen Verfassung der Vorrang des Vertragsrechts gegenüber dem nationalen Gesetzesrecht ausdücklich niedergelegt ist (Art. 65 bis 67). In den anderen Mitgliedstaaten ist der Grundsatz des Vorranges des Gemeinschaftsrechts ebenfalls gegenüber den einfachen nationalen Gesetzen von den nationalen Gerichten Schritt für Schritt anerkannt worden, wobei die prozeduale Durchsetzung des Europarechts insbesondere vor nationalen Gerichten zu verfahrensrechtlichen Problemen führt (cf. *Dritter Titel*).

Zweites Kapitel: Der effizienteste Rechtsschutz als *causa prima*

Durch seine Einheitlichkeit und seine Autonomie stellt das Gemeinschaftsrecht den effizientesten Rechtsschutz als *causa prima* dar. Um diese Effektivität zu gewährleisten spielen nationale und internationale Gerichtsbarkeiten eine wichtige ergänzende Rolle, auf innerstaatlicher und auf gemeinschaftsrechtlicher Ebene.

1. Die ergänzende Rolle der Gerichtsbarkeiten

1.1. Auf gemeinschaftsrechtlicher Ebene

Für die Frage des Grund- und Menschenrechtsschutzes in der Europäischen Gemeinschaft muß man in Erinnerung rufen, daß die Gründungsverträge keine Grundrechtskataloge enthielten. Um die Rechtsposition der natürlichen sowohl als auch der juristischen Personen zu sichern, mußte der Gerichtshof der Europäischen Gemeinschaften (EuGH) richterlich einen solchen Grundrechtsschutz ausbilden, um damit das Rechtsstaatlichkeitsgebot der Gemeinschaft abzusichern[16]. Die Rechtssprechung entwickelte den Grundrechtsschutz in der EG seit 1969 und hat damit eine Unübersichtlichkeit und dogmatische Komplexität erreicht. Vor dem Vertrag von Maastricht sollte eine Systematisierung und Schaffung einer Kodifizierung unausweichlich erscheinen. In seinem Judikat in der Rs *Stauder*[17] berief sich der EuGH bei der Auslegung von sekundärem Gemeinschaftsrecht erstmals auf die *"in den allgemeinen Grundsätzen der Gemeinschaftsordnung (...) enthaltenen Grundrechte der Person"* und gab damit zu verstehen, daß er sich dazu berufen fühle, in "prätorianischer" Rechtssprechung einen Grundrechtsschutz judikativ zu entwickeln [18]. Insofern wurde allein die Einführung

---

[16] Vgl zB EuGH, 101/78, *Granaria*, Slg 1979, 623, 637 (Rdnr 5); 294/83, Les Verts, Slg 1986, 1339, 1365 (Rdnr 23); vgl auch die Vorschläge des Gerichtshofes der EG zur Europäischen Union, EA 1975, D 524: *"Die Gemeinschaft ist ein Rechtsstaat"*.

[17] EuGH, 29/69, *Stauder/Stadt Ulm*, Slg 1969, 419-430 (Rdnr 7) über allgemeine Rechtsgrundsätze.

[18] *Schermers*, The protection of Human Rights in the European Community, Vorträge und Berichte am Zentrum für Europäisches Wirtschaftsrecht Bonn (1994), unterscheidet drei Phasen in der Grundrechtsjudikatur des EuGH: In der ersten Phase (1954 - 1969) kannte der EuGH keine Grundrechte ieS.; in der zweiten Phase (1969 - 1989) prüfte der EuGH immer intensiver die Grundrechtsbindung gemeinschaftsrechtlichen Sekundärrechts und in der dritten Phase (1989 - heute) judizierte der

von aus dem allgemeinen Rechtsstaatlichkeitsgebot gewonnenen, allgemeinen Rechtsgrundsätzen notwendig, damit die "Verwaltung" der Gemeinschaft sowohl als auch diejenige der Mitgliedstaaten ordnungsgemäß bzw. rechtsstaatlich durchgeführt werden konnte.

Ende der siebziger Jahre konnte der EuGH schon feststellen, daß *"die Beachtung der Grundrechte zu den allgemeinen Rechtsgrundsätzen gehört, deren Wahrung der Gerichtshof zu sichern hat. Die Gewährleistung dieser Rechte muß (...) von den gemeinsamen Verfassungsüberlieferungen der Mitgliedstaaten getragen sein (...)"*. Daher könnte der Gerichtshof *"keine Maßnahmen als rechtens anerkennen, die unvereinbar sind mit den von den Verfassungen dieser Staaten anerkannten und geschützten Grundrechten. Auch die internationalen Verträge über den Schutz der Menschenrechte, denen sie beigetreten sind, können Hinweise geben, die im Rahmen des Gemeinschaftsrechts zu berücksichtigen sind"* [19]. In den achtziger Jahren stellte der EuGH auch fest, daß die "leitenden Grundsätze" der EMRK bei der Auffindung der allgemeinen Rechtsgrundsätze nicht nur "zur Orientierung dienen", sondern "im Rahmen des Gemeinschaftsrechts zu berücksichtigen sind"[20]. Der EuGH geht manchmal aber soweit, daß er sogar die materiellen Rechte aus der EMRK selbst als allgemeine Rechtsgrundsätze des Gemeinschaftsrechts ansieht[21] und auch klar formuliert[22].

Die Terminogie, die der EuGH dazu verwendet, ist mit einem vielschichtigen Grundrechtsbegriff verbunden, im Gegensatz zum nationalen Recht der Mitgliedstaaten, in dem sich ein einheitlicher Grund-

---

Gerichtshof auch über Grundrechtsfragen hinsichtlich nationaler Rechtsakte, die in Umsetzung einer gemeinschaftlichen Verpflichtung ergangen waren; vgl *Hummer / Simma / Vedder / Emmert*, Europarecht in Fällen,1994, 343; *Lenz*, Der europäische Grundrechtsstandard in der Rechtssprechung des Europäischen Gerichtshofs, EuGRZ 1993, 585.

[19] EuGH, 4/73, *Nold*, Slg 1974, 491, 507 (Rdnr 13); 44/79, *Hauer*, Slg 1979, 3727, 3744 (Rdnr 15).

[20] EuGH, 222/84, *Johnston*, Slg 1986, 1651, 1682 (Rdnr 18).

[21] Vgl EuGH, C-415/93, *Bosman*, Slg 1995, I-4921, 5065 (Rdnr 79).

[22] Vgl dazu EuG, T-13/90, *X/Kommission*, Slg 1992, I-II-2195, 2216 (Rdnr 59): *"Nach alledem liegt im vorliegenden Fall weder ein Verstoß gegen Art.8 der EMRK (...) vor."* EuGH, C-404/92 P, *X/Kommision*, Slg 1994, I-4737, 4789 (Rdnr 17): *"Nach der Rechtssprechung des Gerichtshofs stellt das in Art.8 EMRK verankerte Recht (...), das sich aus den gemeinsamen Verfassungstraditionen der Mitgliedstaaten herleitet, ein von der Gemeinschaftsrechtsordnung geschütztes Grundrecht dar"*.

rechtsbegriff herausgebildet hat[23]. So versteht man unter "Grundrechten" subjektive öffentliche Rechte in Verfassungsrang, die von einzelnen aufgrund eines Verfahrens gegen die Staatsgewalt durchgesetzt werden können[24]. Der EuGH seinerseits verwendet den Begriff Grundrechte vor allem für die Kennzeichnung ungeschriebener Rechte im Gemeinschaftsrecht, so daß auch andere Organe der Gemeinschaft diesem Beispiel folgen, wie z.B. das Europa Parlament (EP), die mit der Unionbürgerschaft verbundenen Rechte als Grundrechte ansehen[25]. Der EuGH will diesen Begriff weit auslegen, damit er als ungeschriebene und gesetzte primärrechtliche Norm zu verstehen ist, die einzelne subjektive Rechte verleiht.

1.2. Auf nationaler Ebene

In der Bundesrepublik Deutschland z.B. wurde diese Leitlinie nicht befolgt. Das BVerfG hatte im Jahre 1967 einen faktischen Vorrang des sekundären Gemeinschaftsrechts dadurch bejaht, daß es Rechtsakte der Gemeinschaftsorgane als Akte nicht-deutscher öffentlicher Gewalt angesehen und demgemäß eine Verfassungsbeschwerde gegen sie gemäß § 90 B VerfGG für unzulässig erklärt hat[26]. In der Folge hat das BVerfG am 29. Mai 1974 den sogenannten "Solange I - Beschluß"

[23] Dazu vgl. in Frankreich: "droits fondamentaux" (allgemeiner Rechtsbegriff) oder "Libertés publiques" (in Bezug auf die Beziehung zwischen Bürger und Staat).
[24] Dazu Gem Art. 144 Abs 1 öB-VG sind unter Grundrechten *"verfassungsgesetzlich gewährleistete Rechte"* zu verstehen. In der französischen Rechtsordnung gelten diese Rechte als *principes généraux du droit* (PGD), die aus der Rechtssprechung gegründet wurden (dazu CE vom 26 Oktober 1945, *Aramu*, R. 213, EDCE, 1947.48, Zusammenfassung von *Odent*), und sind als *infra*-legislative und *supra*-dekretale Norm eingeordnet. Wie *Letourneur*, ein französischer Verwaltungsrichter (Mitglied des CE) sagte: *"sie ergeben sich aus einem konstruktiven Werk der Rechtssprechung, die aus höheren Billigkeitsmotiven resultieren, für die Bewahrung der individuellen Rechte des Bürgers"*, in: "Les principes généraux du droit dans la jurisprudence du Conseil d'Etat", EDCE (Nr. 5), 1951, S. 19. Vgl. dazu, *ders*. Kommentar zum Fall *Société des concerts du conservatoire* vom CE 9 März 1951, in: Droit social, 1951, S. 168. *Jeanneau*, Les principes généraux du droit dans la jurisprudence administrative, Sirey, 1954; La théorie des principes généraux du droit à l'épreuve du temps, EDCE, Nr. 33, 1981 – 1982, S. 33.
[25] Und sehen beispielweise im Petitionsrecht in Art. 8d Abs. 1 iVm 138d EGV ein vertraglich verankertes Grundrecht.
[26] BVerfGE 22, 293.

gefaßt[27]. Nach dieser Judikatur hat der Vorrang des Gemeinschaftsrechts seine Grenzen gefunden. Im Jahre 1979 relativierte das BVerfG den "Solange I - Beschluß" durch den sogenannten "Vielleicht - Beschluß"[28], der eine Umkehr in der Rechtssprechung des BVerfG einleitete. Letzten Endes gab die deutsche Judikatur ihren Widerstand auf, und dies in seinem "Solange II - Beschluß" vom 22. Oktober 1986[29]. Die Judikatur stellt fest, daß ein Mindeststandard an inhaltlichem Grundrechtsschutz generell gewährleistet ist. In seinem Maastricht-Urteil vom 12. Oktober 1993 gewährt das BVerfG nun prinzipiell Grundrechtsschutz vor Akten nicht nur der deutschen öffentlichen Gewalt, sondern auch vor solchen der Verbandsgewalt der Europäischen Gemeinschaften[30].

---

[27] Dazu BVerfGE 37, 271: *"Solange der Integrationsprozeß der Gemeinschaft nicht so weit fortgeschritten ist, daß das Gemeinschaftsrecht auch einen von einem Parlament beschlossenen und in Geltung stehenden formulierten Katalog von Grundrechten enthält, der dem Grundrechtskatalog des Grundgesetzes adäquat ist, ist nach Einholung der in Art. 177 des Vertrages geforderten Entscheidung des Europäischen Gerichtshofes die Vorlage eines Gerichts der Bundesrepublik Deutschland an das Bundesverfassungsgericht im Normenkontrollverfahren zulässig und geboten, wenn das Gericht die für es entscheidungserhebliche Vorschrift des Gemeinschaftsrechts in der vom Europäischen Gerichtshof gegebenen Auslegung für unanwendbar hält, weil und soweit sie mit einem der Grundrechte des Grundgesetzes kollidiert".*

[28] Dazu BVerfGE 52, 202: *"Der Senat läßt offen, ob und gegebenenfalls inwieweit - angesichts mittlerweile eingetretener politischer und rechtlicher Entwicklungen im europäischen Bereich - für künftige Vorlagen von Normen des abgeleiteten Gemeinschaftsrechts die Grundsätze des Beschlusses vom 29. Mai 1974 (...) weiterhin uneingeschränkt Geltung beanspruchen können".*

[29] Dazu BVerfGE 73, 339, 387: *"Solange die Europäische Gemeinschaften, insbesondere die Rechtssprechung des Gerichtshofs der Gemeinschaften einen wirksamen Schutz der Grundrechte generell verbürgen, wird das Bundesverfassungsgericht seine Gerichtsbarkeit über die Anwendbarkeit von abgeleitetem Gemeinschaftsrecht, das als Rechtsgrundlage für ein Verhalten deutscher Gerichte oder Behörden im Hoheitsgebiet der Bundesrepublik Deutschland in Anspruch genommen wird, nicht mehr auszuüben und dieses Recht mithin nicht mehr am Maßstab der Grundrechte des Grundgesetzes überprüfen (...)".*

[30] Dazu BVerfGE 89, 155, 175: *"Auch Akte einer besonderen, von der Staatsgewalt der Mitgliedstaaten geschiedenen öffentlichen Gewalt einer supranationalen Organisation betreffen die Grundrechtsberechtigten in Deutschland. Sie berühren damit die Gewährleistungen des Grundgesetzes und die Aufgaben des Bundesverfassungsgerichts, die den Grundrechtsschutz in Deutschland insoweit nicht nur gegenüber deutschen Staatsorganen zum Gegenstand haben".*

Das BVerfG weist an gleicher Stelle darauf hin, seine Gerichtsbarkeit über die Anwendbarkeit von Sekundärrecht in einem "Kooperationsverhältnis" zum EuGH ausüben zu wollen „*in dem der Europäische Gerichtshof den Grundrechtsschutz in jedem Einzelfall für das gesamte Gebiet der Europäischen Gemeinschaft garantiert, das Bundesverfassungsgericht sich desshalb auf eine generelle Gewährleistung des unabdingbaren Grundrechtsstandards (...) beschränken kann*". Auch wenn der BVerfG das "Kooperationsverhältnis" nicht direkt verweist, stellt sich die Frage der Kompetenzüberschreitungen durch Gemeinschaftsorgane sowohl als auch der letzlichen Befindungskompetenz[31]. Auch wenn die nationalen Höchstgerichte die Nichtigkeit und die Unanwendbarkeit solchen Gemeinschaftsrechts feststellen können, kann diese Kompetenz aber nur dem EuGH zukommen, da dieser gemäß Art. 164 EGV über das Monopol zur Wahrung des Rechts bei der Auslegung und Anwendung des gesamten primären und sekundären Gemeinschaftsrechts verfügt[32].

Der Grundrechtsschutz wird weiterhinaus in der EU verstärkt, insbesondere im Vertrag von Amsterdam, welcher die Anerkennung der Menschenrechte in der EMRK bestätigt. Außerdem spielt der EuGH eine besondere Rolle im Verfahren zum effizienten Rechtsschutz in der EU.

2. Der Grundrechtsschutz in der Europäischen Union

2.1. Die Fundamente

Der Vertrag von Maastricht vom 7. Februar 1992[33]gründete die EU, die am 1. November 1993 in Kraft getreten ist [34] . Gem Art. A Abs 2 EUV ist er "*eine neue Stufe bei der Verwirklichung einer immer engeren Union der Völker Europas*". Konkreterweise verkörpert dieser Vertrag den Grundrechtsschutz in seinem Art. F Abs 2 EUV indem die EU "*die Grundrechte, wie sie in der am 4. November 1950 in Rom unterzeich-*

[31] Vgl. dazu *Bonichot*, Quelle Europe pour les droits de l'Homme ?, Paul Tavernier Verlag, Bruylant, 1996; *Gréciano*, Le contentieux européen et les droits de l'Homme: complémentarité ou dualisme juridictionnel ?, wiss. Arbeit, DEA, Metz, 1998, 75S.
[32] Vgl. *Griller*, Grundrechtsschutz in der EU und in Österreich, Referat am 12. Österreichischen Juristen-Tag, Bd I/2, 1994, 22.
[33] ABl. 1992, Nr. C 191, 1.
[34] ABl. 1993, Nr. L 293, 61.

neten Europäischen Konvention zum Schutze der Menschenrechte und Grundfreiheiten gewährleistet sind und wie sie sich aus den gemeinsamen Verfassungsüberlieferungen der Mitgliedstaaten als allgemeine Grundsätze des Gemeinschaftsrechts ergeben". Dieser formale Verweis auf die EMRK bedeutet, daß die Bestimmungen der EMRK als solche im Gemeinschaftsrecht nicht nur gelten, sondern weiterhin als allgemeine Rechtsgrundsätze des Gemeinschaftsrechts Anwendung finden. Dies gilt auch für die Zusatzprotokolle, die als ganzes materiellrechtliches System durch die EU zu achten ist[35]. Insofern bekräftigt dieser Art. auch in verbindlicher Form die bisherige Grundrechtsjudikatur des EuGH. Andererseits bindet Art. F Abs 2 EUV in der "Ersten Säule" die drei Europäischen Gemeinschaften EGKS, EWG und EAG. Die "Zweite" (GASP) und "Dritte Säule" (ZBJI) sind selbstständig und betreffen Bereiche außerhalb der EG.

Der judikativ entwickelte Grundrechtsschutz in der "Ersten Säule" bzw. in der EWG wird seit zwanzig Jahren diskutiert. Erstmals forderte die Kommission in ihrem Memorandum vom 4. April 1979 einen solchen Beitritt[36], dem sich das EP mit seiner Entschließung vom 29. Oktober 1982[37] anschloß und diesen Wunsch in regelmäßigen Abständen auch immer wieder erneuerte. Abgesehen von den statutarischen Problemen, die ein Beitritt der EWG zur EMRK in der Satzung des Europarates bzw. der EMRK selbst auslösen würde[38], war aus der gemeinschaftsrechtlichen Sicht keinesfalls klargestellt, ob ein solcher Beitritt mit dem

---

[35] Vgl. *Köck/Stadlmeier*, Die Europäische Menschenrechtskonvention als Teil des Rechts der Europäischen Union, JAP 2- 1996/97, 82.

[36] Bull. EG Beilage 2-79.

[37] Abl 1982, Nr. C 304, 253.

[38] Vgl. dazu *Bontempi*, L'adhésion de la Communauté européenne à la Convention européenne des droits de l'Homme, in Bieber et a., Au nom des peuples européens, Baden-Baden, Namos, 1996; *Chaltiel*, L'Union européenne doit-elle adhérer à la Convention européenne des droits de l'Homme, Revue du Marché Commun de l'U.E., Nr. 404, 1997; *Cohen-Jonathan*, L'adhésion de la Communauté européenne à la Convention européenne des droits de l'Homme, JT Dr. eur., Nr. 17, 1995; *Jacqué*, Communauté européenne et Convention européenne des droits de l'Homme, in: Pettiti u.a., La Convention européenne des droits de l'Homme, commentaire article par article, Economica, 1995; *Karl*, Der Beitritt der Europäischen Gemeinschaft zur Europäischen Menschenrechtskonvention aus der Sicht der EMRK, in: Hummer (Hrsg.), Österreich und das Recht der Europäischen Union, 1996, S.90; *Mathieu*, L'adhésion de la Communauté à la Convention européenne, Revue du Marché commun de l'Union européenne, Nr. 414, 1998.

EG-Vertrag überhaupt vereinbar ist[39]. Um in diese Sache Klarheit zu bringen, lehnte der EuGH in seinem Gutachten[40] vom 28. März 1996 eine Zuständigkeit der EG für einen Beitritt zur EMRK mit der Begründung ab, daß *"keine Bestimmung des Vertrages den Gemeinschaftsorganen allgemein die Befugnis"* verleihe, *„Vorschriften auf dem Gebiet der Menschenrechte zu erlassen oder völkerrechtliche Verträge in diesem Bereich zu schließen"*[41]. Der Gerichtshof folgte nicht der Argumentation, wonach Art. 235 EGV eine geeignete Rechtsgrundlage für einen Beitritt abgeben könne. Der Beitritt der EG zur EMRK hätte nämlich *"eine wesentliche Änderung des gegenwärtigen Gemeinschaftssystems des Schutzes der Menschenrechte zur Folge, da er die Einbindung der Gemeinschaft in ein völkerrechtliches, andersartiges institutionelles System und die Übernahme sämtlicher Bestimmungen der Konvention in die Gemeinschaftsrechtsordnung mit sich brächte".*

Eine solche Systemänderung sei aber von *"verfassungsrechtlicher Dimension"* und daher auch von Art. 235 EGV nicht mehr gedeckt, so Gutachten 2/94 des EuGH. Durch diese Judikatur des EuGH ist klargestellt, daß ein Beitritt der EG zur EMRK nicht in Frage kommt, aber der allgemeine Grundsatz der Achtung der Menschen- und Grundrechte wurde doch näher ausgeführt und praktikabel gemacht.

Allgemein erschien es notwendig, daß die volle Achtung der Grundrechte sowohl in den Beziehungen zwischen der Union und ihren Mitgliedstaaten als auch in den zwischen den Mitgliedstaaten und ihren

---

[39] Vgl. *Iliopoulos-Strangas* (Hrsg), Grundrechtsschutz im europäischem Raum. Der Beitritt der EG zur EMRK, 1993; Bernhardt, Probleme eines Beitritts der EG zur EMRK, in FS Everling, 1995, 103; *Sera*, The case for Accession by the European Union to the European Convention for the Protection of Human Rights, Boston University International Law Journal 1/1996, 151; *de Schutter*, L'adhésion des Communautés européennes à la Convention européenne des droits de l'Homme, Courrier hebdomadaire No. 1440-1994; *Persaud*, Where do we go from here? Fundamental Rights in the Post-Maastricht Legal Order, Vorträge, Reden und Berichte aus dem Europa-Institut der Universität des Saarlandes, Nr. 322, 1994; *Krogsgaard*, Fundamental Rights in the European Community after Maastricht, LIEI 1/93, S.99; *Chaltiel*, L'Union européenne doit-elle adhérer à la Convention européenne des droits de l'Homme ?, RMCUE 1997, S.34.

[40] Dazu Fn. 4.

[41] Vgl. dazu *Potacs*, Der Beitritt der Europäischen Gemeinschaft zur Europäischen Menschenrechtskonvention aus gemeinschaftsrechtlicher Sicht, in: Hummer, Österreich und das Recht der Europäischen Union, 1996, S.81.

Bürgern sichergestellt wird[42]. Dementsprechend sprach sich eine Mehrheit dafür aus, daß in den Vertrag ein Art. eingeführt werden sollte, der einen eigenen Sanktionsmechanismus - hin bis zum Ausschluß - für einen Mitgliedstaat vorsieht, der die Menschenrechte oder die demokratischen Grundrechte verletzt. Des weiteren wurde die Aufnahme eines Verbots der Todesstrafe sowie die Verankerung von Minderheitenrechten und von wirtschaftlichen und sozialen Rechten erörtet. Der effektive Rechtsschutz für den Einzelnen hätte durch den Beitritt der EU zur EMRK eine formelle Garantie gewährleistet. Auch auf der Regierungskonferenz am 29. März 1996 herrschte die Ansicht vor, daß gemeinsame Werte wie z.B. die Ablehnung jeder Form von Diskriminierung noch deutlicher wie bisher geschützt werden müßten. Neben den politischen Überlegungen[43] spielte die Diskussion um das von der britischen Delegation am 23. Juli 1996 auf der Regierungskonferenz 1996 vorgelegte *Memorandum des Vereinigten Königreichs über den Europäischen Gerichtshof*[44] eine Rolle, indem er die Judikatur des EuGH kodifikatorisch verankern möchte. Auch wenn keine Einigung in der Regierungskonferenz 1996 gefunden wurde, fanden diese wichtigen Diskussionspunkte zum Großteil ihren Niederschlag im Amsterdamer Vertrag.

2.2. Im Vertrag von Amsterdam

2.1.1. Allgemeines

Der Vertrag von Amsterdam vom 2. Oktober 1997[45] sog. *"Vertrag von Amsterdam zur Änderung des Vertrages über die Europäische Union, der Verträge zur Gründung der Europäischen Gemeinschaften sowie einiger damit zusammenhängender Rechtsakte"* ändert an der Struktur der Europäischen Union als lediglich materiell-rechtliche Klammer der

---

[42] Dazu der *Zwischenbericht* des Vorsitzenden der Reflexionsgruppe vom 24. August 1995, SN 509/95, SD 18.

[43] Vgl. dazu den Bericht des italienischen Vorsitzes an den Europäischen Rat in Florenz über den Stand der Beratungen der Regierungskonferenz vom 12. Juni 1996, CONF 3860/96, Kap. I, Ziff. I. 5.

[44] CONF 3883/96, Anlage.

[45] Abl. 1997, Nr. 340, 1; vgl. die zusammenfassende Darstellung von *Streinz*: Der Vertrag von Amsterdam – Die institutionellen Veränderungen für die Europäische Union und die Europäische Genmeinschaft, Jura 1998, S.57ff.; *ders.*: Der Vertrag von Amsterdam – Einführung in die Reform des Unionvertrages von Maastricht und der Bewertung der Ergebnisse, EuZW 1998, S. 137 ff.

drei verschiedenen Unionssäulen nichts, jedoch wird er der Europäischen Gemeinschaft nicht unbeträchtliche zusätzliche Kompetenzen im Bereich der Innen- und Justizpolitik einbringen. Ebenfalls wird er mit seinem Inkrafttreten der Union nicht die vielfach als unabdingbar beschworene eigene Rechtspersönlichkeit verschaffen[46], obwohl derartige Vorschläge ausdrücklich von zwei Ratspräsidentschaften unterbreitet worden sind[47]. Die aufgrund der anstehenden Erweiterung zwingenden institutionellen Reformen wurden vertagt[48]. Neu kodifiziert und etwas fortentwickelt wurden jedoch die Bestimmungen über die beiden inter-gouvernementalen Unionssäulen GASP und ZBJI. Außerdem wurde das Prinzip der verstärkten Zusammenarbeit im kleinen Kreis sowohl für die Europäische Gemeinschaft als auch für GASP und ZBJI als – bescheidenes – Ergebnis der Diskussion um ein "Kerneuropa" verankert. Vorgenommen wurden auch Änderungen im Bereich der EG-Gesetzgebungsverfahren mit einer Stärkung der Stellung des Parlaments durch Ausweitung des Mitentscheidungsverfahrens.

---

[46] Vgl. dazu *Ress*: Ist die Europäische Union eine juristische Person ?, EuR 1995/Beiheft 2, S.27ff. (32) sieht in der Rechtsfähigkeit die Voraussetzung für die Existenz einer internationalen Organisation.

[47] CONF/2500/96 vom 5. 12. 1996, S.91ff.: die irische Ratspräsidentschaft hatte vorgeschlagen zunächst in dem von ihr Anfang Dezember 1996 vorgelegten *"Allgemeinen Rahmen für einen Entwurf zur Revision der Verträge"* über die Europäische Union konstruktiv die Rechtspersönlichkeit zu verleihen. Entgegen seinem integrationsprogressiven Anschein war der irische Vorschlag jedoch in einer der beiden angesprochenen Gestaltungsformen inhaltlos, in der anderen hätte er sogar einen rechtlichen Rückschritt für die europäische Integration bedeutet; CONF/2500/96, ADD. 1, vom 20.3.1997, S. 47ff.: die zweite Variante hat sich anschließende niederländische Ratspräsidentschaft in ihrem *"Addendum"* näher ausformuliert und exklusiv vorgeschlagen. Beide Vorschläge sowie ihre Behandlung auf der Regierungskonferenz sind *als "travaux préparatoires"* i.S.d. Art. 32 der Wiener Vertragsrechtskonvention für die Auslegung des Amsterdamer Vertrages von Bedeutung. Trotzdem blieb für den Zeitraum vom Inkrafttreten des Maastrichter Vertrags bis zum Abschluß des Amsterdamer Vertrags der Mangel einer Übereinstimmung der Unionstaaten hinsichtlich der Existenz einer Rechtspersönlichkeit der Union.

[48] Nach Art. 2 des Protokolls zum Amsterdamer Vertrag über die Organe im Hinblick auf die Erweiterung der Europäischen Union soll *"spätestens ein Jahr vor dem Zeitpunkt, zu dem die Zahl der Mitgliedstaaten der Europäischen Union zwanzig überschreiten wird"*, eine Regierungskonferenz zur Überprüfung der Zusammensetzung und Arbeitsweise der Organe zusammentreten.

Neben einer Reihe weiterer, weniger bedeutsamer Änderungen des Gemeinschaftsrechts wurde durch Art. 12 Abs. 1 des Amsterdamer Vertrages eine verbindliche Änderung der Artikelzählung sowohl des Unionsvertrages als auch des EG-Vertrags – hier zusammen mit einer Bereinigung hinsichtlich obsoleter Vorschriften – vorgenommen. Es handelte sich um eine beabsichtige Vereinfachung des Vertrages, damit er in Zukunft effektiver und angepasster wirken kann. Eine kritische Analyse dieser Konferenz begründet auf den beschränkten Ergebnissen, die keineswegs allein oder auch nur vorrangig in der harten, der europäischen Integration gegenüber der äußerst skeptischen Haltung der konservativen britischen Regierung, die erst kurz vor Konferenzende abgewählt wurde. Die absehbare Dominanz der politischen Diskussionen um die Erfüllung der Konvergenzkriterien für die Einführung der einheitlichen europäischen Währung, bzw. um die mögliche Verschiebung des Beginns der Währungsunion, sowie die fraglos viel zu kurz angesetzte Frist für die Einberufung einer Revisionskonferenz limitieren die Chancen für nennenswerte Fortschritte von vornherein. Auch für die Zukunft werden die anstehenden großen Probleme der Integration der mittel- und osteuropäischen Staaten, die notwendige Schaffung eines neuen Finanzrahmens für die EG, sowie die Verarbeitung der Erfahrung mit der Währungsunion und der Annahme des „acquis communautaire“ und deren innerstaatlichen verfahrensrechtlichen Anpassungsfolgen, strukturelle Fortentwicklungen der Europäischen Union wohl auf beträchtliche Zeit hin nicht erwarten lassen.

2.2.2. Die Funktion des EuGH

Gem. Art. 6 Abs 1 EUVn beruht die EU auf den Grundsätzen der Freiheit, der Demokratie, der Achtung der Menschenrechte und Grundfreiheiten sowie der Rechtsstaatlichkeit, wobei diese Grundsätze ausdrücklich in allen Mitgliedstaaten gemeinsam bezeichnet werden und darüberhinaus auch die Rechtsstaatlichkeit primärrechtlich auf diesen Werten verankert ist. Diese Grundsätze sind verpflichtende Grundlagen der EU. Die Beachtung dieser Grundsätze ist von großer Bedeutung im Hinblick auf den Beitritt neuer Staaten zur EU[49] und hinsichtlich der Möglichkeit der Ergreifung von Sanktionen gegen einen Mitgliedstaat, der auch nur einen dieser Grundsätze verletzt[50]. Der Art. 6 Abs. 2 EUVn

[49] Dazu Art. 49 EUVn.
[50] Dazu Art. 7 EUVn.

übernimmt den Art. f Abs. 2EUV unverändert. Die Zuständigkeit des EuGH erstreckt sich ausdrücklich auf Art. 6 Abs. 2 EUVn. allerdings nur *"in bezug auf Handlungen der Organe, sofern der Gerichtshof im Rahmen der Verträge zur Gründung der Europäischen Gemeinschaften und im Rahmen dieses Vertrags zuständig ist"*. Damit ist festgeschrieben, daß die in Art. 6 Abs. 2 EUVn angeordnete Beachtung der Grundrechte in den drei Säulen der EU der Nachprüfung durch den EuGH unterliegt und dessen ständige Judikatur zu den Grundrechten als primärrechtlich bestätigt gilt.

Um die Effektivität des Grundrechtsschutzes zu gewährleisten sieht der Art. 7 EUVn ein gradiertes Sanktionsverfahren vor, das im Amsterdamer Vertrag eingeführt wurde. Zunächst stellt der Rat auf Vorschlag eines Drittels der Mitgliedstaaten oder der Kommission und nach Zustimmung des EP einstimmig fest, daß eine so qualifizierte Verletzung seitens eines Mitgliedstaates vorliegt. Nachdem er eine solche Feststellung getroffen hat, kann der Rat in der Folge mit qualifizierter Mehrheit beschließen, bestimmte Rechte auszusetzen, die sich aus der Anwendung des EU-Vertrages auf den betroffenen Mitgliedstaat herleiten, einschließlich der Suspendierung auf die Rechte und Pflichten natürlicher und juristischer Personen (Art. 7 Abs. 2 UAbs 1 EUVn). Die Verpflichtungen aus dem EU-Vertrag bleiben für den betroffenen Mitgliedstaat auf jeden Fall weiterhin verbindlich (Art. 7 Abs 2 U Abs. 2 EUVn). Gem Art. 7 Abs 3 EUVn kann der Rat zu einem späteren Zeitpunkt mit qualifizierter Mehrheit beschließen, nach Abs. 2 getroffene Maßnahmen abzuändern oder aufzuheben, wenn in der Lage, die zur Verhängung dieser Sanktionsmaßnahme geführt hat, Änderungen eingetreten sind. Der Sanktionsmechanismus des Art. 7 EUVn erfolgt nun einheitlich für alle vier Verträge (EUV, EGV, EGKSV und EAGV). Es handelt sich hier um die Sicherung institutioneller Kohärenz iSv Art. 3 EUVn, wodurch dem Rat ein großes Beurteilungsermessen eingeräumt wird.

Neben den verfahrensrechtlichen Garantien verstärkt der Vertrag von Amsterdam auch den Grundrechtsschutz, insofern als er soziale Rechte und Pflichten verankert, wie sie damals in der am 18. Oktober 1961 in Turin unterzeichneten Europäischen Sozialcharta und in der Gemeinschaftscharta der sozialen Grundrechte der Arbeitnehmer vom 8.und 9.

Dezember 1989[51] niedergelegt waren, was derzeit in Art. 136 Abs. 1 EGVn bestätigt, und in der Schlußakte des Amsterdamer Vertrages festgehalten[52] wird .

Andere einheitliche Rechtsgrundlagen für die Sozialpolitik bestehen in der Einführung der geschlechtspezifischen Gleichbehandlung und des Diskriminierungsverbots im Tätigkeitskatalog des Art. 3 Abs. 2 EGVn, des Schutzes religiöser und weltanschaulicher Vereinigungen[53], der Abschaffung der Todesstrafe[54], des Schutzes des Asylrechts[55] und des Datenschutzes[56]. Die wichtigsten Folgen des Amsterdamer Vertrags bestehen in der Erweiterung der Rechte der Unionsbürger[57]. Die in Art. 8e Abs. 2 EGV dem Rat ohnehin bereits gegebene Ermächtigung zur Ausweitung der Bürgerrechte[58] zwingt zu grundlegenden Erörterungen

---

[51] Dazu die Gemeinschaftsrechtscharta der sozialen Grundrechte der Arbeitnehmer vom 8. und 9. Dezember 1989, KOM 89, 471.

[52] Gem. der Erklärung Nr. 26 zu Art. 118 Abs. 2 EGV (=Art. 137 Abs. 2 EGVn); ABl 1997, Nr. C 340, 136.

[53] Gem. der Erklärung Nr. 11 zum Status der Kirchen und weltanschaulichen Gemeinschaften; ABl 1997, Nr. C 340, 133.

[54] Gem. der Erklärung Nr. 1 zur Abschaffung der Todesstrafe, ABl 1997, Nr. C 340, 125.

[55] Gem. dem Protokoll über die Gewährung von Asyl für Staatsangehörige von Mitgliedstaaten der EU; ABl 1997, Nr. C 340, 103. Dementsprechend darf ein Asylantrag eines Staatsangehörigen eines Mitgliedstaates von einem anderen Mitgliedstaat nur unter ganz genau geregelten Umständen berücksichtigt oder zur Bearbeitung zugelassen werden.

[56] Gem. Art. 286 EGVn finden ab dem 1. Januar 1999 die Rechtsakte der Gemeinschaft über den Schutz natürlicher Personen bei der Verarbeitung personenbezogener Daten und dem freien Verkehr solcher Daten auf die durch den EGV oder auf seiner Grundlage errichteten Organe und Einrichtungen Anwendung. Gem Abs. 2 beschließt der Rat im Ko-Dezisionsverfahren vor diesem Zeitpunkt die Errichtung einer unabhängigen Kontrollinstanz, die für die Überwachung der Anwendung solcher Rechtsakte verantwortlich ist. In diesem Zusammenhang soll es zur Errichtung des Amtes eines Europäischen Datenschutzbeauftragten kommen.

[57] Vgl. dazu *Obwexer*, Die Rechte und Pflichten der Unionsbürger aus der Unionsbürgerschaft, Diss Innsbruck, 1998.

[58] Dazu, insbesondere Gem Art. 17 Abs. 1 EGVn wird *expressis verbis* Hinweis gegeben, daß die Unionsbürgerschaft die nationale Staatsbürgerschaft ergänzt, nicht aber ersetzt. Gem Art. 21 Abs 3 EGVn hat jeder Unionsbürger ein Petitionsrecht und kann sich schriftlich in einer der Amtssprachen der EU an jedes Organ der EU (dh an das EP, den Rat, die Kommision, den EuGH, den Rechnungshof, den Wirtschafts- und Sozialausschuß, den Ausschuß der Regionen und an den Bürgerbeauftragten)

der Anwendungsbedürftigkeit des Europarechts durch nationale Organe, sowie der erforderlichen Anpassungen der staatlichen und nationalen Strukturen im Lichte der verfahrensrechtlichen Sanktionen auf gemeinschaftsrechtlicher Ebene.

---

wenden und hat im Gegenzug auch eine Antwort in derselben Sprache zu erwarten. Gem Art. 190 Abs. 4 EGVn soll das EP einen Entwurf für allgemeine unmittelbare nach einem einheitlichen Verfahren in allen Mitgliedstaaten oder "*im Einklang mit allen Mitgliedstaaten gemeinsamen Grundsätzen*" ausarbeiten. Damit soll ein weiterer Schritt in Richtung auf ein einheitliches Wahlverfahren versucht werden. Gem Art. 255 Abs 1 EGVn hat der Unionsbürger sowie jede natürliche oder juristische Person mit Wohnsitz oder Sitz in einem EU-Mitgliedstaat grundsätzlich das Recht auf Zugang zu Dokumenten des EP, des Rates und der Kommission. Dazu ABl 1997, Nr. C 340, 137.

Drittes Kapitel: Problematik

Die vergleichende Analyse widmet sich der Anwendungsbedürftigkeit des Europarechts durch nationale Organe. Das Zusammenwirken von Gemeinschaftsrecht und nationalem Recht hat innerstaatliche strukturelle Anpassungen zur Folge, weil Mitgliedstaaten zur Vollziehung des Europarechts verpflichtet sind.

1. Die Anwendungsbedürftigkeit des Europarechts durch nationale Organe

1.1. Allgemeines

Das Gemeinschaftsrecht bedarf, wie wir gesehen haben, zum Teil bereits wegen seiner Konstruktion, zum Teil wegen eines fehlenden eigenen Verwaltungsunterbaus der Anwendungsbedürftigkeit und des Vollzugs durch nationale Organe. Dieser obliegt je nach den verfassungsrechtlichen Anforderungen (cf. *Zweiter Titel*) der gemeinschaftsrechtlichen Vorgaben der Legislative, der Exekutive insbesondere der Verwaltung oder der Judikative insbesondere der Gerichtsbarkeit (cf. *Dritter Titel*). Der Rechtsschutz gegen solche Vollzugsakte bringt es mit sich, daß auch die nationalen Gerichte Gemeinschaftsrecht anzuwenden und zu wahren haben. Damit sind alle drei Staatsgewalten mit dem Vollzug des Gemeinschaftsrechts betraut.

Die Vollzugsbedürftigkeit des Gemeinschaftsrechts ist evident bei der Richtlinie im Sinne des Art. 189 Abs. 3 EWGV[59], die für jeden Mitgliedstaat, an den sie gerichtet wird, hinsichtlich des zu erreichenden Ziels verbindlich ist, den innerstaatlichen Stellen jedoch die Wahl der Form und der Mittel der Zielverwirklichung überläßt. Die dazu erforderlichen Umsetzungsgesetze sind aber nicht der einzige Fall, in dem das Gemeinschaftsrecht einer legislativen Ausführung bedarf. Dies trifft nämlich auch auf Handlungsgebote des primären Gemeinschaftsrechts zu[60]; zum Teil bedürfen auch Verordnungen zwar keiner Umsetzung,

---

[59] Art. 161 Abs.3 EAGV; Empfehlungen i.S.d. Art. 14 Abs. 3 EGKSV. Im folgenden wird grundsätzlich nur auf das Recht der EWG Bezug genommen.

[60] Vgl. dazu *Grabitz*, Kommentar zum EWG-Vertrag, Losebl. Art. 5 Rn . 7; *Zuleeg* in: von der Groeben/ Thiesing/ Ehlermann (Hg.), Kommentar zum EWG-Vertrag, 1991, Art. 5 Rn. 10.

wohl aber nationaler Ausführungsnormen, die in den Verordnungen oft ausdrücklich vorgesehen werden.

Nationale Gesetze, die Richtlinien umsetzen, primärrechtliche Vorgaben erfüllen oder Verordnungen ergänzen, werden von nationalen Behörden vollzogen. Wegen dieses Dazwischentretens einer nationalen Norm spricht man von mittelbarem mitgliedstaatlichem Vollzug von Gemeinschaftsrecht[61]. Aber auch das unmittelbar anwendbare Gemeinschaftsrecht, in erster Linie die Verordnung, jedoch auch unmittelbar geltendes Primärrecht[62], gegebenenfalls unmittelbar wirkende Richtlinien[63], wird in der Regel von den Mitgliedstaaten vollzogen (unmittelbarer mitgliedstaatlicher Vollzug)[64]. Grund dafür ist, daß den Gemeinschaften für den externen, das heißt über den Binnenbereich ihrer Organisation (Personalangelegenheiten, Haushaltsvollzug, interne Organisation[65]) hinausgehenden Vollzug des Gemeinschaftsrechts grundsätzlich keine Kompetenz zukommt und dafür auch ein eigener Verwaltungsunterbau fehlt. Für beides bedarf es nach dem Prinzip der begrenzten Ermächtigung[66], einer Kompetenzgrundlage im primären Gemeinschaftsrecht. Diese ist, z. B., in Art. 87 Abs. 2, 89, 90 Abs. 3, 93 EWGV für das Kartell-, Monopol- und Beihilfenrecht gegeben. Aber selbst in diesen Bereichen gemeinschaftsunmittelbarer Verwaltung (direkter Vollzug) ist die Kommission als zuständiges Gemeinschaftsorgan auf die Mitwirkung nationaler Behörden angewiesen[67]. Dieser dezentrale Vollzug wird nicht nur aus praktischen Gründen akzeptiert; selbst wenn dafür rechtliche

---

[61] Vgl. *Rengeling*, Rechtsschutzgesetze beim Verwaltungsvollzug des Europäischen Gemeinschaftsrechts, 1977, S. 11; *Schweizer*, Die Verwaltung der Europäischen Gemeinschaften, in: Die Verwaltung, 1984, S. 137.

[62] Vgl. *Schweitzer/Hummer*, Europarecht, 1998.

[63] Vgl. dazu *Ehlers*, Die Abhängigkeit des Verwaltungsrechts vom Recht der Europäischen Gemeinschaft und vom Verfassungsrecht, in: Erichsen/Martens (Hg.), Allgemeines Verwaltungsrecht, 1992, S. 46ff., Rn. 7.

[64] Für den mitgliedstaatlichen Vollzug allgemein wird auch der Begriff indirekter Vollzug verwendet; Vgl. dazu *Schwarze*, Europäisches Verwaltungsrecht, 1988.

[65] Vgl. *Bieber*, Die Verwaltungsorganisation der Europäischen Gemeinschaften, in: Schweitzer (Hg.), Europäisches Verwaltungsrecht, Wien 1991, S. 85.

[66] Vgl. dazu *Streinz*, Europarecht, 1992, Rn. 436.

[67] Dazu EuGH Rs. 46/87 und 227/99 *Hoechst/Kommission*, wo der EuGH die *"irrige Auslegung"* des Art. 14 der VO Nr. 17 seitens der Kommission zurückweist, daß ihre Bediensteten im Rahmen von Nachprüfungen befugt seien, ohne Mitwirkung der nationalen Stellen und ohne Beachtung der Verfahrensgarantien des nationalen Rechts Durchsuchungen vorzunehmen.

Grundlagen geschaffen würden, stehen technische und finanzielle Probleme dem Aufbau einer flächendeckenden Gemeinschaftsverwaltung entgegen; sie wird auch als "bürgernahe Verwaltung" grundsätzlich positiv beurteilt. Diesen Problemen wird zunehmendes Augenmerk im verfassungsrechtlichen- und im verfahrensrechtlichen Bereich gewidmet[68]. Akte des mitgliedstaatlichen (indirekten) Vollzugs sind den nationalen Behörden und nicht etwa den Gemeinschaftsorganen zuzurechnen[69]. Der Rechtsschutz gegen sie richtet sich daher nach nationalem Recht. Je nach der Behördenzuständigkeit ist sowohl in Österreich als auch in Frankreich dafür das allgemeine Verwaltungsgericht oder der besondere Verwaltungsrechtsweg (Finanzgericht, Sozialgericht) gegeben. Da die zu prüfenden Verwaltungsakte unmittelbar (EWG-Verordnung) oder mittelbar (umgesetzte Richtlinie) auf gemeinschaftsrechtlicher Grundlage beruhen, werden auf diesem Wege auch die österreichischen und französischen Gerichte mit dem Gemeinschaftsrecht belangt und müssen diesem zur Geltung verhelfen. Bei dieser Aufgabe können bzw. müssen sie den Beistand des Gerichtshofs der Europäischen Union im Wege des Vorabentscheidungsverfahrens (Art. 177 EWGV) suchen.

1.2. Das Zusammenwirken von Gemeinschaftsrecht und nationalem Recht

Die Vollzugsbedürftigkeit des Gemeinschaftsrechts durch nationale Organe erfordert ein Zusammenwirken von Gemeinschaftsorganen und nationalen Behörden, von nationalen Gerichten und dem Gerichtshof der Europäischen Gemeinschaften (insbesondere Art. 177 EWGV). Dieses komplexe Verhältnis zwischen beiden Rechtsordnungen ist prinzipiell durch die Anerkennung des Anwendungsvorranges des Gemeinschaftsrechts geklärt worden. Es wurde aber später in den Fallkonstellationen erkannt, daß die Rangfrage die Verhältnisfrage keinesfalls erschöpft und sich Gemeinschaftsrecht und nationales Recht als zwar "eigenständige" und getrennte Rechtsordnungen, jedoch nicht isoliert voneinander gegenüberstehen[70]. Die wechselseitige Beeinflussung und Abhängigkeit von Gemeinschaftsrecht und nationalem Recht, die mit dem Begriff der

---

[68] Vgl. dazu das Interesse an der Vollzugspraxis zeigen auch entsprechende Einzelstudien, zB. *Siedentopf/Ziller* (Hrsg.), Making European Policies Work. The Implementation of Community Legislation in the Member States, 2 Bde., 1988.

[69] *Erichsen*, Sekundäres Gemeinschaftsrecht und Grundrechte, Bundesverfassungsgericht und Gemeinschaftsgewalt, in: VerwArch 66, 1975, S. 177.

[70] Vgl. dazu insbes. EuGH, 6/60 – *Humblet/Belgien* -, Rspr. 1960, S. 1163.

"Verzahnung" erfaßt wird[71], zeigt sich nicht nur in der Vollzugsbedürftigkeit des Gemeinschaftsrechts und der dadurch notwendigen Kooperation zwischen Gemeinschaftsorganen und nationalen Organen, sondern auch in gegenseitiger materieller Befruchtung und weiter gehender Verschränkung der Organe beider Rechtsordnungen. Im materiellen Bereich sind insbesondere die nationalen Verwaltungsrechte als Rechtskenntnisquellen für das Europäische Verwaltungsrecht[72], aber auch Rückwirkungen des Europäischen Verwaltungsrechts auf das nationale Verwaltungsrecht zu nennen. Für den Vollzug des Gemeinschaftsrechts durch nationale Organe sind die entsprechenden Vorgaben des Gemeinschaftsrechts von Bedeutung.

In diesem Zusammenhang und im Gegensatz zu Österreich steht die französische Rechtsordnung nunmehr in einer rechtswidrigen Lage. Bis heute hat sie das Verwaltungsverfahren, insbesondere vor dem *Conseil d'Etat*, noch nicht den europäischen Fundamenten einer demokratischen und unparteilichen Justiz angepasst. Es zeigt sich, daß das nationale Recht, insbesondere das Recht im öffentlichen Rechtsstreit, immer wieder der nationalen Verwaltung untersteht, indem die Beamten - es handelt sich ja interessanterweise nicht um Richter - den Vorrang der Tradition im Verfahren vor den Grundrechten des Angeklagten bevorzugen. Insofern bleibt die Verzahnung von Gemeinschaftsrecht und nationalem Recht erfolglos.

Neben der Konzentration auf den Rechtsschutz des Bürgers, ist insbesondere die staatliche Organisation der beiden Republiken von Interesse. Die Analyse führt dazu, die bundesstaatliche Form im Lichte des Subsi-

---

[71] Vgl. dazu bereits *Everling*, Europäisches Gemeinschaftsrecht und nationales Recht in der praktischen Rechtsanwendung, in: NJW 1967, S. 465; *Pescatore*, Gemeinschaftsrecht und staatliches Recht in der Rechtssprechung des Gerichtshofes der Europäischen Gemeinschaften, in: NJW 1969, S.2065; *ders.* , Das Zusammenwirken der Gemeinschaftsrechtsordnung mit den nationalen Rechtsordnungen, in. EuR 1970, S. 307.

[72] Vgl. *Streinz*, Der Einfluß des Europäischen Verwaltungsrechts auf das Verwaltungsrecht der Mitgliedstaaten. Dargestellt am Beispiel der Bundesrepublik Deutschland, in : Schweitzer (Hrsg.), Europäisches Verwaltungsrecht, 1991, S. 241 (255ff.); *ders.* Europarecht, 1995, Rdnr 175 ff.; *Klein*, Vereinheitlichung des Verwaltungsrechts im europäischen Integrationsprozeß, in: Starck (Hrsg.), Rechtsvereinheitlichung durch Gesetze – Bedingungen, Ziele, Methoden -, 1992, S. 117ff.

diaritätsprinzips als vorwiegenden Anwendungsfaktor des Europarechts zu bewerten, und dies im Gegensatz zur französischen zentralistischen Rechtsordnung. Das Ziel, einen effizienten Rechtsschutz durch Verfassungs- und Verwaltungsorgane zu gewährleisten, wird im Vergleich zwischen beiden Staaten verfolgt (*Zweiter* und *Dritter Titel*). Insofern gibt es für den mitgliedstaatlichen Vollzug des Gemeinschaftsrechts bestimmte Vorgaben, die auf seine einheitliche und effektive Anwendung zielen. Die nationalen Vollzugsorgane sind aber auch an ihre Verfassungen gebunden, so daß es nicht immer einfach ist, ein Gleichgewicht zwischen nationaler Gewaltenteilung und europäischen Voraussetzungen zu finden. Auch wenn sich für die österreichischen Organe, insbesondere mit den angepaßten Judikaturen, eine Bindung an die Grundrechte ergibt, bleiben die französischen Verhältnisse derzeit noch in Bezug auf Europa im Widerspruch. Um die Eingliederung in eine Integrationsgemeinschaft unter Beachtung der nationalen Verfassungen tatsächlich zu ermöglichen, müssen entsprechende Vorkehrungen getroffen werden.

2. Die erforderlichen strukturellen Anpassungen

Strukturelle Anpassungen als Folge der Verpflichtung zum mitgliedstaatlichen Vollzug des Gemeinschaftsrechts sind erforderlich. Trotz der verfassungsrechtlichen Unterschiede zwischen Bundesstaat und Zentralstaat in der Anwendung des Europarechts bleibt der Verwaltungsvollzug das wesentliche Problem in beiden innerstaatlichen Bereichen.

2.1. Die Verpflichtung zum mitgliedstaatlichen Vollzug des Gemeinschaftsrechts

Eine ausdrückliche Verpflichtung zum Vollzug des Gemeinschaftsrechts enthält der Vertrag im Art. 5 EWGV, der die Mitgliedstaaten zwingt, einerseits alle geeigneten Maßnahmen allgemeiner oder besonderer Art zur Erfüllung der Verpflichtungen zu treffen, die sich aus diesem Vertrag oder aus Handlungen der Organe der Gemeinschaften, also auch Sekundärrecht ergeben, um der Gemeinschaft die Erfüllung ihrer Aufgaben zu erleichtern (Abs.1) und andererseits alle Maßnahmen zu unterlassen, welche die Verwirklichung der Ziele des EWGV gefährden könnten (Abs. 2). Daraus hat der Gerichtshof der Europäischen Gemeinschaften konkrete Handlungs- und Unterlassungspflichten abgeleitet, die allgemein die Mitgliedstaaten im Rahmen ihrer Unterstützungspflicht zu einem wirksamen und ordnungsgemäßen legislativen und exekutiven Vollzug des Gemeinschaftsrechts vepflichten, wobei sämtliche Maßnahmen zu unterlassen sind, die die einheitliche, effektive und eigenständige Geltung des Gemeinschaftsrechts behindern können. Diese Pflichten lassen sich hinsichtlich des verfassungs- und verwaltungsrechtlichen Vollzugs des Gemeinschaftsrechts sowohl in Österreich als auch in Frankreich weiter differenzieren.

2.2. Die verfassungsrechtlichen Vorgaben und der institutionelle Bereich

Im institutionellen Bereich wird eine an zwischenstaatliche Einrichtungen angepaßte Strukturen Grundsatzkongruenz mit den Europäischen Gemeinschaften gefordet, die den gleichen Grundwerten verpflichtet ist, wie sie im österreichischen BVG und in der französischen Verfassung geschützt sind. Damit sind nicht nur mit der Integration zwangsläufig einhergehende Änderungen, z. B., in der Organzuständigkeit für die Gesetzgebung in Österreich und in Frankreich, im Sinne des Subsidiaritätsprinzips gedeckt, sondern grundsätzlich auch Auswirkungen auf die bundesstaatliche Ordnung (insbesondere im Übergang von Gesetzgebungskompetenzen der österreichischen Länder - im Gegensatz zu den französischen *Régions* - auf die Gemeinschaften) und strukturangepaßte Modifikationen der Gewaltenteilung sowohl auf nationalrechtlicher als auch auf europäischer Ebene. Allerdings wirft eine erhebliche Ausweitung der Gemeinschaftskompetenzen durchaus Probleme auf, sowohl hinsichtlich des Demokratieprinzips[73] und dem daraus folgenden Rechtsschutz, als auch im Bereich des Bundesstaatsprinzips[74] bzw. des französischen Zentralismus. Weitere wichtige Folgen sind die Obligationen der Länder zur Erfüllung der europäischen Pflichten der beiden Staaten, in ihrem Zuständigkeitsbereich und die Kompensation von integrationsbedingten Kompetenzverlagerungen.

---

[73] Vgl. dazu eingehend, *Ress*, Über die Notwendigkeit der parlamentarischen Legitimierung der Rechtsetzung der europäischen Gemeinschaften, in: FS für Wilhelm Karl Geck, 1989, S. 625ff.; kritisch dazu *Streinz*, Der Verfassungsstaat als Glied einer europäischen Gemeinschaft, in: DVBl. 1990, S. 949 (957ff.).

[74] Vgl. dazu zB. *Baumhof*, Die deutschen Bundesländer im europäischen Einigungsprozeß, 1991, S. 55ff. m. w. N. Eine Grundsatzentscheidung zu dieser Frage ist im sog. Fernsehrichtlinien-Streit zu erwarten, in dem das BverfG zwar den Erlaß einer einstweiligen Anordnung abgelehnt hat (BverfGE 80, 74), ohne dadurch die Entscheidung in der Hauptsache negativ zu präjudizieren. cf. dazu *Dritter Titel*.

Europarechtlich trifft die Pflicht zum Vollzug des europäischen Rechtes die nationale sowohl als auch die regionale Ebene. Die Beteiligung an der europäischen Integration hat weitreichende Folgen für die Struktur der Verfassung der österreichischen und der französischen Republik. Wie erwähnt, dies betrifft insbesondere die Länder in Österreich und teilweise die Regionen in Frankreich, da die Verfassungen beider Staaten auch zur Übertragung ihrer Kompetenzen ermächtigen. Da aber die Kompetenzverluste als unausweichlich erkannt wurden, bemühen sich die österreichischen Länder sowohl als auch die französischen Regionen um Kompensationen in der Beteiligung an der Gemeinschaftsrechtssetzung. Im materiellen Bereich wurde die Frage vor allem hinsichtlich der Grundrechte und der Bürgernähe diskutiert.

Während über die Erforderlichkeit und Zulässigkeit einer Relativierung der Verfassungsnormen beim Vollzug des Europarechts weitgehend Einmütigkeit herrscht, sind ihr Ausmaß und ihre dogmatische Begründung in Frankreich noch wenig geklärt. Die nationale Rechtssprechung sah sich dazu bislang noch nicht veranlaßt, weil entweder die heute gerügten Grundrechtsverletzungen damals trotz der Verbindlichkeit der europäischen Vorgabe nicht gegeben waren. Dies sollte sich seit dem Streit um die Fernsehrichtlinie ändern (cf. *Dritter Titel*), in dem die Verfassungsbeschwerde zur Plenarentscheidung, z. B., in der BRD angenommen wurde. Hinsichtlich des Rechtsschutzes ist es dadurch möglich, daß bei der Prüfung europarechtlich determinierter Vollzugsakte auf mögliche Grundrechtsverletzungen im Rahmen des Verhältnismäßigkeitsgrundsatzes das europäische Gemeinwohl einbezogen wird. Danach können europäische Gemeinwohlinteressen ein verfassungslegitimes Ziel darstellen. Begründungszwang und Kontrollmöglichkeit sind aber wohl die entscheidenden Faktoren jedlichen Schutzes durch das Recht. Soeben sind die Prüfung der Geeignetheit und Erforderlichkeit, sowohl als auch der Angemessenheit der nationalen österreichischen und französischen Rechtsgrundlage unter Berücksichtigung der europäischen Dimension von Bedeutung.

2.3. Der Verwaltungsvollzug

Art. 5 EWGV verpflichtet die Mitgliedstaaten, den ordnungsgemäßen Verwaltungsvollzug des Gemeinschaftsrechts in ihrem innerstaatlichen Bereich sicherzustellen[75]. Obgleich sich die Verwaltungsorganisation und auch grundsätzlich das Verwaltungsverfahren nach nationalem Recht bestimmen, stellt bereits diese Verpflichtung gewisse Anforderungen an deren Ausgestaltung. Diese muß so geschehen, daß ein effektiver Vollzug des Gemeinschaftsrechts ermöglicht wird. Daher ist, z. B., eine Organisation der Verwaltungsbehörden in einer Form unzulässig[76], die die Nutzung der gemeinschaftsrechtlichen Grundfreiheiten behindert oder gefährdert; andererseits müssen die nationalen Verwaltungsbehörden so ausgestaltet werden, daß sie einen einheitlichen und effektiven Vollzug des Gemeinschaftsrechts leisten können. Konkrete gemeinschaftsrechtliche Vorgaben für die Verwaltungsorganisation bedürfen aber einer Grundlage im primären Gemeinschaftsrecht.

Die Kommission hat gegenüber den nationalen Verwaltungsbehörden keine Weisungsbefugnis[77]. Gleichwohl besteht eine Vielzahl faktischer Einflußmöglichkeiten[78], von denen sich insbesondere das Rechnungsabschlußverfahren für die Kontrolle der Ausgaben für die gemeinsame Agrarpolitik aus Gemeinschaftsmitteln als effektiv erwiesen hat[79]. In einigen besonders stark "vergemeinschafteten" Materien regelt aufgrund entsprechend weitgehender primärrechtlicher Ermächtigungen das sekundäre Gemeinschaftsrecht auch das Verwaltungsverfahren im unmittelbaren mitgliedstaatlichen Vollzug von Gemeinschaftsrecht. Solche gemeinschaftsrechtlichen Verfahrensvorschriften gehen als unmittelbar geltende Verordnungen nach inhaltsgleichem nationalen

---

[75] Vgl. dazu EuGH, verb. Rs. 205-215/82 – *Deutsche Milchkontor/Bundesrepublik Deutschland* -, Rspr. 1983, S. 2633.

[76] Vgl. *Hilf*, Möglichkeiten und Grenzen des Rückgriffes auf nationale verwaltungsrechtliche Regeln bei der Durchführung von Gemeinschafsrecht, in: Schwartze (Hg.), Europäisches Verwaltungsrecht im Werden, 1982, S. 67 (71f.). Vgl. auch EuGH,. 42/82 – *Kommission/Frankreich* - , Rspr. 1983, S. 1013.

[77] Vgl. *Schiller*, Weisungsrechte der EG nach dem EWG-Vertrag bei nationalem Verwaltungsvollzug von EG-Recht ?, in: RIW 1985, S. 36 (36ff.) m. w. N.

[78] Vgl. *Streil*, Verwaltungsrecht der Gemeinschaft, in: Beutler/Bieber/Pipkorn/Streil, Die Europäische Gemeinschaft, Rechtsordnung und Politik, 1987, S. 200 (204ff.).

[79] Vgl. dazu *Scherer*, Das Rechnungsabschlußverfahren – ein Instrument zur Durchsetzung europäischen Verwaltungsrechts ?, in: EuR 1986, S. 52, 57ff.

Verfahrensrecht vor. Im übrigen, das heißt *"soweit das Gemeinschaftsrecht einschließlich der allgemeinen gemeinschaftsrechtlichen Grundsätze hierfür keine gemeinsamen Vorschriften enthalten"*, der sog. "Soweit"-Formel des EuGH, gilt für den mittelbaren wie für den unmittelbaren mitgliedstaatlichen Vollzug des Gemeinschaftsrechts allein nationales Verwaltungsrecht.

Dies scheint die Position des französischen Verwaltungsrechts zu sein. Der EuGH im Gemeinschaftsrecht sowohl als auch der EGMR von Straßburg haben keine extensive Auslegung solcher Bestimmungen vorgenommen, aber nationale Lücken festgestellt. Auch bei der Betrachtung der allgemeinen Modalitäten für die Anwendung des nationalen allgemeinen Verwaltungsrechts im Gemeinschaftsrechtsvollzug erkennen sie Divergenzen, die sich aus den unterschiedlichen nationalen (österreichischen und französischen) Rechtsordnungen ergeben, die aber angesichts der Einheitlichkeit des Gemeinschaftsrechts und des Rechts EMRK ein Grundprinzip der Gemeinschaftsrechtsordnung berühren. Diese gegebenenfalls zu beseitigen, ist die Aufgabe der Gemeinschaftsrechtssetzung. Die durch nationale Rechtsordnungen begründete unterschiedliche Praktizierung des Gemeinschaftsrechts erschien sowohl dem EuGH als auch dem EGMR aber nur unter zwei Kriterien hinnehmbar, welche bei der Anwendung des nationalen Verwaltungsrechts im Europarechtsvollzug zu beachten sind: das Diskriminierungsverbot und das Effizienzgebot. Das Diskriminierungsverbot fordert, daß das nationale Recht im Vergleich zu den Verfahren, in denen über gleichartige, rein nationale Fälle entschieden wird, ohne Unterschied angewendet wird[80]. Dadurch soll zum einen verhindert werden, daß die Ziele des Europarechts und Gemeinschaftsinteressen weniger sorgfältig verfolgt werden als nationale Interessen[81]. Zum anderen soll dadurch der Rechtsschutz des Bürgers in Gemeinschaftsrechtssachen sowohl als auch im Rahmen der Menschenrechte gegenüber rein nationalen Fällen bewahrt werden. Insofern steht die Analyse der französischen Rechtslage im Mittelpunkt der wissenschaftlichen Arbeit im Vergleich zur Situation in Österreich. Diese Rechtslage innerhalb der einzelnen Mitgliedstaaten im Lichte der Nichtdiskriminierung beseitigt die Unterschiede zwischen den Mitgliedstaaten nicht, sondern sie bestätigt sie geradezu.

---

[80] Vgl. dazu EuGH, 130/79, Rspr. 1980, S. 1900; verb. Rs. 119 und 126/79 – *Lippische Hauptgenossenschaft/BALM* -, Rspr. 1980, S. 1863.

[81] Vgl. auch dazu EuGH, 68/88 – *Kommission/Griechenland* -, Rspr. 1989, S. 2965.

Das Effizienzgebot fordert, daß die im nationalen Recht vorgesehenen Modalitäten nicht darauf hinauslaufen dürfen, daß die Verwirklichung der Gemeinschaftsregelung "praktisch unmöglich" wird[82]. Damit toleriert der EuGH, z.B. in weitem Umfang Besonderheiten des mitgliedstaatlichen Verwaltungsrechts und sieht die Grenze erst dann überschritten, wenn die gemeinschaftsrechtliche Zielsetzung nicht mehr erreicht wird[83]. Dasselbe Verfahren gilt für den EGMR, der für die Bewahrung der Menschenrechte beauftragt ist und deswegen aber auch das nationale Verwaltungswesen kontrolliert, insbesondere das österreichische und das französische System, da beide Staaten Mitglieder des Europarates sind. Diese weit gefaßte Kontrollformel stellt deswegen hohe Anforderungen, die seit der Inkrafttretung des Amsterdamer Vertrages für den Rechtsschutz des Bürgers verstärkt worden sind. Diese Effektivität erweist sich unter deutlicher Betonung des obengenannten Art. 5 EWGV[84].

Vollzugshemmende Vorschriften des nationalen Rechts sind jedenfalls dann anwendbar, wenn sie im Gemeinschaftsrecht oder gegenüber der EMRK eine Entsprechung haben. Diese Frage stellt sich für die französische Verwaltungsgerichtsbarkeit, die auf europäischer Ebene Kritik erhoben hat. Spezielle Vorschriften dürfen nicht ohne weiteres angewendet werden und müssen zurückstehen, wenn durch sie die Herstellung des europäischen gebotenen Zustandes praktisch unmöglich würde. In den Fällen, in denen die geltend gemachten nationalen rechtlichen Hindernisse plausibel sind, muß zusammen mit den Gemeinschaftsorganen und dem Europarat nach einer Lösung gesucht werden, die die Europabestimmungen voll beachtet. Das zeigt aber auch die Grenzen und Probleme dieses Ansatzes und die folgenden ungeklärten juristischen Fragen, die weiterer Vertiefung bedürfen.

Angesichts der Rechtssprechungen des EuGH und des EGMR, welche die allgemeinen Rechtsgrundsätze des Gemeinschaftsrechts und der EMRK seit dem Vertrag von Amsterdam miteinbeziehen, ohne aber nationales allgemeines Verwaltungsrecht zu verdrängen, stellt sich die

---

[82] Vgl. dazu EuGH 33/76.

[83] Vgl. dazu *Götz*, Probleme des Verwaltungsrechts auf dem Gebiet des gemeinsamen Agrarmarktes, in: EuR 1986, S. 29.

[84] Vgl. dazu EuGH 94/87 - *Kommission/Deutschland* - , Rspr. 1989, S. 175; C-217/88 -, *Kommission/Deutschland* -, Rspr. 1990 I, S. 2879.

Frage, welche genaue Funktion die allgemeinen Rechtsgrundsätze haben. Das Bestreben, unter grundsätzlicher Verweisung auf nationales Recht, die dadurch begründeten Divergenzen in der Anwendung des Europarechts möglichst zu reduzieren, legt es nahe, sie als Mindeststandard für den nationalen Vollzug von Europarecht anzusehen, der dann zu Tragen kommt, wenn nationales Recht für die zu lösende Frage keine Regelung enthält oder diese zurückbleibt sowohl gegenüber den gemeinschaftsrechtlichen Garantien als auch denjenigen der europäischen EMRK[85]. Beide europäischen Judikaturen haben die Bindung der österreichischen und französischen Mitgliedstaaten an die allgemeinen Rechtsgrundsätze beim Vollzug des Gemeinschaftsrechts bejaht. Die nationalen Verwaltungsbehörden müssen nicht nur das Gemeinschaftsrecht und die Grundsätze der europäischen EMRK vollziehen, sondern auch dessen materielle Vorgaben beim Vollzug nationalen Rechts achten. Wird dagegen verstoßen und besteht die gemeinschaftsrechtliche Pflicht zur Rückgängigmachung dieses Verstoßes, kann dies zu Modifikationen des nationalen Verwaltungsverfahrensrechts führen. Ein praktisches Beispiel ist die Reformbedürftigkeit der Gerichtsbarkeiten in Österreich sowohl als auch in Frankreich.

Die Überlegung zu Föderalismus und Zentralismus beziehen sich auf Teilaspekte der europäischen Integration, aber bereits diese partielle Analyse zeigt, daß der Weg nach Europa mit einem Wandel statischer Staatsordnungen verbunden ist. Unterschiede zwischen den beiden Mitgliedstaaten ergeben sich im Verhältnis zur europäischen Integration, im Zusammenhang mit dem erforderlichen Rechtsschutz.

---

[85] Vgl. dazu *Streinz*, Vertrauenschutz und Gemeinschaftsinteresse beim Vollzug von europäischem Gemeinschaftsrecht durch deutsche Behörden. Ein Beitrag zu den Problemen der Verzahnung von Gemeinschaftsrecht und nationalem Recht, in: Die Verwaltung 1990, S. 153.

Zweiter Titel: Strukturelle und verfassungsrechtliche Unterschiede in der Anwendung des Gemeinschaftsrechts

Die wesentlichen Unterschiede in der Staatsorganisation zwischen Österreich und Frankreich liegen in der Verwaltungsstruktur jedes Landes. Im Hinblick auf das *tertium comparationis* erweist sich der Föderalismus als ein positiver Faktor für die Anwendung des Gemeinschaftsrechts. Der Pluralismus der Rechtsordnung hat die Durchführung des Gemeinschaftsrechts vereinfacht und die konstruktive Haltung des österreichischen Bundesstaates hat in der EU die Rolle der Gebietskörperschaften gekräftigt. Der Zentralismus bleibt dagegen ein Stolperstein für die Integration Frankreichs, weil er durch seine zurückhaltende Durchsetzung des Gemeinschaftsrechts die ungleiche Gewaltenteilung im innerstaatlichen Bereich unterstützt. Trotz des fehlenden Einflusses der Gebietskörperschaften kann das Europarecht nicht weiter verdrängt werden. Sowohl die Gerichtsbarkeit als auch die Verwaltung entspannen sich auf dem Weg zum Kompromiß.

Erstes Kapitel: Der Föderalismus als wesentlicher Anwendungsfaktor des Gemeinschaftsrechts in Österreich

Der Föderalismus war schon zur Zeit der Enstehung[86] der Bundesverfassung das vielleicht umstrittenste Prinzip des Bundesverfassungsgesetzes. Dies drückt sich in der verfassungsrechtlichen Konstruktion sehr deutlich aus: das bürgerliche Lager setzte die Existenz des "Länder"-Föderalismus durch, die Sozialdemokratie verhinderte einen echten, nach Schweizer Vorbild orientierten Bundesstaat. Die Notwendigkeit, die Verfassungsgestaltung am Rechts- und Organisationsbestand der Monarchie zu orientieren, die die Nachkriegszeit vorgab, rückte den österreichischen Föderalismus von Anfang an in die Nähe des dezentralisierten Einheitsstaates, der Monarchie, dem er sich bis zur Föderalismus-Verfassungsnovelle 1974 noch weiter näherte. Seit 1974 gab es zwar einige Verfassungsnovellen zugunsten der Länder, die grundlegenden Schwachstellen sind geblieben, insbesondere die bundeslastige Kompetenzenverteilung[87] mit *"Restkompetenzen"* für die Länder hat. Dazu gehört aber auch die Schwäche des Bundesrates im Verhältnis zwischen parteipolitischer Dominanz und föderalistischen Interessen, und die fehlende Organisationshoheit der Länder, da die Bundesverfassung einen einheitlichen Organisationsplan für die *"allgemeine staatliche Verwaltung in den Ländern"* regelt, wodurch die Länder keine Verfassungs- und Verwaltungsgerichte schaffen dürfen. In der Bund-Länder-Kooperation und in der Zusammenarbeit der Länder dominieren auch informale Institutionen und Instrumente, wie Konferenzen oder Kolloquien, die zu einer vereinfachten Integration führen.

Allgemein stellt das bundesstaatliche System in seiner rechtlichen und politischen Komplexität ein Modell des politikverflechtenden kooperativen Föderalismus[88] dar. Im Gegensatz zur französischen Lage können zusätzlich die Länder in viele Staatsaufgaben hineinspielen. Dies macht häufig die Mitbefassung der Länder nötig bei der Regelung von Aufgaben durch den Bund. Insofern stehen die Kompetenzenverteilung und

[86] Vgl. *Schäffer*, Das Föderalismuskonzept der österreichischen Bundesverfassung und seine praktische Entwicklung, in: Ress/Will (Hrsg.), Vorträge, Reden und Berichte aus dem Europa-Institut Nr. 103, Saarbrücken.

[87] Dazu Art. 10 BVG. In den Kompetenzendeckungsklauseln einfacher Gesetze werden dem Bund die wichtigsten Kompetenzmaterien übertragen.

[88] Vgl. *Weber*, Österreichs kooperativer Föderalismus am Weg in die Europäische Integration, in: FS-Herbert Schambeck, 1994.

die Stellung des österreichischen Föderalismus im Vordergrund des Integrationsprozesses der EU.

Im Staatenkonzert der EU sind bundesstaatlich verfaßte Systeme in der Minderheit; neben Österreich sind Deutschland und Belgien die einzigen Staaten mit bundesstaatlichen Verfassungen. Während das bundesstaatliche System Belgiens zu jung ist, um Erfahrungen bewerten zu können, wurde der deutsche Föderalismus stets mit Blick auf die europäische Integration weiterentwickelt. Für den österreichischen Föderalismus wurde der EU-Beitritt Österreichs als Chance und Bedrohung zugleich gesehen[89]: als Chance, da nunmehr eine längst überfällige Bundesstaatsreform zeitgleich mit dem Beitritt versprochen wurde; als Bedrohung, da der ohnehin schwach ausgeprägte Föderalismus im Prozeß der föderativen Neugestaltung Europas zu verschwinden droht, dieses Verfassungssystem sich aber dem EU-Bürger nähert und deshalb besser geeignet ist, diesen in seinen Rechten zu schützen. Die große Bundesstaatsreform ist gescheitert[90]. Geblieben ist die, mit einigen EU-relevanten Koordinationsbestimmungen angereicherte Bundesverfassung, die den bekannt schwachen nationalen Föderalismus beibehält und die den Ländern verfahrensrechtliche Möglichkeiten bietet, sich in die Politikfelder der EU und ihre Organe einzubringen.

Auch wenn der österreichische Föderalismus unverändert bleibt, ist dieser - dem französischen Zentralismus gegenüber – eine der wesentlichen Stützen für die Anwendung des Europarechts im innerstaatlichen Bereich, um die Entscheidungen möglichst nahe an die Bürger zu bringen. Er bietet deshalb ein Gleichgewicht zwischen regionalem und gemeinschaftsrechtlichem Interesse, was die verfolgten Ziele[91] betrifft.

1. Die Organisationsprinzipien

Jeder Staat baut auf gewissen grundsätzlichen politischen Ideen auf, nach welchen die staatliche Ordnung gestaltet werden soll. Diese

---

[89] Vgl. *Hilf/Stein/Schweitzer/Schindler*, Europäische Union: Gefahr oder Chance für den Föderalismus in Deutschland, Österreich und der Schweiz, Veröffentlichungen der Deutschen Staatsrechtler, Heft 53, Berlin – New-York, 8-153.

[90] Vgl. *Öhlinger*, Das Scheitern der Bundesstaatsreform, in: Kohl/Ofner/Stirnemann (Hrsg.), Österreichisches Jahrbuch für Politik 1994.

[91] Vgl. *Weber/Walzel v. Wiesentreu*, Verbraucherschutz und Bundesstaatsreform im Lichte der Europäischen Integration, 1996.

Betrachtung ergibt sich aus der Analyse der drei Elemente eines Staates: dem Territorium, der Regierung und der Bevölkerung. Die Verfassung spielt eine wesentliche Rolle. Sie definiert die Regierungsform des Staates und die zugrundeliegenden politischen Ideen. Die leitenden Prinzipien stellen die höchstrangigen Rechtsvorschriften im Stufenbau[92] nach derogatorischer Kraft dar. Sie bilden in ihrer Gesamtheit die verfassungsrechtliche Grundordnung[93] und den gestaltenden Prinzipien des Verfassungsrechts kommt im System des österreichischen Bundesverfassungsrecht auch eine spezifische verfassungsrechtliche Bedeutung zu: Art 44 Abs. 3 BVG bestimmt nämlich, daß *"jede Gesamtänderung der Bundesverfassung"* nur nach Durchführung einer Volksabstimmung im Verfahren der Gesetzgebung durchgeführt werden kann. Eine solche Gesamtänderung[94] der Verfassung ist einerseits dann anzunehmen, wenn die Verfassung so umgestaltet wird, daß eines der ihr zugrunde liegenden, leitenden Prinzipien – insbesondere des Bundesstaates und des Rechtspluralismus – aufgegeben wird[95] oder wenn das Verhältnis der Prinzipien zueinander wesentlich verändert wird.

Über die Zahl dieser Grundprinzipien und ihren Inhalt besteht keine einhellige Meinung. Übereinstimmung herrscht über das Bestehen des demokratischen, republikanischen, bundesstaatlichen und rechtsstaatlichen Prinzips. Im Vergleich zum französischen Verfassungssystem zeigt das österreichische eine deutliche Ausprägung des Modells eines Bundesstaates mit effizientem Rechtsschutz, insbesondere durch die Bekräftigung des Rechtspluralismus als Organisationsprinzip. Die Unterschiedlichkeiten zwischen Zentralismus und Föderalismus in Beziehung zur europäischen Integration sind weiter zu prüfen.

---

[92] *Mayer, Merkel* zu den Baugesetzen des Bundes-Verfassungsgesetzes 1920, in: Walter (Hrsg.), Adolf J. Merkel. Werk und Wirksamkeit, 1990, S. 145; *Merkel*, Die Baugesetze der österreichischen Bundesverfassung, in: Klecatsky (Hrsg.), Die Republik Österreich, 1968, S. 77.

[93] Vgl. *Öhlinger*, Verfassungsgesetzgebung und Verfassungsgerichtsbarkeit, ÖJZ 1990, 2.

[94] Vgl. dazu *Hengstschläger*, Totaländerung der Verfassung durch Gesetzessanierung ? FS Walter, 1991, S. 215; *Holzinger*, Gravierende verfassungsrechtliche Änderungen in Zusammenhang mit einem österreichischen EG-Beitritt, JBl 1993, S.2. *Stele*, Der Begriff der Gesamtänderung der Verfassung, JBl 1935, S. 465.

[95] VfSlg 1708, 2455.

1.1. Das Bundesstaatprinzip

Jeder Bundesstaat hat seine eigene Geschichte der Entstehung und Entwicklung. Da die BRD der erste föderale Staat in der EU war, hat sie für Österreich eine besondere Bedeutung. So ist Deutschland aus einem Staatenbund ein Bundesstaat geworden und hat seine Rechtskontinuität 1918 trotz Wechsels der Staatsreform gewahrt[96]. Österreich hingegen nicht, es war bis 1918 ein dezentralisierter Einheitsstaat und wurde anschließend durch das Bundes-Verfassungsgesetz 1920 ein Bundesstaat. Art. 2 BVG lautet: *"Österreich ist ein Bundesstaat"* (Abs.1). *"Der Bundesstaat wird gebildet aus den selbständigen Ländern Burgenland, Kärnten, Niederösterreich, Oberösterreich, Salzburg, Steiermark, Tirol, Vorarlberg, Wien"* (Abs. 2)[97]. Zu dieser Bestimmung ist zu bemerken, daß durch sie Österreich nicht zum Bundesstaat wird, sondern, daß sie nur die Gliederung in Bund und Länder besonders hervorhebt. Der bundesstaatliche Charakter[98] Österreichs ergibt sich aus der Einrichtung einer relativ autonomen Landesgesetzgebung, einer Mitwirkung der Länder an der Gesetzgebung des Bundes durch den Bundesrat, einer relativ autonomen Landesverwaltung sowie einer mittelbaren Bundesverwaltung[99]. Eine entscheidende Änderung dieser Einrichtung wäre als Gesamtänderung der Verfassung anzusehen[100].

Unter *"Bundesstaat"* [101]ist ein Staat zu verstehen, der im Gegensatz zu Frankreich, eine stärkere Dezentralisation aufweist, indem Gesetzge-

---

[96] Vgl. *Huber*, Das Kaiserreich als Epoche verfassungsstaatlicher Entwicklung, in: Handbuch des Staatsrechts der Bundesrepublik Deutschland, Hrsg. von *Isensee* und *Kirschhof*, Band I., 1987, 45 ff. sowie Schneider, Die Rechtsverfassung vom 11. August 1919, ebenda 100 ff.

[97] Vgl. *Pernthalter*, Die Staatsgründungsakte der österreichischen Bundesländer, 1979.

[98] Vgl. *Pernthalter/Esterbauer*, Die Entstehung des österreichischen Bundesstaates als geschichtlicher Vorgang und staatstheoretisches Problem, Montefort 1973, H 2/3.

[99] Vgl. dazu VfSlg 11403; kritisch *Jabloner*, FS Walter, 1991, S. 293; ablehnend *Weber*, JBl 1988, S.30.

[100] Dazu Art. 44 Abs. 3 BVG.

[101] Vgl. dazu *Koja*, Der Bundesstaat als Rechtsbegriff, in: Theorie und Praxis des Bundesstaates, 1974, S. 63. *Nawiasky*, Der Bundesstaat als Rechtsbegriff, 1920; *Öhlinger*, Bundesstaat und Reine Rechtslehre, ZfRV 1975, S. 1; *ders.* Der Bundesstaat zwischen Reiner Rechtslehre und Verfassungsrealität, 1976; *Thienel*, Ein Komplexer oder ein normativer Bundesstaatbegriff ? ZÖR 42, 1991, S. 215; *Usteri*, Theorie des Bundesstaates, 1954; Weber, Kriterien des Bundesstaates, 1980.

bung und Vollziehung auf verschiedene Organisationen, insbesondere den Bund und die Länder, verteilt werden[102]. Ein einheitlicher Begriff steht nicht in Verwendung, aber man spricht auch vom *"kooperativen Föderalismus"*[103], der die Zusammenarbeit zwischen den Gliedstaaten bzw. den Gliedstaaten und dem Bund betont[104]. Bei Novellierungen des BVG wurde die Länderkompetenz oft eingeschränkt, was als *"schleichende Gesamtänderung der Verfassung"* bezeichnet wurde. Im vorliegenden Zusammenhang wird auch vom *"unitarischen Bundesstaat"* gesprochen[105]. Darunter wird eine Vereinheitlichung der Lösung von Staatsaufgaben durch freiwillige Kooperation der Länder untereinander (insbesondere die Koordination) und verstärkte Mitwirkung der Länder bei der Besorgung von Bundesaufgaben verstanden (*"Unitarisierung statt Zentralisierung"*), aber auch andererseits, mit der Mitwirkung der Bundesregierung an der Landesgesetzgebung[106]. Auch wenn nicht zu bezweifeln ist, daß Österreich im Gegensatz zur Bundesrepublik Deutschland ein relativ schwach ausgebildeter Bundesstaat ist, insbesondere, da der Bund ein Übergewicht an Kompetenzen hat und der Einfluß der Länderkammer (Bundesrat) auf die Bundesgesetzgebung gering ist[107], kann ein Vergleich dieser Staatsorganisationsform mit dem französischen Zentralstaat unternommen werden. Der Beitritt Österreichs zur EU hat nämlich zu einer Schmälerung der Landeskompetenzen geführt, die jedoch immer noch eine bedeutend größere Mitwirkung der Länder[108] als der französischen Regionen bewahrt. Dies hat insbesondere in den letzten Jahren zu Bestrebungen nach einer stärkeren Ausprägung des Föderalismus geführt[109].

---

[102] Vgl. *Altenstetter*, Der Föderalismus in Österreich, 1969; *Ermacora*, Der österreichische Föderalismus. Vom patrimonialen zum kooperativen Bundesstaat, 1976.

[103] Vgl. *Pesendorfer*, Föderalismus als Verfassungsprinzip, in: Holzinger/Neisser/Wimmer (Hrsg.), Funktion der Verfassung, 1990, S. 65.

[104] Vgl. dazu *Ruppe*, Finanzverfassung im Bundesstaat, 1977, S. 19.

[105] Vgl. *Hesse*, Der unitarische Bundesstaat, 1962.

[106] Vgl. dazu *Jabloner*, Die Mitwirkung der Bundesregierung an der Landesgesetzgebung, 1989.

[107] Vgl. *Weber*, FS Klecatsky, 1980, S. 1013.

[108] Vgl. *Pernthalter*, Die Stellung der Länder in der Bundesverfassung, FS 75 Jahre BVG, 1995, S. 657.

[109] Vgl. dazu *Berchtold*, Die Verhandlungen zum Förderungsprogramm der Bundesländer seit 1956, 1988; und "Bundesstaatsreform"; "Förderprogramme"; *Korinek*, Von der Aktualität der Gewaltenteilungslehre, JRP 1995, S. 151.

1.2. Der österreichische Rechtspluralismus

Der Rechtspluralismus der österreichischen Republik beruht auf einer extensiven Interpretation des Prinzips des Liberalismus, er hat konkrete Anwendungen in der Gestaltung des öffentlichen Lebens[110], woraus sich ein vergleichendes Organisationsprinzip zu Frankreich ergibt. Auch wenn das liberale Prinzip im BVG nicht ausdrücklich genannt ist, äußert es sich in der Verfassung, die es – in gewissem Umfang – zum Ausdruck bringt, *„die Grenzen der Wirksamkeit des Staates bestimmen"*, so *Wilhelm von Humboldt*[111]. Will die demokratische Idee die Freiheit[112] des einzelnen durch seine Beteiligung an der Rechtserzeugung gewährleisten, also Freiheit im Staate erreichen, so will, demgegenüber, der liberale Gedanke die Freiheit – oder genauer: einen Bereich der Freiheit – dadurch gewähren, daß er einen gewissen Bereich von der staatlichen Regelung ausnimmt, also Freiheit vor dem Staate einräumt. Ausdruck des liberalen Prinzips sind in Österreich die Grund- und Freiheitsrechte, die vorwiegend liberalistisch konzipiert sind und deshalb im Gegensatz zu Frankreich, die Vielfältigkeit des öffentlichen Lebens unterstützen.

Der österreichische Pluralismus[113] versteht sich in seiner geschichtlichen[114], kulturellen, politischen und sprachlichen[115] Vielfalt, die die

[110] Vgl. *Mayer-Maly*, Der liberale Gedanke und das Recht, FS Merkel, 1970, S. 247.

[111] Vgl. dazu *Humboldt W.*, Idee zu einem Versuch, die Grenzen der Wirksamkeit des Staates zu bestimmen, in: Gesamte Werke, Bd. 7, 1841, S. 1.

[112] Vgl. *Hayek*, Die Verfassung der Freiheit, 1991; *ders.* Recht, Gesetzgebung und Freiheit, Bd. I, 1981, Bd. III, 1981.

[113] Vgl. dazu *Gréciano Ph.*, Diplomarbeit: Le pluralisme autrichien et le Parlement européen, Universität Metz, 1997, 56 S.

[114] Dazu *Bled/Faucher/Taveneaux*: Les Habsbourg et la Lorraine, *Actes du colloque de Nancy*, 1988; auch dazu *de Broglie*: Souvenirs francais dans le Tyrol, Innsbruck, 1948.

[115] Dazu Art. 8 BVG: *"Die deutsche Sprache ist, unbeschadet der den sprachigen Minderheiten bundesgesetzlich eingeräumten Rechte, die Staatssprache der Republik"*. Dies bedeutet, daß die deutsche Sprache die offizielle Sprache ist, in der alle Anordnungen der Staatsorgane zu ergehen haben und mittels derer die Staatsorgane mit den Parteien und untereinander zu verkehren haben. Vgl. dazu Art. 66 Abs. 3 und 4 des Staatsvertrages von St. Germain (vgl. Art. 149 Abs. 1 BVG), Art. 7 Z 3 des Staatsvertrages von Wien (der gemäß Art. II Z 3, BGBl. 1964/59, als Verfassungsbestimmung in Geltung ist). Seit 1. Februar 1977 gelten bezüglich der Verwendung des Slowenischen und Kroatischen als Amtssprache und der zweisprachigen topographischen Aufschriften die entsprechenden Bestimmungen des

Republik seit der alten Monarchie geerbt hat[116]. Dieser charakterisiert sowohl die Vergangenheit als auch die gegenwärtige nationale Identität und verkörpert einen wesentlichen Vorteil in den diplomatischen und wirtschaftlichen[117] Beziehungen in der EU. Juristisch gesehen findet der österreichische Pluralismus seinen Ursprung im föderalistischen Verfassungssystem der Bundesrepublik, die mit einer Union der verschiedenen Bundesländer verglichen werden kann, unter besonderer Berücksichtigung der eigenen internen Rechtsgrundlagen. Insofern handelt es sich um eine eigenartige Integrationstechnik der Souveränitäten, die aufgrund der Verfassung der II. Republik die Einheit sowohl als auch die Verschiedenheiten ausgleicht[118]. Dieser Föderalismus ist ein Staatsorganisationsprinzip des geordneten Pluralismus, der zugleich den staatsrechtlichen Ausdruck des Subsidiaritätsprinzip bedeutet. Der Föderalismus ist insofern die Ergänzung des Pluralismus. Die Verfassung garantiert der bundestaatlichen Gestaltung der Republik einen demokratischen Zugang, der Vergangenheit und Gegenwart, also eine Dynamik darstellt, weil sich heterogene Elemente mit dem heutigen europäischen Integrationsprozeß verbinden. Diese Bewahrung des Pluralismus im Laufe der staatlichen Änderungen bestätigt die Kontinuität Österreichs unter verschiedenen rechtsstaatlichen Formen, und macht das Land ganz besonders für den europäischen Aufbau geeignet.

Volksgruppengesetzes. Die wichtigsten Gesetze zum Thema der Minderheitensprache sind das Volksgruppengesetz BGBl. 1976/396 idF BGBl. 1976/575 und 1988/24. Für Minderheitenschulen in Kärnten, BGBl. 1959/101 über die slovenische Sprache; das Gesetz über provinziale Schulen in Burgenland, LGBGl. 1937/40, insbesondere die Vorschriften über den Unterricht auf Kroatisch und Ungarisch; dazu auch *Conseil de l'Europe*, Comité *ad hoc* d'experts sur les langues régionales ou minoritaires (CAHLR), Rapport sur la situation actuelle des langues régionales ou minoritaires en Autriche, Straßburg, 1995, S. 3; *Gréciano G.*, "France – Autriche: contacts linguistiques, idées nomades", Etudes Danubiennes, 1996; dazu *Gréciano Ph.*, Fn. 140, S. 10 – 14; *Markhardt*: Termes officiels en Autriche, Glossaire, Unité de Terminologie, Bruxelles – Vienne, 1995; *Pum*, Französische Entlehnungen und ihre Integration ins Deutsche mit besonderer Berücksichtigung der österreichischen Presse, Wien, 1991.

[116] Dazu *Schambeck*, Demokratie und Föderalismus als europäischer Auftrag, ÖJZ 1993, S.113.

[117] Dazu *Informationen aus Österreich*, Österreich könnte von geplanter EU-Osterweiterung profitieren, Bundespressedienst Nr. 16/99, S. 4.

[118] Dazu *Avril/Gicquel*, Droit constitutionnel, Lexique juridique, PUF, Paris, 1989.

Im Verfassungsvergleich sind die Unterschiede mit dem deutschen Grundgesetz von Bedeutung[119]. Alle Verschiedenheiten bilden eine Herausforderung für Österreich, auf die der Staat gelernt hat, durch Anpassungen, Koordination und Kooperation zu antworten. Außerdem bildet das politische System der Verhältniswahl ein inländisches Gleichgewicht und eine Symbiose zwischen den verschiedenen Bundesländern; zusätzlich hat die bestrittene immerwährende Neutralität bis heute eine Stabilität nach außen gebracht[120].

Seit der europäischen Integration der Bundesrepublik Österreich hat sich die europäische Berufung auf den österreichischen Pluralismus verwirklicht. Aus der Perspektive des vorausgesetzten effizienten Rechtsschutzes waren Anpassungsprozesse erforderlich, insbesondere auf Verfassungsebene sowohl als auch im Rahmen des Verwaltungsverfahrens am Gericht. Sowohl die regionalisierte Verarbeitung des Gemeinschaftsrechts als auch die Annahme des Subsidiaritätsprinzips sind Beispiele der komplementären Durchführung des Europarechts im Bundesstaat.

2. Die komplementäre Durchführung

Die konstruktive Haltung des Bundesstaates gegenüber der Subsidiarität hat weiterhinaus die verfassungsrechtliche Stellung der Länder im Integrationsprozeß verbessert, sei es nach außen, vor dem Gericht der

---

[119] Dazu *Schambeck*, Das österreichische Regierungssystem. Ein Verfassungsvergleich. Westdeutscher Verlag, Opladen, 1995: *"Das österreichische Verfassungsgesetz ist anders als in Deutschland mit dem Bonner Grundgesetz von einem Rechtsquellenpluralismus gekennzeichnet"*.

[120] Dazu *Gréciano Ph./Lipp*: La neutralité de l'Autriche: "mythe ou réalité"?, in: La revue de l'IHEDN - Jeunes, Ecole Militaire, Nr. 9, 1999; *dies*. Le mythe de la neutralité à l'épreuve de la politique de défense autrichienne, in: La revue de l'IHEDN - Jeunes, Ecole Militaire, Nr. 12, 1999; allgemein zur Frage der österreichischen Neutralität: *Ermacora*, Österreichs Staatsvertrag und Neutralität, 1957; *ders*, Zum Neutralitätsvorbehalt, FS *Kirschläger*, 1990, S. 39; *Koja*, Neutralität und Landesverteidigung, in: Geistige Landesverteidigung, 1984, S. 9; *Lippold*, Strukturfragen der Verfassung am Beispiel der immerwährenden Neutralität Österreichs und der Schweiz, 1987; *Reiter*, Neutralität oder NATO, Die sicherheitspolitischen Konsequenzen aus der europäischen Aufgabe Österreichs, in Styria, 1996; *Verdross*, Die immerwährende Neutralität der Republik Österreich, 1977; *Zemanek*, Ändert sich das völkerrechtliche Neutralitätsrecht und mit ihm die Neutralität Österreich?, ÖJZ 1992, S. 177.

Europäischen Gemeinschaft oder nach innen, in der Kompetenzenverteilung zwischen Bund und Land.

2.1. Subsidiarität als Integrationsreferenz für den Bundesstaat

Es kann nicht geleugnet werden, daß die Beschlüsse von Maastricht Ansätze zeigen, die für den Föderalismus und Regionalismus von Bedeutung sind und den Weg zu einem europäischen Bundesstaat nicht ausschließen. Was das im Vertrag von Maastricht verankerte Subsidiaritätsprinzip[121] betrifft, so ist es interessant zu analysieren und zu verstehen, inwiefern die nationalen Erwartungen, die an das Organisationsprinzip geknüpft sind, entsprechend variieren. Aus der Vielzahl von Veröffentlichungen in Österreich[122] und in Frankreich, ist es wichtig zu verstehen, wie die Staaten ihre europäischen Aufgaben und Ziele anhand der neuen gemeinschaftsrechtlichen Organisation verfolgen. Bei der Diskussion über Subsidiarität sollte man immer im Auge behalten, daß die Subsidiarität einerseits einen Rechtsschutz gewährleistet, insbesondere eine gewisse Schutzfunktion gegen unberechtigte Übergriffe "von oben" darstellt; andererseits bedeutet Subsidiarität aber auch, daß die unteren Ebenen – wo notwendig – Aufgaben der höheren Ebene akzeptieren.

2.1.1. Der Inhalt

Die allgemeine Ausübung der gemeinschaftsrechtlichen Kompetenzen durch die EU unterliegt dem von der katholischen Soziallehre[123] entlie-

---

[121] Art. 3 b EUV: *"In den Bereichen, die nicht in ihre ausschließliche Zuständigkeit fallen, wird die Gemeinschaft nach dem Subsidiaritätsprinzip nur tätig, sofern und soweit die Ziele der in Betracht gezogenen Maßnahmen auf Ebene der Mitgliedstaaten nicht ausreichend erreicht werden können und daher wegen ihres Umfangs oder ihrer Wirkungen besser auf Gemeinschaftsebene erreicht werden können...".*

[122] Dazu *Jarass*, EG-Kompetenzen und das Prinzip der Subsidiarität nach Schaffung der Europäischen Union, in: 21 EuGRZ, 1994; *Konow*, Zum Subsidiaritätsprinzip des Vertrages von Maastricht, in: 46 DÖV, 1993; *Pipkorn*, Das Subsidiaritätsprinzip im Vertrag über die Europäische Union: rechtliche Bedeutung und gerichtliche Überprüfbarkeit, in: 3 EuZW, 1992; *Schima*, Das Subsidiaritätsprinzip im Europäischen Gemeinschaftsrecht, 1994.

[123] Dazu *Thomas v. Aquino* , Contra Gentiles, III., Kap. 73 sowie De Regno, I., Kap. XV. Die Analyse des Subsidiaritätsprinzip wurde im XVII. J.h. durch den deutschen politischen Dogmatiker *Althusius* veröffentlicht. Der Amerikaner *Wallace Hoot*

henen Subsidiaritätsprinzip, das nunmehr in Verfassungsrang erhoben worden ist. Dieses Prinzip erfährt zwei Bewertungen, eine positive und eine negative. Die positive, d.h., kompetenzstimulierende Seite für die EG besagt, daß die EG handeln soll, wenn die angestrebten Ziele *„besser auf Gemeinschaftsebene erreicht werden können"*. Die negative, d.h., abwehrende Seite des Prinzips bedeutet, daß die EG nicht tätig werden soll, wenn das Handeln der Mitgliedstaaten zur Zielverwirklichung ausreicht. In der Praxis bedeutet dies, daß alle Gemeinschaftsorgane, insbesondere aber die Kommission, nachzuweisen haben, daß es einer gemeinschaftlichen Regelung und eines gemeinschaftlichen Handelns überhaupt bedarf.

Frei nach *Montesquieu* gilt hier: Wenn es nicht nötig ist, eine EG-Regelung zu treffen, ist es nötig, keine zu treffen. Wird der Regelungsbedarf auf Gemeinschaftsebene bejaht, ist anschließend die Frage nach der Intensität und der Art der zu treffenden Gemeinschaftsmaßnahme zu stellen. Die Antwort gibt hier den Grundsatz der Verhältnismäßigkeit[124], der durch die Rechtsprechung des Europäischen Gerichtshofes Eingang in die Gemeinschaftsrechtsordnung gefunden hat. Danach ist eingehend zu prüfen, ob ein Rechtsinstrument notwendig ist und ob nicht andere Aktionsmittel ausreichend wirksam wären. Dies bedeutet vor allem, daß Rahmengesetzen, Mindestvorschriften und Regeln zur gegenseitigen Anerkennung nationaler Vorschriften der Vorzug zu geben ist und übermäßig detaillierte Rechtsvorschriften vermieden werden sollen. Dies führt im Vergleich zwischen der österreichischen und der französischen verfassungsrechtlichen Ordnung zur Aufdeckung von Verschiedenheiten in der staatlichen Anwendung des Europarechts. Diese

---

benutzte diese Theorie, um den Budget-Föderalismus zu rechtfertigen. Der französische Politologue *Proudhon* hat sie als Prinzip für die soziale Organisation behalten. Papst *Pius XI.* hat ihm eine neue Definition gegeben, für die Organisation der politischen Gesellschaft, in: Encyclica Quadragesimo anno vom 15. Mai 1931.

[124] Bzw. Prinzip der Proportionalität ist ein fundamentales Prinzip des Gemeinschaftsrechts. d.h. daß eine gemeinschaftsrechtliche Regelung dann verhältnismäßig ist, wenn die eingesetzten Mittel zur Erreichung des angestrebten Ziels angemessen und erforderlich sind. Dazu Rs. 122/78, *Buitoni*, Slg. 1979, 677 ff.; Rs. 66/82, *Fromencais v. FORMA*, Slg. 1983, 395 ff.; Rs. 181/84, *The Queen, ex parte E.D. & F. Man (Sugar) v. Intervention Board for Agricultural Produce*, Slg. 1985, 2889 ff.; Rs. C-137/85, *Maizena*, Slg. 1987, 4587 ff. sowie zuletzt Rs. C-339/92, *ADM Ölmühlen Gmbh, Ölwerke Spyck v. Bundesanstalt für landwirtschaftliche Marktordnung*, Urteil vom 7. Dezember 1993, noch nicht in Slg., vgl. 5 EuZW, 1995, 95 f.

komparative Analyse zeigt, inwiefern der verfassungsrechtliche Rahmen eine fördernde oder eine zurückhaltende Rolle im Europäischen Integrationsprozeß spielen kann, sei es im föderalistischen Bundesstaat Österreich oder im zentralistischen Frankreich, das durch den einheitlichen und unitarischen Gedanken das nationale Konzept im Vordergrund behält und so mit dem europäisch definierten Rechtsschutz in Widerspruch steht. In diesem Zusammenhang soll noch erwähnt werden, daß das Prinzip gegen zentralistische Bedenken im EU-Vertrag integriert wurde, insbesondere auch um der zentralistischen Rs des EuGH entgegenzuwirken[125].

Angesichts dieser Ausgangslage ist von Interesse, wie das Subsidiaritätsprinzip angewendet wird und wie es sich seiner Geltung als Rechtsnorm und politische Leitlinie ausgewirkt hat. Eine solche Klärung kann auch nützlich sein für die im Gang befindlichen Überlegungen über erforderliche Anpassungen eines effizienten verfassungs- und verwaltungsrechtlichen Rechtsschutzes. Es folgt eine Analyse über die Erfahrungen mit der Anwendung des Subsidiaritätsprinzips am Beispiel der beiden ausgewählten Mitgliedstaaten, auf bundesstaatlicher Ebene, sowohl als auch im zentralistischen Rechtssystem.

2.1.2. Eine konstruktive Haltung des Bundesstaates

Die Verankerung dieses Prinzips in den Verträgen von Maastricht stellt für die österreichischen Länder einen wichtigen Schritt auf dem Weg zu einer klaren Kompetenzverteilung zwischen der EU, den Mitgliedstaaten und den Regionen dar. Die BRD hat wesentlich zur Anerkennung des Subsidiaritätsprinzips beigetragen. Wäre das Subsidiaritätsprinzip nicht in einer für die deutschen Länder befriedigenden Weise im Vertrag verankert worden, wäre es zu einem ablehnenden BR-Beschluß gekommen. Auch Österreich war über diese Anerkennung des Subsidiaritätsprinzip erfreut, entsprach es doch der von den österreichischen Bundesländern mitgetragenen Förderungen der Versammlungen der Regionen Europas und der Konferenz Europa der Regionen[126]. Ziel war,

[125] Vgl. *Neisser*, Das politische System der EG, 1993, 82 ff. und 186 ff. sowie *Stein*, Das Subsidiaritätsprinzip als Strukturmerkmal der Europäischen Union, in: Die Europäische Union und Österreich 47 ff.

[126] Dazu *Gutknecht*, Das Subsidiaritätsprinzip als Grundsatz des Europarechts, in: Für Staat und Recht, FS für Schambeck, hrsg. V. Hengstschläger u.a., 1994, 921 ff. Zur Versammlung der Regionen Europas, vgl. Kiefer, Salzburgs Mitwirkung in

sich nach dem Beitritt vor einer schleichenden Aushöhlung der eigenen Kompetenzen zu schützen und einer unzulässigen Einschränkung des eigenen Handelns durch europäische Regelungen entgegenzuwirken. Nach der Mitgliedschaft zeigten sich bereits deutlich die vielschichtigen Auswirkungen des EU-Beitritts auf die Länder. Die Notwendigkeit eines solchen Schritts hat sich für die österreichischen Länder dadurch ergeben, daß in einem zunächst langsamen Prozeß, einzelne Politikfelder wie beispielsweise die Wirtschafts-, die Verkehrs-, die Landwirtschafts-, Umwelt- und die Regionalpolitik, die innerstaatlich im Kern in Länderhand liegen, immer mehr an Dynamik gewannen und der europäischen Ebene geöffnet und zugänglich gemacht wurden. Es wurden neue Zielsetzungen berücksichtigt und Aktivitäten gesetzt. Damit hatte die EU etwas erreicht, was innerstaatlich dem Bund oder der zentralistischen Bürokratie in anderen EU Ländern, immer verwehrt geblieben ist.

Dieser vereinfachte Zugang aus der regionalen Ebene heraus zur supranationalen bzw. europäischen Sphäre entspricht einer Intensivierung der Beziehung auf verschiedenen Ebenen und ist ein wesentliches Element sowohl einer lokalen als auch internationalen Politik. Diese befindet sich im europäischen Auftrag des Rechtsschutzes, der sich mit den örtlichen Interessen befaßt und dessen Kohärenz im Integrationsprozeß ermittelt wird. In diesem Zusammenhang müssen u.a. die Länder alle Mitwirkungsmöglichkeiten auf innerstaatlicher wie auf europäischer Ebene wahrnehmen und die Öffentlichkeit über europaspezifische Angelegenheiten, insbesondere im Förderungsbereich, in umfassender Weise informieren. Für die Auslegung des Subsidiaritätsprinzips ist nach Art. U der Schlußbestimmungen des Unionsvertrages der EuGH zuständig. Die unabhängige Gerichtsbarkeit und Vertreterin der gemeinschaftsrechtlichen Gerechtigkeit ist die Hüterin dieses Prinzips. Verstöße gegen das Subsidiaritätsprinzip können unter dem Tatbestand der Unzulässigkeit nach Art. 173 EWG-Vertrag von einem Mitgliedstaat, dem Rat, der Kommission und insbesondere von Einzelpersonen, soweit sie direkt betroffen sind, geltend gemacht werden.

---

europäischen Regionalinstitutionen, in: Floiman (Hrsg.), Die Regionale Außenpolitik des Landes Salzburg, Schriftenreihe des Landespressebüros, Serie Salzburg Dokumentationen, Nr. 108, 1993, 153 ff.

2.2. Die regionalisierte Verarbeitung des Gemeinschaftsrechts

Im Lichte der verfassungsrechtlichen Ordnung der Bundesrepublik Österreich ist eine regionalisierte Verarbeitung des Gemeinschaftsrechts durchaus möglich, im Unterschied zur französischen Republik. Schon vor dem Beitritt zur EU wurde diese Mitwirkung der österreichischen Länder und Gemeinden am europäischen Integrationsprozeß diskutiert. Die konkreten Rechte wurden nach dem Beitritt anerkannt, so daß sich die verfassungsrechtliche Stellung der Länder im Integrationsprozeß verstärkt hat.

2.2.1. Die verfassungsrechtliche Stellung der Länder im Integrationsprozeß

Zum Thema der Position der österreichischen Bundesländer[127] und der Mitwirkungsrechte der Länder und Gemeinden Österreichs in Angelegenheiten[128] der europäischen Integration wurde vor dem Beitritt, im Februar 1992, eine Vereinbarung zwischen dem Bund und den Ländern gem. Art. 15 a B-VG gefunden. Seitdem hatte der Bund die Länder unverzüglich im Wege der Verbindungsstelle der Bundesländer über alle Vorhaben im Rahmen der europäischen Integration, die den selbständigen Wirkungsbereich der Länder berühren oder sonst für sie von Interesse sein könnten, zu unterrichten. Gleiches galt für die Gemeinden, soweit der eigene Wirkungsbereich oder sonstige wichtige Interessen der Gemeinden berührt werden. Seit den 80er Jahren wurde den Ländern bewußt, daß sowohl der Transitverkehr, der Grundverkehr, die Landwirtschaft als auch ihre rechtliche Position im Bundesstaat in den Beziehungen mit der Europäischen Gemeinschaft einwirken werden[129]. Gem. Art. 1 Abs. 1[130] gibt das Bundeskanzleramt der Verbindungsstelle der Bundesländer, dem Österreichischen Gemeindebund, nach Möglichkeit den vorgesehenen Zeitplan der Behandlung des jeweiligen Vorhabens durch die im Rahmen der europäischen Integration zuständigen Organe bekannt, so daß sich eine effiziente Übermittlung der Informationen ergibt. Das Bundeskanzleramt teilt der Verbindungsstelle der Bundes-

[127] Dazu *Öhlinger*, Kommentar zum Art. 23 d BV-G, Korinek / Holoubek (Hrsg.), Wien / New-York, 1999.

[128] Vgl. *Pernthaler*, Das Länderbeteiligungsverfahren an der europäischen Integration, Schriftenreihe des Instituts für Föderalismusforschung Bd. 53, 1992.

[129] Vgl. *Burtscher*, EG-Beitritt und Föderalismus, 1990.

[130] Pubilziert in: *Schäffer*, Österreichische Verfassungs- und Verwaltungsgesetze.

länder, dem Österreichischen Städtebund und dem Österreichischen Gemeindebund mit, welche Frist den Ländern und den Gemeinden für die Erstattung einer Stellungnahme im Hinblick auf den Verfahrensablauf vor den im Rahmen der europäischen Integration zuständigen Organen zur Verfügung steht. Bei der Festsetzung dieser Frist sind der Koordinationsbedarf der Länder und der Gemeinden und ein angemessener Zeitraum für die Auswertung der Stellungnahmen durch den Bund zu berücksichtigen. Der Bund hat fristgerecht Stellungnahmen der Länder und Gemeinden zu Vorhaben, insbesondere bei der Feststellung des Standpunktes der Republik Österreich in den zuständigen Organen der europäischen Integration entsprechend zu erwägen. Liegt dem Bund fristgerecht eine einheitliche Stellungnahme der Länder zu einem Vorhaben im Rahmen der europäischen Integration vor, das Angelegenheiten betrifft, in denen die Gesetzgebung Landessache ist, so ist der Bund bei Verhandlungen und Abstimmungen an diese Stellungnahme gebunden. Er darf davon nur aus zwingenden außen- und integrationspolitischen Gründen abweichen. Eine einheitliche Stellungnahme der Länder herbeizuführen, ist Sache der Länder, die im Rahmen einer "Integrationskonferenz der Länder" (IKL) stattfinden kann[131]. Ihre Aufgabe ist es, die gemeinsamen Länderinteressen in Angelegenheiten der europäischen Integration wahrzunehmen und wichtige integrationspolitische Fragen zu beraten. Diese IKL wird von den Landeshauptmännern, den Landtagspräsidenten sowie dem Präsidenten und Vize-Präsidenten des Bundesrates gebildet. Jedes Bundesland hat nur eine Stimme und die gibt der Landeshauptmann ab. Diese IKL ist beschlußfähig, wenn die Einladung ordnungsgemäß versendet wurde und mindestens fünf Länder vertreten sind. Stimmenthaltungen sind zulässig. Wenn ein Land bei einer Sitzung nicht vertreten ist, gilt dies als Stimmenthaltung. Ein Beschluß kommt zustande, wenn mindestens fünf Länder zustimmen und kein Land eine Gegenstimme erhebt[132].

---

[131] Vgl. *Neisser*, Parlamentsreform und EU- Beitritt, in: Gerlich, Neisser (Hrsg.), Europa als Heraus-forderung: Wandlungsimpulse für das politische System Österreichs, 1994, 58 ff. sowie *Schäffer*, Europa und die österreichische Bundesstaatlichkeit, DÖV 1994, 192 f.

[132] Dazu kritisch, *Öhlinger: „Dazu muß freilich gesagt werden, daß die IKL aufgrund ihrer hochrangigen Besetzung und des Zeitdrucks, der von der EU vielfach vorgegeben wird, ein höchst unpraktikables Instrument ist. Tatsächlich hat sie bislang (Stand Sommer 1998) nur ein einziges Mal getagt (am 21. Juni 1993) und dabei keine Stellungnahme iSd Art. 23d B-VG beschlossen"*, Kommentar B-VG, 1999, S. 10.

Nach dem Beitritt Österreichs war es zweckmäßig, die Mitwirkung der Länder und Gemeinden an der innerstaatlichen Willensbildung in EU-Angelegenheiten verfassungsrechtlich zu normieren. Ein Ziel dieser Maßnahme war es, die gravierenden Zuständigkeitsübertragungen zu Lasten der Länder auf die Organe der EU durch Regelungen über die Mitwirkung der Länder teilweise zu kompensieren, insbesondere durch die B-VG Novelle 1992 BGBl. 276 normierten Mitwirkungsrechte. Diese im Zusammenhang mit dem Beitritt notwendigen Bundesverfassungsgesetzer Anpassungsregelungen wurden 1994 in Form einer B-VG Novelle[133], dem "EU-Begleit-BVG", erlassen[134]. Diese Regelung betrifft die Wahlen zum EP, die Mitwirkungsrechte des Nationalrates und des Bundestages bei Vorhaben der EU, Regelungen betreffend der Teilnahme Österreichs an der Gemeinsamen Außen- und Sicherheitspolitik, die Teilnahme der Länder und Gemeinden bei Vorhaben der EU, sowie Unvereinbarkeitsregelungen.

Art. 23d B-VG begnügt sich damit, das Länderbeteiligungsverfahren in seinen Grundzügen zu regeln, und delegiert die nähere Ausgestaltung an eine Bund-/ Ländervereinbarung im Sinne des Art. 15a B-VG (Abs. 4). Zunächst normiert Art. 23 d Abs. 1 B-VG eine unverzügliche Informationspflicht des Bundes über alle Vorhaben im Rahmen der EU, die den selbständigen Wirkungsbereich der Länder berühren oder sonst für sie von Interesse sein könnten. Den Ländern ist sodann die Gelegenheit zur Stellungnahme zu geben, die an das Bundeskanzleramt zu richten ist. Die Regelung gilt ebenso für die Gemeinden, dessen Vertretung dem Österreichischen Städtebund und dem Österreichischen Gemeindebund obliegt.

Art. 23 d Abs. 2 B-VG legt weiter fest, daß im Fall einer einheitlichen Stellungnahme der Länder zu einem Vorhaben im Rahmen der EU, das Angelegenheiten betrifft, in denen die Gesetzgebung Landessache ist, der Bund an Verhandlungen und Abstimmungen in der EU an diese Stellungnahme gebunden ist. Eine Abweichung davon ist nur aus

---

[133] BGBl. 1994/1013.

[134] Dazu *Körner*, Das EU-Begleit-Bundesverfassungsgesetz- die Mitwirkung der Parlamente von Bund und Ländern bei der Schaffung von neuem EU-Recht, in: Kohl, Ofner, Stirnemann (Hrsg.), Österreichisches Jahrbuch für Politik 1994, 1995, 513 ff., sowie *Neisser*, Verfassungsreform im Lichte des EU-Beitritts, in: Grundfragen und aktuelle Probleme des öffentlichen Rechts, FS für Heinz Peter Rill zum 60. Geburtstag 335 ff.

zwingenden außen- und integrationspolitischen Gründen zulässig, wobei der Bund die Gründe hierfür unverzüglich den Ländern mitzuteilen hat. Es ist deshalb wichtig, daß die *"einheitliche Stellungnahme der Länder"* im voraus respektiert wird, damit alle Länder an der Willensbildung beteiligt werden. Das bedeutet nicht, daß die Willensbildung einstimmig erfolgen muß, jedoch muß die Willensbildung für den Bund zweifelfrei nachvollziehbar sein[135].

Art. 23 d Abs. 3 B-VG enthält eine Erweiterung der bisherigen Bestimmungen dahingehend, daß soweit ein Vorhaben im Rahmen der EU auch Angelegenheiten betrifft, in denen die Gesetzgebung Landessache ist, die Bundesregierung einem von den Ländern namhaft gemachten Vertreter die Mitwirkung an der Willensbildung im Rat übertragen kann. Die Wahrnehmung dieser Befugnis erfolgt unter Beteiligung des zuständigen Mitgliedes der Bundesregierung und in Abstimmung mit diesem. Der Vertreter der Länder ist dabei in Angelegenheiten der Bundesgesetzgebung dem Nationalrat, in Angelegenheiten der Landesgesetzgebung den Landtagen gem. Art. 142 B-VG verantwortlich. Diese innerstaatliche Ermächtigungsregelung geschah in Anlehnung an Art. 146 des Vertrages von Maastricht (203 EUVn), der vorsieht, daß der Rat aus je einem Vertreter jedes Mitgliedstaates auf Ministerebene besteht, der befugt ist, für die Regierung des Mitgliedstaats verbindlich zu handeln. Mitglieder einer Landesregierung in Österreich sind keine „Minister", weil es weder eine Landesregierung gibt noch Ministerien auf Landesebene. Trotzdem kann ein Mitglied einer österreichischen Landesregierung einen solchen Rang haben, der ihm die stimmberechtigte Teilnahme im Rat (dem zentralen Rechtssetzungsorgan der EU) ermöglicht. Im konkreten Fall bedarf dieses Mitglied einer Subeinheit eines Mitgliedstaates einer Ermächtigung durch die Bundesregierung. Dies hat eine enge Kooperation mit dem sachlich in Betracht kommenden Bundesminister zur Folge, was eine innerstaatliche konstruktive Zusammenarbeit voraussetzt.

---

[135] Die Verbindlichkeit der Stellungnahme setzt keine Einstimmigkeit voraus, sondern nur eine Einheitlichkeit. Sie besteht stets nur im „Innenverhältnis" und ist keinesfalls gegenüber der EU wirksam, so *Öhlinger*, Kommentar zum Art. 23d B-VG, Rz 13, S. 9.

Neben diesen den Ländern eingeräumten Rechten ist auch noch die in Art. 23 d Abs. 5 festgelegte Verpflichtung der Länder zu erwähnen, Maßnahmen zu treffen, die in ihrem selbständigen Wirkungsbereich zur Duchführung von Rechtsakten im Rahmen der europäischen Integration erforderlich werden; kommt ein Land dieser Verpflichtung nicht rechtzeitig nach und wird dies von einem Gericht im Rahmen der EU gegenüber Österreich festgestellt, so geht die Zuständigkeit zu solchen Maßnahmen insbesondere zur Erlassung der notwendigen Gesetze auf den Bund über. Eine gemäß dieser Bestimmung vom Bund getroffene Maßnahme, wie ein solcherart erlassenes Gesetz oder eine solcherart erlassene Verordnung tritt außer Kraft, sobald das Land die erforderlichen Maßnahmen getroffen hat. Im allgemeinen bleiben die Mitwirkungsrechte der Länder in EU-Angelegenheiten in hohem Maße von der Kooperationsbereitschaft der zuständigen Bundesorgane abhängig, so Prof. Dr. *Öhlinger*. Ebenso wird der Mindeststandard an Informations- und Konsultationsrechten durch politischen Druck beeinflußt. Das Beispiel der Durchführung der EWG-Fernsehrichtlinie 89/552 in der BRD zeigt *in concreto* die juristische Problemlösung sowohl zur Definition als auch zur Tragweite der Subsidiarität im deutschen Bundesstaat.

2.2.2. Die Kompetenzenverteilung zwischen Bund und Land: EWG-Fernsehrichtlinie 89/552

Jeder Staat, der Mitglied der EU wird, hat Kompetenzübertragungen vorzunehmen und Souveränitätsbeschränkungen in Kauf zu nehmen. Diese allgemeine Feststellung für alle EU-Staaten gilt im besonderen für den Bundesstaat, sei es in Belgien, der BRD oder in Österreich. Die Konsequenz an Zuständigkeitsverlagerung hat sich in der BRD besonders auf die Handels-, Wirtschafts-, Konjunktur- und Geldpolitik, die Landwirtschaft, das Verkehrswesen und den Umweltschutz bezogen[136]. Der deutsche Bundesrat hat anläßlich der Ratifizierung der EEA 1986 ein stärkeres föderalistisches Informations- und Beteiligungsverfahren verlangt, das auch deshalb beachtenswert ist, weil es ein Schritt zur „Föderalisierung“ der Europapolitik ist, weshalb sich eine gewisse Neu-

---

[136] Siehe näher *Georg-Berndt Oschatz*, EG-Rechtsetzung und deutscher Föderalismus, in: Föderalismus und Europäische Gemeinschaften, Hrsg. v. Detlef Merten (1990), 63 ff. sowie *Walter Rudolf*, Die Bundesländer und die europäische Einigung, ebenda 263 ff.

bestimmung des Charakters des deutschen Bundesrates abzeichnet. Hatte er sich bisher zu Recht dezidiert als reines Bundesorgan verstanden, so übernimmt er in Europaangelegenheiten die Funktion eines Koordinationsorgans der Länder[137]. In diesem Zusammenhang sei auch auf die Entwicklung des deutschen Länderbeteiligungsverfahrens verwiesen.

Im Zuge des Zustandekommens der EEA 1986, die als Vertrag zur Ergänzung und Änderung der Gründungsverträge der Gemeinschaften der Ratifizierung der deutschen gesetzgebenden Körperschaften bedurfte, ergab sich die Gelegenheit, das Länderbeteiligungsverfahren zu verbessern: der Art. 2 des Zustimmungsgesetzes 1986 zu den EEA und die 1987 geschlossenen Bund-Länder-Vereinbarung ermöglichten dies. Dabei geht es um die Unterrichtung der Länder und um ihr Recht, an der nationalen Willensbildung zu Europa-Fragen mitzuwirken[138]. Bezüglich der Information ist bekanntlich die Bundesregierung verpflichtet, den Bundesrat *„umfassend und zum frühestmöglichen Zeitpunkt"* über alles im Rahmen der Europäischen Gemeinschaften zu unterrichten, was *„für die Länder von Interesse sein könnte"*[139]. Doch vor allem nach der Unterzeichnung des Maastrichter Vertrags zeigten sich in der BRD immer mehr die Bestrebungen, die Mitwirkungsrechte der Länder verfassungsrechtlich zu verankern. So kam es schließlich zur Neuformulierung des Art. 23 GG[140], der auch als Europa-Artikel bezeichnet wird[141]. Darin wird nun in Abs. 2 festgelegt, daß in Angelegenheiten der EU der Bundestag und durch den Bundesrat die Länder mitwirken. Deshalb hat die Bundesregierung den Bundestag und den Bundesrat umfassend und zum frühestmöglichen Zeitpunkt zu unterrichten. Art. 23 Abs. 4 GG legt fest, daß der Bundesrat an der Willensbildung des Bundes zu beteiligen ist, soweit er an einer entsprechenden innerstaatlichen Maßnahme mitzuwirken hätte oder soweit die Länder

---

[137] Siehe etwa *Doris Fuhrmann-Mittlmeier*, Die deutschen Länder im Prozeß der Europäischen Einigung, 1991, 186 ff.

[138] Vgl. *Otto Bardong*, Die Einheitlich Europäische Akte und die Länder der Bundesrepublik Deutschland – ein föderalistisches Problem, in: Stefan Huber, Peter Pernthaler (Hrsg.), Föderalismus und Regionalismus in europäischer Perspektive, Schriftenreihe des Instituts für Föderalismusforschung Bd. 44, 1988, 33 ff.

[139] Art. 2 Abs. 1 Gesetz zur EEA vom 28. Februar 1986, BGBl II 1986, 1102.

[140] BGBl I 1992, 2086.

[141] Hierzu *Georg-Berndt Oschatz/Horst Risse*, Die Bundesregierung an der Kette der Länder ?, DÖV 1995, 437 ff.

innerstaatlich zuständig sind. Gemäß Abs. 5 berücksichtigt die Bundesregierung die Stellungnahme des Bundesrates, soweit in einem Bereich ausschließlicher Zuständigkeit des Bundes Interessen der Länder berührt sind oder soweit im übrigen der Bund das Recht zur Gesetzgebung hat. Wenn im Schwerpunkt Gesetzgebungsbefugnisse der Länder, die Einrichtung ihrer Behörde oder ihre Verwaltungsverfahren betroffen sind, ist bei der Willensbildung des Bundes insoweit die Auffassung des Bundesrates maßgeblich zu berücksichtigen. Schließlich legt Art. 23 Abs. 6 GG fest, daß, wenn im Schwerpunkt ausschließliche Gesetzgebungsbefugnisse der Länder betroffen sind, die Wahrnehmung der Rechte, die der BRD als Mitgliedstaat der EU zustehen, vom Bund auf einen vom Bundesrat benannten Vertreter der Länder übertragen werden soll.

Trotz dieser Länderbeteiligung kommt es allerdings zu Auffassungsunterschieden bzw. Konflikten zwischen Bund und Ländern, wie die vom Freistaat Bayern bei dem Bundesverfassungsgericht eingebrachte Klage zeigt, die Fernseh-Richtlinie vom 3. Oktober 1989 betreffend. In dieser Angelegenheit setzte sich nämlich die Bundesregierung über die ablehnende Stellungnahme der Länder hinweg, die in der Erlassung der Fernseh-Richtlinie einen vom Gemeinschaftsrecht nicht gedeckten Eingriff in ihre Kompetenz sehen. Viele grundsätzliche Probleme der Integration und deren innerstaatlicher Umsetzung werden an diesem Beispiel veranschaulicht. Da ist einerseits eine vom Standpunkt des Rechtsstaates bedenkliche generalklauselartige Weite dieser Richtlinie, wenn Art. 12 bestimmt, daß die *„Fernsehwerbung keine Verhaltensweisen fördern darf, die die Gesundheit oder Sicherheit oder den Schutz der Umwelt gefährden"*. Bei spitzfindiger Interpretation – wie sie der Kommission bisweilen unterstellt wird – könnte darunter beinahe jedes Produkt subsumiert werden. Kritikwürdig sind andererseits auch Art. 4 und 5 der Richtlinie, die einen Großteil der Sendezeit sogenannten „europäischen Werken" – und das sind in erster Linie solche aus EG-Staaten – vorbehalten.

Die Klage Bayerns betrifft vornehmlich jedoch die mangelnde Kompetenz der Europäischen Gemeinschaft für den Bereich „Kultur". Selbst wenn man die Erlassung der Fernseh-Richtlinie auf die Kompetenz zur Liberalisierung des Dienstleistungsverkehrs stütze, diene doch die in Art. 4 festgelegte Europaquote keinesfalls einer Liberalisierung. Zudem erschöpfe sich die Bedeutung des Fersehens wohl kaum in der

Einordnung als „Dienstleistung". Zweifelsohne berührt die Fernseh-Richtlinie umfassend den Kulturbereich. Dieser ist aber nach deutschem Verfassungsrecht den Bundesländern vorbehalten. So betont auch *Paul Kirchhof* in seiner Abhandlung über *„Europarecht und nationales Verfassungsrecht – Wie steht es um die Souveränität der Mitgliedstaaten in der Europäischen Gemeinschaft ?"*, daß das Bundesstaatprinzip mit dem Europarecht zu verschränken sei und meint insbesondere im Zusammenhang mit der Fernseh-Richtlinie und der „Europaquote": *„Für die Bundesrepublik könnte damit der kulturelle Entfaltungsspielraum im deutschsprachigen Bereich, insbesondere die Kooperation mit den insoweit als nichteuropäisch definierten Staaten Schweiz und Österreich eingeschränkt werden. Das Bundesstaatprinzip veranlaßt jedenfalls gegenüber derart weitreichenden Bestimmungen die Prüfung, ob das herkömmlich dem Kulturbereich zugerechnete und damit in die Landeskompetenz gewiesene Rundfunkwesen rundfunkrechtliche Regelungen verträgt, die ihm nach dem Grundgesetz der Bundesgesetzgeber nicht zustünden, die der Bund aber im Rahmen des EWG-Vertrages in die Kompetenz der EWG gewiesen haben will"* [142].

Nach innerstaatlichem Recht können sich die Bundesländer gegen Eingriffe in ihre Kompetenzen zur Wehr setzen; bei Kompetenzanmaßungen durch die Europäische Gemeinschaft verlieren sie jedoch jegliches Mitspracherecht, dieses steht nur dem Gesamtstaat als Mitsprache – und Mitentscheidungsrecht im Rat zu. Erteilt der Gesamtstaat aber die Zustimmung – entgegen der Länderauffassung, bricht grundsätzlich das Gemeinschaftsrecht das nationale Recht, und eine Aufhebung der Richtlinie durch den EuGH wegen mangelnder Gemeinschaftskompetenz ist – im Lichte seiner derzeitigen Judikatur – äußerst unwahrscheinlich.

Vor diesem Hintergrund ist die genannte Klage Bayerns in bezug auf die Fernseh-Richtlinie zu sehen, welche auch den Erlaß einer einstweiligen Anordnung begehrte, durch welche der Bundesregierung die Zustimmung im Rat untersagt werden sollte. Diese Anordnung wurde jedoch vom Bundesverfassungsgerichtshof mit der Begründung abgelehnt, die Bundesregierung könne im Fall einer Mitwirkung im Rat die Richtlinie für die Länder schonender ausgestalten als ohne ihre Mitwirkung. Diese

[142] *Paul Kichhof*, Die Souveränitätsfrage in der gegenwärtigen Entwicklung Europas, 85 ff.

Argumentation wird aber auf Fälle des Einstimmigkeitserfordernisses im Rat nicht übertragbar sein.

Am 22. März 1995 hat der Bundesverfassungsgerichtshof den Bund-Länder-Streit über die sogenannte Fernsehrichtlinie entschieden[143]. Als Gegenstand des Verfahrens wird einmal der zu dem Entwurf einer EWG-Rundfunk-Richtlinie am 8. März 1989 gefaßte Beschluß der Bundesregierung, in welchem diese sich darauf festlegte, der Richtlinie zuzustimmen, wenn eine befriedigende Gesamtlösung erreicht und die beabsichtigte Quotenregelung nur als politische Zielvorstellung formuliert werde, genannt; ferner wurde auch das spätere Mitwirken der Bundesregierung am Zustandekommen der Fernseh-Richtlinie angegriffen, der der Rat der EG am 3. Oktober 1989 zustimmte. Dazu hat nun das Bundesverfassungsgericht festgestellt, daß der Beschluß der Bundesregierung vom 3. März 1989 verfassungsrechtlich nicht zu beanstanden ist. Dagegen hat der Bund durch die Artikel, in der die Bundesregierung nach diesem Beschluß beim Zustandekommen der Quotenregelung in der EWG-Fernseh-Richtlinie die Mitgliedschaftsrechte der BRD wahrgenommen hat, die Rechte des Freistaates Bayern und der dem Verfahren beigetretenen Länder aus Art. 70 Abs. 1 in Verbindung mit Art. 24 Abs. 1 GG und den Grundsatz des bundesfreundlichen Verfahrens verletzt.

Der Bundesverfassungsgerichtshof ist in seiner Entscheidung von folgendem Prüfungsmaß ausgegangen. Beansprucht die Europäische Gemeinschaft eine Rechtssetzungskompetenz, so ist es Sache des Bundes, die Rechte der BRD gegenüber der Gemeinschaft und ihren Organen zu vertreten. Behält das Grundgesetz die Regelung des von der Gemeinschaft beanspruchten Gegenstandes innerstaatlich dem Landesgesetzgeber vor, so vertritt der Bund gegenüber der Gemeinschaft als Sachwalter der Länder auch deren verfassungsmäßige Rechte. Auf dieser Grundlage erwachsen der Bundesregierung prozedurale Pflichten zu bundesstaatlicher Zusammenarbeit und Rücksichtnahme. Diese fordern vor allem eine eingehende Prüfung, welchen grundsätzlichen Standpunkt die Bundesregierung einnehmen muß, um die Belange des Gesamtstaates zu wahren. Ihren so entwickelten Standpunkt hat die Bundesregierung darzulegen und, wie in Art. 2 Abs. 2 EEAG vorgesehen, mit dem Bundesrat zu erörtern. Aus Art. 2 Abs. 2 EEAG ergibt sich

[143] U des Zweiten Senats vom 22. März 1995 – 2 BvG 1/89.

jedoch nicht, daß die Bundesregierung sich im Fall eines vom Bund und Ländern übereinstimmend angenommenen Fehlens einer Gemeinschaftskompetenz der Beteiligung an den Beratungen auf Gemeinschaftsebene gänzlich erhalten müßte oder sich auf das Bestreiten der Verbandskompetenz der Gemeinschaft zu beschränken hätte. Sie hat sich vielmehr mit allen ihr zur Verfügung stehenden Mitteln für ein kompetenzgemäßes Verhalten der EWG-Organe einzusetzen. Kommt dennoch eine aus ihrer Sicht kompetenzrechtlich nicht gedeckte, die Gesetzgebungszuständigkeit der Länder verkürzende Regelung zustande, so besteht die Verpflichtung der Bundesregierung fort, für eine Aufhebung oder Änderung des Rechtsaktes einzutreten. Als Ergebnis kommt das Bundesverfassungsgericht zu dem Schluß, daß der Beschluß der Bundesregierung vom 8. März 1989 diesen Anforderungen genügt.

Dagegen hat die Bundesregierung hinsichtlich der Quotenregelung durch die Artikel der Wahrnehmung der Mitgliedschaftsrechte der BRD im Rat die Rechte der Länder verletzt, indem sie ihren gemeinsam mit den Ländern entwickelten Standpunkt, daß der Gemeinschaft die Kompetenz fehle, nicht konsequent vertrat und sich statt dessen mit bloßen Protokollerklärungen von Rat und Kommission begnügte, wonach sich die Mitgliedstaaten in der Richtlinie *„politisch auf die dort vereinbarten Ziele verpflichten"*, obwohl nach Kenntnis aller Beteiligten die Unverbindlichkeit der Quotenregelung auf alle Fälle fragwürdig war. Die Bundesregierung verletzte – nach Ansicht des Bundesverfassungsgerichtshofes – ihre Pflichten als Sachwalterin der Länderinteressen.

Soweit ausnahmsweise zwingende außen- und integrationspolitische Gründe eine Revision des gemeinsamen Standpunkts zum Nachteil der Länder angezeigt erscheinen lassen, hätte die Bundesregierung rechtzeitig die Verständigung mit dem Bundesrat suchen müssen. Die Bundesregierung hat dies unterlassen.

Nach der Behandlung dieses Problems sei zur Grundsatzfrage des Länderbeteiligungsverfahrens und zur Entwicklung der EU aus föderalistischer Sicht zurückgekehrt und festgestellt, daß die neue Aufgabe der Mitwirkung für den deutschen Bundesrat leichter möglich war als für die österreichische Länderkammer. Während nämlich der deutsche Bundesrat sich aus Regierungsvertretern mit gebundenem Mandat zusammensetzt (Art. 51 GG), besteht der österreichische Bundesrat aus

Parlamentariern, die von den neun Länderparlamenten entsendet werden und ein sogenanntes freies Mandat haben trotz der parteipolitisch geprägten Bestimmungen der jeweiligen Parlamentsfraktionen. Insofern dient der österreichische Bundesrat der Länderrepräsentanz nach dem Parteienproporz im jeweiligen Landtag[144]. Aus diesem Standpunkt und darüberhinaus spielen die deutschen und österreichischen Länder vor den europäischen Gerichtshöfe eine besonders wichtige Rolle sowohl im Integrationsprozeß als auch in der Bewahrung der demokratischen Rechtsstaatprinzipien. Diese besondere Position hat ihre spezifische Wirkung vor dem EuGH.

2.2.3. Die besondere Rolle der Länder vor dem EuGH

Durch die stetige Erweiterung der Kompetenzen der Europäischen Gemeinschaften beklagen die Regionen Europas und insbesondere die Länder des Bundesstaates (BRD) einen schrittweisen Verlust ihrer Gesetzgebung und Verwaltungsbefugnisse[145]. Der Vertrag von Maastricht über die Europäische Union hatte die Rechte der Länder in Gebieten Bildung und Kultur gefährdet. Daraus folgte eine Kompensationsstrategie der Länder auf verstärkte Mitwirkungsrechte des Bundesrates und der Länder auf innerstaatlicher und gemeinschaftsrechtlicher Ebene[146]. Insofern ist es wichtig zu erläutern, welche prozessuale Stellung den Ländern in gemeinschaftsbezogenen Angelegenheiten vor dem Gerichtshof der Europäischen Gemeinschaften zukommt[147]. Angesichts der Vergleichung mit zentralistisch verfaßten Staaten der EU wie, z. B., Frankreich, muß die Durchsetzbarkeit des Klagerechts kritisch beurteilt werden. Diese Analyse erörtert grundlegende Fragen des Zusammenspiels von Gemeinschaftsrechtsordnung und nationalen Rechtsordnungen, welches Justizkonflikte zwischen der nationalen Verfassungsgerichtsbarkeit und dem Europäischen Gerichtshof vorprogrammiert. Deutlich wurde diese Problematik an dem vor dem deutschen Bundesverfassungsgericht ausgetragenen Bund-Länder-Streit um die

---

[144] Vgl. *Peter Pernthaler / Irmgard Rath-Kathrein*, Bindung von Mitgliedern des Bundesrates an Aufträge der sie entsendenden Landtage, in: Grundfragen und aktuelle Probleme des öffentlichen Rechts, Fs für Heinz Peter Rill zum 60. Geburtstag , Hrsg. v. Stefan Griller, Karl Korinek, Michael Potacs, 1995, 197ff.

[145] Vgl. *Riegel*, DVBl. 1979, S. 245 ff.; *Oschatz/Risse*, EA 1988, S. 9 ff.

[146] Vgl. *Röhl*, EuR 1994, S. 409; *Borchmann*, EA 1991, S. 340.

[147] Vgl. dazu *Martin Mulert*, Die deutschen Bundesländer vor dem Europäischen Gerichtshof, Duncker und Humblot Vlg., Berlin, 1996.

Rechtsmäßigkeit von Quotenregelungen in der gemeinschaftlichen Fernsehrichtlinie 89/552 EWG untersucht und weiterhinaus zwischen Bundesstaat und Zentralstaat verglichen.

Das Europaprozeßrecht folgt dem Grundsatz der begrenzten Einzelermächtigung. In diesem Sinne werden die einzelnen Verfahrensarten der Gründungsverträge und des Gerichts erster Instanz ausgestaltet. Aus der Sicht der Bundesländer interessiert in erster Linie die Nichtigkeitsklage gemäß Art. 230 EUVn, die teils verfassungsrechtlicher, teils verwaltungsrechtlicher Natur ist. Sie ermöglicht die Überprüfung von gemeinschaftlichen Rechtsakten im Wege einer direkten Klage vor dem EuGH. Rügt ein Bundesland einen Eingriff in Länderkompetenzen durch einen kompetenzwidrig erlassenen Gemeinschaftsrechtsakt, so bietet sich die Nichtigkeitsklage als statthafte Verfahrensart an[148]. Den Ländern steht in ihrem Zuständigkeitsbereich ein auf die Wahrung ihrer Gesetzgebungs- und Verwaltungskompetenzen beschränktes Recht zur Erhebung von Nichtigkeitsklagen auch gegen gemeinschaftliche Normativakte, soweit sie unmittelbar gemeinschaftsrechtlichen Pflichten unterworfen sind. Dieses Recht stellt die Gewährung eines wirksamen Rechtsschutzes der Gebietskörperschaften im institutionellen Gefüge der EU dar.

Die Untätigkeitsklage gemäß Art. 232 EUVn kommt dagegen in Betracht, wenn ein Gemeinschaftsorgan es rechtswidrig unterläßt, einen Beschluß zu fassen. Diese Klage ergänzt den Rechtsschutz gegenüber Rat und Kommission. Bevor die Klage jedoch erhoben werden kann, muß ein Vorverfahren durchgeführt werden, in dem der Kläger das betreffende Gemeinschaftsorgan zum Tätigwerden auffordern muß. Mit dem abschließenden Urteil wird lediglich die Rechtswidrigkeit eines bestimmten Unterlassens festgestellt. Dagegen ist der EuGH nicht befugt, in seinem Urteil eine Verpflichtung zum Erlaß der erforderlichen Maßnahme auszusprechen. Die unterliegende Partei ist lediglich verpflichtet, die sich aus dem Urteil des EuGH ergebenden Maßnahmen zu ergreifen.

Unter den rein verfassungsrechtlichen Verfahrensarten ist die Aufsichtsklage der Kommission gemäß Art. 226 EUVn aus der Sicht der Länder besonders wichtig. Dieses Verfahren dient der Feststellung, ob ein mitgliedstaatliches Organ gegen Verpflichtungen, die ihm das

---

[148] Vgl. *Zuleeg*, DVBl. 1992, S. 1329; *Kahl*, AöR 118, 1993, S. 414.

Gemeinschaftsrecht auferlegt, verstoßen hat. Im Falle der Feststellung eines Vertragsverstoßes durch den EuGH der den Streitfall untersucht, ist das Organ verpflichtet, den festgestellten Mangel unverzüglich abzustellen. Ansonsten soll er durch ein Zweiturteil einen Pauschalbetrag oder Zwangsgelder bezahlen. Die Beteiligung der Länder und der Regionen an Vertragverletzungsverfahren vor dem Gericht ist eben möglich, wenn es um deren Maßnahmen – etwa ein Landesgesetz – geht.

Was schließlich den Bereich der Verfahren anbelangt, so nimmt das Vorabentscheidungsverfahren gemäß Art. 234 EUVn aus der Perspektive der Länder eine herausragende Stellung ein. Mitgliedstaatliche Gerichte können den Europäischen Gerichtshof um Auslegung des Gemeinschaftsrechts auch in Verfahren ersuchen, in denen Landesrecht auf dem Prüfstand des nationalen Gerichts steht. Es ist immer der Fall, wenn die Vereinbarkeit einer landesrechtlichen Norm mit dem Gemeinschaftsrecht nach Auffassung des vorliegenden nationalen Gerichts zweifelhaft und für das Ausgangsverfahren entscheidungserheblich ist. Die Bundesländer haben die Möglichkeit, die umstrittene Norm vor dem EuGH in Schutz zu nehmen.

Insofern sind die genannten Verfahren aus der Sicht der Länder von besonderem Interesse. Mit der Einführung eines Ausschusses der Regionen und der allgemeinen Verankerung des Subsidiaritätsprinzips setzt der Maastrichter Vertrag vorsichtige föderative Akzente. Der Entwicklung eines aufkeimenden Landesbewußtseins des Europarechts muß auch gemeinschaftsprozessual Rechnung getragen werden. Die Verfahrensrechte der Länder und anderen Regionen zeigen weiterhinaus eine einfache strukturelle Anpassungsmöglichkeit des Bundesstaates. Die juristischen Mitwirkungen der Länder und der Gemeinden im europäischen Integrationsprozess wurden durch die Beitrittsverfahren bekräftigt. Ein kurzer Rückblick zeigt uns die Folgen einer konstruktiven Haltung des Bundesstaates und insbesondere die Etappen des EU Integrationsverfahrens.

3. Der kurze Weg zur europäischen Integration

3.1. Der Beitritt zur EU

Der Beitritt[149] Österreichs zur EU erfolgte mittels Abschluß eines Staatsvertrages[150] zwischen den Mitgliedstaaten der EU und Österreich. Das Bemühen Österreichs, als Mitglied der EU die Zukunft Europas mitzugestalten[151], nahm konkrete Formen an, als am 17. Juni 1989 der damalige Außenminister Dr. *Alois Mock* die formellen Beitrittsanträge Österreichs zu den drei Gemeinschaften (EWG, EGKS, EAG) dem damaligen Vorsitzenden des EG- Ministerrates, dem französischen Außenminister *Roland Dumas*, überreichte. Kurz darauf wurde die Kommission von den 12 EG- Mitgliedstaaten nach deren Zustimmung zur Einleitung des Aufnahmeverfahrens beauftragt, zu den Anträgen eine vorläufige Stellungnahme (den sog. *"avis"*) auszuarbeiten. Die Vorbereitung zum Vertrag von Maastricht sowie das Ziel der Errichtung eines einheitlichen Binnenmarktes bis zum 31. Dezember 1992 standen zum damaligen Zeitpunkt auf der Prioritätenliste der Kommission, so daß die erwartete Stellungnahme mit einiger Verzögung erst am 31. Juli 1991 erging. Die von der Kommission geäußerten Bedenken beschränkten sich in Wesentlichen auf die Frage der Vereinbarkeit der österreichischen Neutralität[152] mit den gemeinschaftsrechtlichen Verpflichtungen, sowie einer Teilnahme an der zukünftigen Außen- und Sicherheitspolitik. Im Bereich des Transitverkehrs ortete die Kommis-

---

[149] Vgl. dazu *Schaller,* Zur Diskussion um den österreichischen EU-Beitritt, in: Tálos/Falkner, EU-Mitglied Österreich: Gegenwart und Perspektiven: eine Zwischenbilanz, 1996, S. 17.

[150] Kundgemacht am 13. Jänner 1995, BGBl. 45/1995; Abl. 1994 C 241, 9 ff., i.d.F. Abl. 1995 L 1, 1 ff.; Erl. Hierzu finden sich in 11 BlgNR 19. GP (RV) sowie 25 BlgNR 19. GP (AB).

[151] Vgl. dazu *Morass*, Österreich im Entscheidungsprozeß der Eu, in: Tálos/Falkner, EU-Mitglied Österreich: Gegenwart und Perspektiven: eine Zwischenbilanz, 1996, S. 32.

[152] *Griller*: Wird Österreich das dreizehnte EG-Mitglied ?, EuZW 1991, S. 679; *ders.*: Verfassungsfragen der EU-Mitgliedschaft, ZfRV 1995, S. 197; *ders.* : Vom Wandel der immerwährenden Neutralität, 75 Jahre BVG, 1995, S. 727; *Noll*, Vom Festhalten an der Neutralität zum EU-Beitritt ?, in: Tálos/Falkner, EU-Mitglied Österreich: Gegenwart und Perspektiven: eine Zwischenbilanz, Wien, 1996, S. 83; *Pechstein,* Austria ante portas: Österreichs Neutralität als Hindernis für einen EG-Beitritt ? EuR 1989, S. 54.

sion mögliche Schwierigkeiten. Trotzdem wurde das *„acquis communautaire"* ohne wesentlichen Probleme übernommen.

3.2. Die einfache Übernahme des EU-Rechts

Aufgrund eines Beschlusses des Europäischen Rates auf dem Gipfel in Edinburgh am 12. Dezember 1992 wurden die formellen Verhandlungen mit Österreich und den beiden anderen Beitrittswerbern Schweden und Finnland am 1. Februar 1993 eröffnet[153]. Die Beitrittsverhandlungen der einzelnen Beitrittskandidaten mit der Gemeinschaft bzw. mit der EU fanden jeweils im Rahmen der Konferenz über den Beitritt zur Europäischen Union statt. Am 30. März 1994 konnten die Beitrittsverhandlungen erfolgreich abgeschlossen werden, und das Verhandlungsergebnis anschließend dem Europäischen Parlament zugeleitet werden. Die gemäß Art. 0 Abs. 1 EUV vorgesehene Zustimmung des Europäischen Parlaments erfolgte am 4. Mai 1994. 378 von 518 Mitgliedern stimmten für den Beitritt Österreichs zur EU. Dem *"avis conforme"* des Europäischen Parlaments folgte am 6. Mai 1994 die endgültige Stellungnahme der Kommission über den Beitrittsantrag Österreichs *("avis définitif").* Nach der positiven Stellungnahme der Kommission beschloß der Rat am 16. Mai 1994 einstimmig, den insgesamt vier Beitrittsansuchen stattzugeben.

Durch den Abschluß des Beitrittsvertrages verpflichtete sich Österreich zur Übernahme des gesamten zum Beitrittszeitpunkt geltenden EU-Rechts[154]. Hinsichtlich der rechtlichen Wirkung der Übernahme ist zwischen Gemeinschaftsrecht und Unionsrecht im engeren Sinn zu unterscheiden[155]. Während es sich bei ersterem nach ständiger Rechtsspre-

---

[153] Mit Norwegen wurden die Verhandlungen wenig später am 5. April 1993 aufgenommen.

[154] Art. 2 BA.

[155] Als Unionsrecht im engeren Sinn ist als der Inbegriff jener Normen zu verstehen, welche Bereiche regeln, die durch den Vertrag über die EU vom 7. Februar 1992 (Vertrag von Maastricht) neu erfaßt werden. Dazu zählen insbesondere die Vorschriften über die Gemeinsame Außen- und Sicherheitspolitik (GASP) und die Zusammenarbeit in den Bereichen Justiz und Inneres. Als Unionsrecht ist auch das Gemeinschaftsrecht zu verstehen, das durch den EU-Vertrag etwa um die Konzepte *"Unionsbürgerschaft"*, *"Subsidiarität"*, *"Wirtschafts- und Währungsunion"* etc. erweitert wurde. Denn die Gemeinschaften bilden nach Art. A Abs. 3 EUV die Grundlage der Union. Diese Unterscheidung ist von grundlegender Bedeutung, weil

chung des EuGH um eine neue Rechtsordnung[156] handelt, ist die Form der Übernahme des Unionsrechtes im engeren Sinn den Mitgliedstaaten weitgehend freigestellt. Sie folgt den völkerrechtlichen Regeln der Transformation[157].

3.3. Die notwendige Volksabstimmung

Die EU nimmt in autonomer Weise Aufgaben wahr, die bisher von den Mitgliedstaaten in Eigenverantwortung ausgeführt wurden, ohne daß eine genaue Zuständigkeitsabgrenzung zwischen den Kompetenzbereichen der Mitgliedstaaten einerseits und der EU andererseits erfolgt. So verfügt die EU zwar über keine eigenen vollziehenden Organe in den einzelnen Mitgliedstaaten, jedoch greift ihre rechtssetzende Tätigkeit zu einem großen Teil direkt auf die Bürger und die Behörden in den Mitgliedstaaten durch, die dadurch, - insofern es sich um unmittelbar anwendbare Normen des Gemeinschaftsrechts handelt - direkt verpflichtet und berechtigt werden, ungeachtet allenfalls anders lautender nationaler Normen. Für den Einzelnen hat die unmittelbare Wirksamkeit einer Norm die wichtige praktische Bedeutung, daß er sich vor den mitgliedstaatlichen und EU-Behörden und Gerichten auf sie berufen kann[158]. Dies ist die Verwirklichung des gemeinschaftsrechtlichen Zieles, insbesondere, die konkrete Durchsetzung des effizienten Rechtsschutzes des Bürgers.

Die Rechtssetzung im Rahmen der EU erfolgt durch Gemeinschaftsorgane, in denen bindende Beschlüsse auch gegen den Willen eines Mitgliedstaates zustande kommen können. Durch den Umstand, daß die Kontrolle bezüglich Auslegung und Anwendung des Gemeinschaftsrechtes ausschließlich dem Europäischen Gerichtshof in Luxemburg zukommt (Art. 164 EGV), wird im Bereich der Rechtskontrolle dem bestehenden österreichischen Kontrollsystem ein weiteres gleichermaßen übergeordnet[159].

---

nur das Recht der *"ersten Säule"*, das Gemeinschaftsrecht , supranationalen (Art. L EUV) Charakter trägt, während das übrige Unionsrecht traditionell-völkerrechtliche Züge besitzt.

156 Dazu EuGH in Rs. 6/64, *Costa/ENEL*, Slg. 1964, 1251 (Rz. 8).

157 Vgl. im weiteren *Fischer/Köck*, Allgemeines Völkerrecht 4. Auflage 1994), 14.

158 Dazu EuGH Rs. 106/77 *Simmenthal*, Slg. 1978, 629 ff.

159 Vgl. *Grussmann*, Auswirkungen eines EG-Beitritts auf die österreichische Verfassungsgerichtsbarkeit, in: ZfV 1990, S. 438.

Die Übernahme dieses spezifischen Rechtssystems, dessen Besonderheit vor allem im Anwendungsvorrang sowie in der unmittelbaren Wirkung zum Ausdruck kommt, zieht somit wesentliche Änderungen des demokratischen, des gewaltentrennenden, des rechtsstaatlichen Grundprinzips[160] nach sich, sodaß entsprechend der Bestimmung des Art. 44 Abs. 3 BVG, nach der jede Gesamtänderung der Bundesverfassung einer Volksabstimmung zu unterziehen sei, vor der Unterzeichnung des Beitrittsvertrages eine Volksabstimmung durchgeführt werden mußte[161].

Gegenstand der Volksabstimmung am 12. Juni 1994 war das anläßlich des Beitritts Österreichs erlassene Beitritts-BVG[162], welches eine Ermächtigung der zuständigen österreichischen Organe zum Abschluß des Staatsvertrages über den Beitritt Österreichs zur EU entsprechend dem am 12. April 1994 von der Beitrittskonferenz festgelegten Verhandlungsergebnis[163] enthielt. Das EU-Beitritts-BVG bewirkt somit die Gesamtänderung der österreichischen Bundesverfassung nicht selbst, sondern es enthält bloß die dafür nötige Ermächtigung. Die Gesamtänderung wurde somit nicht durch das Inkrafttreten des EU-Beitritts-BVG, sondern erst durch das Inkrafttreten des Beitrittsvertrages bewirkt[164]. Der Beitritts-BVGs besteht aus dem Abschluß des Beitrittsvertrages zur EU, sowie sonderverfahrensrechtliche Bestimmungen über die parlamentarische Genehmigung des Beitrittsvertrages. Es erfolgt die Öffnung

---

[160] Die wichtigste Abweichung von den Grundprinzipien des österreichischen Verfassungsrechtes liegt darin, daß das sekundäre EU-Recht nicht *"vom Volk ausgeht"* (Art. 1 BVG), sondern von Organen erzeugt wird ("Rat", "Kommission"), die keine ausreichende demokratische Legitimation durch das österreichische Volk besitzen.

[161] Vgl. EbzRV 1546 BlgNR 18. GP, 3. Eine Gesamtänderung der Bundesverfassung liegt nach herrschender Ansicht dann vor, wenn zumindest ein Grundprinzip der Bundesverfassung beseitigt oder wesentlich abgeändert wird; vgl. *Walter/Mayer*, Grundriß des österreichischen Bundesverfassungsrechts, 8. Auflage, Wien, 1996.

[162] Bundesverfassungsgesetz über den Beitritt Österreichs zur EU (EU-BVG) BGBl. 363/1994 vom 5. Mai 1994.

[163] Dieses Verhandlungsergebnis, das somit die Grundlage für die Prüfung der Verfassungskonformität des Beitrittsvertrages ist, wurde nicht im Bundesgesetzblatt kundgemacht. Es wurde allerdings von der Bundesregierung dem Parlament zugeleitet, vgl. dazu II-176 Blg-NR 18. GP: Ergänzung des Berichts der Bundesregierung über das Ergebnis der Verhandlungen über den Beitritt Österreichs zur EU. Hinsichtlich der Verfassungskonformität des Beitrittsvorganges siehe *Griller*, Verfassungsfragen der österreichischen EU-Mitgliedschaft, 1995, S. 4.

[164] Vgl. den AB zum EU-Beitritts-BVG, 1600 BlgNR 18. GP, 13 f.

der österreichischen Rechtsordnung für die gesamtändernden Wirkungen einer EU-Mitgliedschaft. Insofern gilt auch für Österreich der Grundsatz der unmittelbaren Anwendbarkeit sowohl als auch der Anwendungsvorrang des Gemeinschaftsrechts[165].

Nach dem Ergebnis der Volksabstimmung am 12. Juni 1994, bei der 66,58% der abgegebenen Stimmen bei einer Beteiligung von ca. 88% der Stimmberechtigten für einen Beitritt Österreichs zur EU votierten[166], wurde der Beitrittsvertrag am 24. Juni 1994 anläßlich des Europäischen Rates in Korfu von allen Vertragsparteien unterzeichnet. Damit konnte der Ratifikationsprozeß gemäß Art. 0 EUV geregelt werden. Das österreichische Ratifikationsverfahren begann mit einer Sondersitzung des Nationalrates am 11. November 1994 [167], und der Beitrittsvertrag wurde mit 141 Pro-Stimmen und 40 Gegenstimmen angenommen. Im Anschluß daran erfolgte die Genehmigung durch den Bundesrat am 17. November 1994. Als Beitrittsdatum war der 1. Jänner 1995 vorgesehen, unter der Voraussetzung, daß bis dahin alle Ratifikationsurkunden[168] – auch die der Mitgliedstaaten der EU - hinterlegt wären.

Die Rechtsentwicklung in der französischen Republik geht andere Wege. Der Zentralismus und die Einheitlichkeit sind ihre Merkmale. Die Durchsetzung des Europarechts wird zurückhaltend betrachtet, die ungeklärte Frage der Subsidiarität bekräftigt die Ungleichheit der nationalen Gewaltenteilung dieses Mitgliedstaates. Weiterhinaus gibt der langjährige Integrationsprozeß den europäischen Rechtsnormen eine neue Stellung. Die Konfrontation zwischen innerstaatlichem Recht und Gemeinschaftsrecht führt zum Ende der Verdrängung der supra-nationalen Normen.

---

[165] Auf der Grundlage des EU-BVGs erlangen das primäre Gemeinschaftsrecht und das primäre Unionsrecht im engeren Sinn durch die verfassungsmäßige Kundmachung des Beitrittsvertrages mit dem Zeitpunkt seines Inkrafttretens (1. Jänner 1995) Geltung in Österreich und wurden als Gemeinschaftsrecht Bestandteil der österreichischen Rechtsordnung. Dazu EbzRV 1546 BlgNR 18. GP 5; zum Begriff der generellen Transformation vgl. *Fischer/Köck*, Allgemeines Völkerrecht (4. Auflage 1994), S. 14 f.

[166] Kundmachung der Bundesregierung, BGBl. 735/1994.

[167] Sten. Prot. Nr. 19. GP, 1. Sitzung am 11. November 1994.

[168] Die österreichische Urkunde wurde am 24. November 1994 hinterlegt.

Zweites Kapitel: Zentralismus und Einheitlichkeit als Stolpersteine für die Integration von Frankreich

Die Rechtsnatur des französischen Staates versteht sich im Lichte der Verfassung der V. Republik vom 4. Oktober 1958[169]. Dazu sind einige Fakten der Geschichte seit dem II. Weltkrieg von Bedeutung. Die Verfassung vom 27. Oktober 1946[170], seinerzeit durch Volksentscheid gebilligt, hatte ein klassisches parlamentarisches System geschaffen, in dem die Volksversammlung ein Übergewicht gegenüber der Regierung besaß[171]. Das damals geltende Verhältniswahlrecht gewährleistete zwar eine genaue Repräsentation der öffentlichen Meinung, hatte aber auch eine große Zersplitterung des Parlaments in verschiedene politische Parteien zu Folge. Dies führte zur Instabilität der Koalitionsregierung, welche der charakteristische Zug der IV. Republik werden sollte. Eine Regierungskrise folgte der anderen. Der öffentlichen Meinung schien dieser Zustand der Unsicherheit immer weniger annehmbar. Anläßlich der Ereignisse in Algerien (am 13. Mai 1958) wurde General *de Gaulle* an die Spitze der Regierung berufen. Das Gesetz vom 3. Juni 1958 ermächtigte die Regierung zu allen für eine Wiederbelebung der Nation / *Redressement de la nation* notwendigen Maßnahmen. Außerdem ging am gleichen Tage die verfassungsgebende Gewalt vom Parlament auf die Regierung über, die damit beauftragt wurde, einen Verfassungsentwurf vorzulegen, zu dem auch ein im wesentlichen aus Abgeordneten bestehender Beratungsausschuss / *Comité consultatif* gehört wurde. Am 28. September billigten 67,7% der Stimmberechtigten den Regierungsentwurf; am 4. Oktober 1958 veröffentlicht, wurde er die Verfassung der V. Republik.

---

[169] Zur Verfassung von 1958:

[170] Vgl. *Avril/Vincent*, La IVème République, 1988; *Barsalou*, La mal-aimée, Histoire de la IVème République, 1964; *Burdeau*, Le régime des pouvoirs publics dans la Constitution du 27 octobre 1946, RDP 1946, S. 545; *Elgey*, La République des illusions, 1965 et La République des contradictions, 1968; *Fauvet*, La IVème République, 1964; *Goguel*, Le régime politique français, 1955; *Mendès-France*, Regard sur la IVème République, FS. Léo Hamon, 1982, S. 477.

[171] Dazu *Galichon*, Aspects de la procédure législative en France, RFSP 1954, S. 793; *Goguel*, Les méthodes de travail parlementaire, RFSP 1954, S. 674.

Der Text der Verfassung hat seit 1958 nur wenige Modifikationen erfahren[172], von denen jedoch einige grundlegende Bedeutung haben. Zunächst hat das Gesetz vom 6. November 1962 auf Grundlage eines Referendums / *loi référendaire*[173], das die Direktwahl des Staatschefs einführte, die Verfassung geändert[174]. Diese Maßnahme stattete den Präsidenten der Republik mit einer eindeutigen Legitimation aus und etablierte seinen Vorrang im politischen Leben. Sie hat vielleicht auch das Gleichgewicht zwischen Exekutive und Legislative modifiziert. Auf jeden Fall trug sie dazu bei, das politische System Frankreichs noch mehr auf den Präsidenten hin auszurichten.

Die zweite wichtige Verfassungsänderung hat sich nicht sofort als solche geoffenbart: das Verfassungsgesetz vom 29. Oktober 1974 erweitert das Anrufungsrecht des Verfassungsgerichtshofes / *Conseil Constitutionnel*[175]. Neben den vier Verfassungsorganen: Staatspräsident, Premierminister sowie Präsidenten der Nationalversammlung und des Senates steht nunmehr auch 60 Senatoren oder 60 Abgeordneten die Anrufung des Verfassungsgerichtshofes zu. Es war ein konkreter Schritt für die Bewahrung des Rechtsschutzes, wobei es immer geringere Anrufungsmöglichkeiten gibt, im Gegensatz zu Österreich[176] oder der Bundesrepublik Deutschland[177]. Dieses Recht nutzte nach und nach die parlamentarische Opposition, um durch den Verfassungsrichter

---

172 Verfassungsänderungsges. / *Lois constitutionnelles* vom 4. Juni 1960, 6. November 1962, 30. Dezember 1963, 21. Oktober 1974, 18. Juni 1976, 25. Juni 1992 (zur Ratifizierung des Vertrags von Maastricht) und 19. Juli 1993 (Reform des *Conseil supérieur de la magistrature und der Haute Cour de Justice*). Zu den Verfassungsänderungen im Allgemeinen vgl. *Heymann-Doat*, Les révisions constitutionnelles de la Vème République, La documentation française, Problèmes politiques et sociaux, Nr. 705, 1993.

173 Vgl. dazu *Bastid* u.a., Le référendum est une procédure non conforme à la Constitution. L'Aurore, 13-14 Oktober 1962; *Berlia,* Le problème de la constitutionnalité du référendum du 28 octobre 1962, RDP 1962, S. 936; *Goguel*, Le référendum du 28 octobre et les élections des 18-25 novembre 1962, RFSP 1963, S. 289.

174 Zu dem Rs ob der Rückgriff auf Art. 11 zur Verfassungsreform verfassungsmäßig war, obwohl Art. 89 das Vorgehen ausdrücklich regelt, vgl. *Conac-Luchaire* (Hrsg.), La Constitution française I, 1979, S. 252f. m. w. Nachw.

175 Dazu Art. 61 Abs. 2 der Verfassung der V. Republik; vgl. *Turpin*, Contentieux constitutionnel, 1986.

176 Dazu Art. 137 bis 148 BVG.

177 Dazu insbesondere Art. 93 und Art. 100 GG.

Meinungsverschiedenheiten mit der Parlamentsmehrheit entscheiden zu lassen. Das Anrufungsrecht hat dazu beigetragen, die verfassungsrechtliche Stellung der Opposition zu präzisieren, indem es dem Verfassungsgerichtshof eine juristische Mission mit politischen Konsequenzen erteilte. Außerdem zeigt der Vergleich zwischen den beiden Verfassungsgerichten, daß im föderalistischen Staat eine größere Bürgernähe besteht, insbesondere in der direkten individuellen Anrufung des Bürgers, oder im Lichte der Vielzahl der Anrufungen *a posteriori* (nach der Verkündung) im Gegensatz zum französischen System, in dem nur politische Komponenten das Recht haben, sich an den Verfassungsgerichtshof zu wenden, und dies noch dazu nur *a priori* (vor der Verkündung). Diese wesentlichen Unterschiede zeigen inwiefern die nach dem Krieg gegründete französische Institution (1945) die nationalen Traditionen umgestürzt hat. Auch in der französischen Verwaltungsstruktur lassen sich zwei Organisationstypen unterscheiden: die Gebietskörperschaften / *Collectivités territoriales* und juristischen Personen des öffentlichen Rechts mit Sonderaufgaben, wie nichtselbständige öffentlich-rechtliche Anstalt / *Etablissements publics, administratifs,* oder öffentlichrechtliche Wirtschaftsanstalt / *industriels et commerciaux* und Staatsbetriebe / *Entreprises publiques* (einige sind Anstalten des öffentlichen Rechts / *Etablissements publics*, andere Aktiengesellschaften / *Sociétés anonymes* mit öffentlichem Kapital)[178]. Zuvor ist jedoch auf die wesentlichen Organisationsprinzipien der französischen Verwaltung einzugehen. Zwei Merkmale sind bis heute für die französische Verwaltungsstruktur bestimmend geblieben: die Zentralisierung und die Einheitlichkeit der rechtlichen Bestimmungen.

1. Die Organisationsprinzipien

1.1. Der ständige Zentralismus und die schwierige Dekonzentration

Der französische Zentralismus[179] ist zunehmend ins Kreuzfeuer der Kritik geraten und wird als größter Schaden Frankreichs betrachtet. Dies bedeutet u.a. die Unfähigkeit, wichtige Rs an Ort und Stelle lösen zu

---

[178] Vgl. *Dupuis, Guédon, Chrétien*, Droit administratif, 1998, S. 267.

[179] Vgl. *Moreau*, Administration régionale, départementale et communale, 1989; *Boulouis*, Une nouvelle conception institutionnelle d'administration territoriale, AJDA 1982, S. 303; *de Laubadère-Venezia-Gaudemet*, Manuel de droit administratif, 1991.

können[180]. Tatsächlich entspricht sie dennoch einer sozialpolitischen Realität, die sich aus dem Nationalstaat entwickelte. Dieses Phänomen geht nicht, wie es einer verbreiteten Ansicht entspricht, auf die französische Revolution zurück, sondern bereits auf die Zeit davor während der absolutistischen Regierungsform in Frankreich / *Ancien Régime*[181]. Die Revolution und *Napoléon I.* haben sie lediglich vervollkommnet. Alter und Permanenz der Zentralisierung erklären ihre bis heute erhaltene Bestandkraft, auch wenn man versucht, sie durch eine gewisse Dekonzentration und Dezentralisierung abzubauen, um sich der europäischen Rechtsordnung anpassen zu können.

Die schüchterne Dekonzentration, die Schritt für Schritt eingeführt wurde, ist dabei nur eine Spielart der Zentralisierung, schwächt diese jedoch keinerlei ab[182], im Gegenteil. Sie soll die Verwaltung näher an den Verwalteten heranbringen. Die Entscheidungen sollten nicht mehr nur in den Pariser Büros fallen, sondern in Verbindung mit den örtlichen Gegebenheiten. Die Verwaltung wird deshalb seit 1790 einem Beamten übertragen, der Präfekt / *Préfet*[183], oberster französischer Regierungsbeamter in einem *Département*, der auf lokaler Ebene und nicht in einer zentralen Behörde tätig ist. Er bleibt indes Vertreter der Zentralgewalt und handelt nicht im eigenen, sondern im Namen der Regierung. Er repräsentiert den Staatswillen. Sie ist ein Bestandteil des Zentralismus

---

[180] *Gravier*, Paris et le désert français, Verlag Flammarion, 1947.

[181] Vgl. *Clerel de Tocqueville*, L'Ancien Régime et la Révolution, oeuvres complètes (t. 2), Gallimard Verlag (NRF), 1953; oder *Tocqueville*, Robert Lafont Verlag, 1991.

[182] Vgl. *Prélot-Boulouis*, Institutions politiques et droit constitutionnel, 1990, S. 251.

[183] Dazu Art. 3 des Gesetzes vom 28 Pluviôse An VIII , der Präfekt/*Préfet* ist der Vertreter der Regierung im *Département*. Diese waren ursprünglich (1790) rein künstliche Gebilde; als es während der französischen Revolution um eine Aufteilung des Territoriums ging, die alle föderalistischen Tendenzen im Sinne der Provinzen des *Ancien Régime* verhinderte, wählte man für die Einteilung die Distanz der Tagesleistung einer Postkutsche als Kriterium. Trotz häufiger Kritik an dieser künstlichen Gliederung haben die *Départements* bis heute überlebt. Gegenwärtig gibt es 94 *Départements* in Frankreich; vgl. im übrigen *de Laubadère-Venezia-Gaudemet*, Fn 176, S. 183 f.; *Prélot-Boulouis*, Fn 179, S. 140.

und eine Komponente der exekutiven Gewalt[184]. Wie man bildlich gesagt hat, *"schlägt der gleiche Hammer zu, nur der Arm ist kürzer"*[185].

Demgegenüber verfolgt die sog. Dezentralisierung[186] weitergehende Ziele. Ausgangspunkt ist die Feststellung, daß es lokale Interessen gibt, die einer zentralen Regelung zu überlassen unnütz oder sogar gefährlich wäre und die demnach gewählten örtlichen Organen anzuvertrauen sind. Dies setzt voraus, daß Gemeinschaften auf unterer staatlicher Ebene das Selbstverwaltungsrecht zuerkannt wird. So gesehen bedeutet die Dezentralisierung vor allem eine Reaktion gegen die Omnipotenz der Hauptstadt Paris. Kennzeichnend hierfür sind gewählte Organe, welche die untere Einheit in eigener Verantwortung verwalten[187].

Aufsichtsbefugnisse einer höheren Stelle wahren den Zusammenhalt und die Einheitlichkeit der Entscheidungen. Dem dient bei der Dekonzentration die Staatsaufsicht oder Fachaufsicht [188] / *Pouvoir hiérarchique* und bei der Dezentralisierung die Rechtsaufsicht / *Contrôle de tutelle*. Die Fachaufsicht wird von der vorgesetzten Stelle ausgeübt und umfaßt die Anweisungsbefugnis / *Pouvoir d'instruction,* das Abänderungs- und Aufhebungsrecht / *Pouvoir de réformation et d'annulation,* sowie die Einschaltungs- und Ersetzungsbefugnis / *Pouvoir d'évocation et de substitution.* Die Staats- oder Fachaufsicht kann sogar ohne ausdrückliche Gesetzesgrundlage ausgeübt werden. Die Rechtsaufsicht hat dieselbe Zielsetzung; die Mittel sind hier aber beschränkter. Anweisungs-, Abänderungs- und Einschaltungsbefugnis scheiden aus. Aufhebungs- und Ersetzungsbefugnis sind an strengere Voraussetzungen geknüpft. Er beinhaltet lediglich eine Legalitätskontrolle unter Einschaltung des Verwaltungsgerichts durch den Präfekten. Das zweite Charakteristikum

---

[184] Dazu frz. Regierungsges. Nr. 97-463 vom 9. Mai 1997 zur Änderung des Orientierungsges. Nr. 92-125 vom 6. Februar 1992 zur territorialen Verwaltung der Republik, sowohl als auch das Regierungsges. Nr. 92-604 vom 1. Juli 1992 über die Dekonzentrationscharta (JO 10. Mai 1997, S. 7103).

[185] *Prélot-Boulouis*, Fn 179.

[186] Dogmatisch *Eisenmann*, Centralisation et décentralisation, 1948. – Rechtsvergleichend: *Flogatis*, La notion de décentralisation en France, en Allemagne et en Italie, 1979; *Colloque de Strasbourg*, La décentralisation française et l'Europe, Ausgabe Pouvoirs locaux, August 1993.

[187] Dazu *Eisenmann*, Fn 183.

[188] Vgl. *Rivero*, Droit administratif, 1990, Nr. 323-329; *Vedel-Delvolvé* II, S. 546 ff.

der Verwaltungsstruktur ist die künstlich eingeführte Gleichförmigkeit, die Einheitlichkeit der Organisation.

1.2.Die künstliche Einheitlichkeit

Der französische Staat ist mit dem Prinzip der Einheitlichkeit geregelt. Dies heißt, daß das Zentrum die ganzen Entscheidungen zu sich nimmt, damit diese gleichermaßen auf dem ganzen Territorium angenommen werden. Dieser Gedanke existiert seit der alten Zeit, als die *Capétiens*[189] an der Macht waren, und wurde mit der einheitlichen und unteilbaren Republik der *Jacobins*[190] (Zentralisten) weiter verteidigt. Lokale Eigenschaften wurden aufgeputzt, insbesondere mit der von *Napoléon I.*[191] gegründeten Funktion des Präfekten, *"der einzige Verwaltungsbeautragte"*[192]. In anderen Worten, führt der Zentralismus[193] zur Einheitlichkeit der Staatsorgane, mit einer Exekutiven Gewalt, einem Parlament aber lange Zeit ohne Regionale Legislative Verwaltung, mit einer Judikativen Gewalt, sowohl als auch der Einheitlichkeit der juristischen Ordnung, mit einem öffentlichen Recht und als Folge, einem privaten Recht[194]. Diese Zusammensetzung ist aus juristischer Sicht

---

[189] Dritte Dynastie der Könige von Frankreich, die im Jahre 987 den Karolingern / *Carolingiens* mit *Hugues Capet* bis *Charles IV. le Bel* (1328) nachfolgte.

[190] Es handelte sich um eine aus der Revolution gegründete Gesellschaft, die mit dem Namen *"Club breton"* von *Lanjuinais* (1753 – 1827) und *Le Chapelier* (1754 – 1794) in Versailles 1789 gegründet wurde. Sie spaltete sich in zwei Linien nach der Flucht von König Ludwig dem XVI. nach Varennes. Später (1792) wurde sie als revolutionäre Regierung betrachtet, die starke zentralistische und diktatorische Thesen verbreitete, bevor sie 1799 definitiv abgelöst wurde.

[191] *Napoléon Bonaparte* (1769 – 1821) mit dem Namen *Napoléon I.* selbst gekrönt.

[192] Der Präfekt hat eine dominierende Stellung im französischen Staat. Er übt eine Staatsaufsicht über die Entscheidung des Départementrates / *Conseil Général*, und kann das Verwaltungsgericht anrufen, wenn Zweifel an der Rechtsmäßigkeit der Beschlüsse bestehen. Der Präfekt kann auch Flächennutzungs- und Baugenehmigungen erteilen. Dazu *Fromont*, DVBl. 1985, S. 424. Sie sind Staatsbeamte, die dem französischen Innenminister unterstehen.

[193] Der Zentralismus wird auch in der französischen Geographie augenfällig, im Lichte eines Straßen- und Schienennetzes, das von Paris aus wie ein Stern aussieht.

[194] Man soll hier aber auch das lokale Recht von Elsaß und Lothringen erwähnen, das seit dem Konkordat in drei *Départements* (Unter-Rhein, Ober-Rhein und Mosel) aufrecht geblieben ist, und spezifische Regelungen für Universitäten, Liegenschaften und Grundbücher, sowohl als auch im sozialen Bereich die französischen öffentlichrechtlichen Juristen[194]. Siehe dazu Ges. vom 1. Juni 1924; vgl. *Herzog*, in Les collectivités locales, 1979; *Actes du colloque de Strasbourg*, La situation du

denkbar und in der Gegenwart aktuell, aber *"führt zur Apoplexie des Zentrums sowohl als auch zur Lähmung und Machtlosigkeit der äußersten und lokalen Ebene"*, so *Lamennais*[195].

Aus der Perspektive des Europarechts steht die Situation Frankreichs, insbesondere gegenüber der EMRK, dem Kern unserer Analyse, im Mittelpunkt der Aktualität[196]. Dazu gärt in Frankreich der Streit über die Anerkennung der Minderheitensprachen im Zentralstaat. Die Regierung in Paris hatte die Charta des Europarates über den Schutz und die Förderung der Regional- und Minderheitensprachen 1992 bereits gebilligt, aber erst im Mai 1999 unterzeichnet, obwohl diese internationale Norm wegen zentralistischem und einheitlichem Bedenken bis heute nicht ratifiziert wurde. Es nahm sich aus wie eine Kulturrevolution, als die sozialistische Regierung *Jospin* im Mai 1999 die Europarats-Charta über den Schutz und die Förderung der Regional- und Minderheitensprache unterzeichnete. *"Der Respekt und die Förderung des Pluralismus setzen voraus, daß der Beitrag der regionalen Sprachen und Kulturen zu unserem nationalen Kulturerbe anerkannt wird"* sagte der Premier Minister. Die obersten Verfassungshüter machten der Regierung einen Strich durch die Rechnung, und wiesen die Charta als "verfassungswidrig" zurück, was die Ratifizierung der internationalen Norm durch das französische Parlament blockiert. Staatspräsident *Chirac*, der sich gegenüber der Charta zunächst aufgeschlossen gezeigt hatte, lehnt eine Verfassungsrevision ab, die die formalen Hindernisse aus dem Weg räumen könnte. Der Umstand, daß seine Gaullistenpartei "Vereinigung für die

---

droit local alsacien-mosellan, 1984. Dies betrifft in verschiedener Weise aber auch einerseits die Übersee-départements, die D.O.M. (Guadeloupe, Guyane, Martinique und die Réunion) unter dem Prinzip der legislativen Anpassung der Metropolges. (dazu Ges. vom 19. März 1946) und andererseits die Übersee-Territorien, die T.O.M. (Nouvelle-Calédonie, Polynésie française, und Wallis - Futuna) unter dem Prinzip der Autonomie (Art. 74 der Verfassung der V. Republik) oder der legislativen Spezifizität.

195 *Félicité Robert de Lamennais* (1782-1854); vgl. dazu *Gravier*, Paris et le désert francais, 1947. Die Verweigerung der Unterschiede, im Gegensatz zu Österreich, seit langem das französische Übel. Schon im XVIII Jh. stellte *Montesquieu* fest, daß es *"in Frankreich nur Paris und die entfernten Provinzen gibt, weil Paris noch nicht die Zeit hatte sie außzuessen"*.

196 Dazu *Die Presse* v. Donnerstag, den 1. Juli 1999, *"Frankreichs Zentralisten schlagen zurück: Keine Zugeständnisse an die Minderheiten"*, S. 3.; vgl. dazu *Dernières Nouvelles d'Alsace* von Donnerstag, den 17. Juni und Freitag, den 18. Juni 1999.

Republik / *Rassemblement pour la République* (RPR)" bei den Europa-Wahlen von den national-patriotischen gaullistischen Dissidenten unter *Charles Pasqua* und *Philippe de Villiers* "Sammlungsbewegung für Frankreich / *Mouvement pour la France* (MPF)" übertrumpft wurde, dürfte zum Meinungsumschwung des Staatspräsidenten beigetragen haben. Zahlreiche Intellektuelle und Parlamentarier, die gegen die Charta Sturm laufen, haben einen Appell unter dem Titel *"Gefahr für die Republik"* unterzeichnet. Die Unterzeichner wollen den Gebrauch der Regionalsprachen auf die "Privatsphäre" beschränken und wenden sich verhement gegen *"eine Form von positiver Diskriminierung zugunsten der Regionalsprachen"*. Daß Bretonisch, Elsäßisch, Baskisch, Katalanisch, Korsisch, Okzitanisch oder Flämisch (das an der belgischen Grenze zwischen Dunkerque und Lille gesprochen wird), in den Schulen, in den Medien oder gar durch öffentliche zweisprachige Aufschriften gefördert werden sollen, geht dem national-patriotischen Lager von links bis rechts gegen den Strich. *"Das ist die Rückkehr ins Mittelalter"*, ereiferte sich der gaullistische Abgeordnete *Jacques Myard*, einer der Wortführer der Initiative. Im Verein mit linkssozialistischen Kollegen verweist *Myard* auf den *"totalen Wiederspruch dieser Charta zur republikanischen Tradition in Frankreich"*. Das Dokument des Europarates mißachte die *"Einheit von Volk und Territorium"* und widerspreche dem Gleichheitsprinzip. Im überwiegend Charta-freundlichen Regierungslager wiederum tanzte der linkssozialistische Innenminister *Jean-Pierre Chevènement*, Leiter der Partei "Bürgerbewegung / *Mouvement des citoyens*" aus der Reihe. Den sprachlichen Minderheiten in Frankreich ein Statut zu verschaffen, käme *"einer Balkanisierung Frankreichs"* gleich, meinte der Minister und lobte die Entscheidung des Pariser Verfassungsgerichtshofes. Einige Charta-Gegner gingen in ihrer Kritik noch weiter. Sie vermuten einen Versuch der *"Demontage der europäischen Nationalstaaten und ihrer Verwässerung in einem integrierten Europa"*. Die Charta führe zur Ersetzung des *"Nationalstaates durch regionale Mikro-Einheiten, deren Identität ausschließlich auf ethnischer und sprachlicher Basis beruht"*. Bei den Vertretern der Minderheiten macht sich herbe Entäuschung breit. *Joseph Martry*, einer der Proponenten der bretonischen Sprach- und Kulturbewegung, hatte die Unterzeichnung der Charta durch die Regierung bereits *"den wichtigsten Akt seit der Verabschiedung der Dezentralisierungsgesetze von 1982"* bezeichnet. Das Verhältnis zwischen dem Zentralstaat und der bretonischen, baskischen oder elsässischen Peripherie, prophezeite *Martry*, werde sich nun *"entkrampfen"*. Jetzt aber fühlt sich diese

"Peripherie" erst recht und wohl auch zu Recht unverstanden und schlecht behandelt. Beim elsässischen "Komitee für die Unterzeichnung der Charta des Europarates" heißt es nun: *"Dieser Republik kann man wirklich kein übersteigertes Selbstvertrauen nachsagen. Wie solide ist sie überhaupt, wenn sie ihre Regionalsprachen so sehr fürchtet?"*. Auch der linke Pariser Verfassungsrechtler *Guy Carcassonne* glaubt in der Entscheidung seiner Kollegen vom Verfassungsgerichtshof eine *"ideologische Verkrampfung"* entdecken zu können. Frankreich habe Besseres zu tun, findet *Carcassonne*, als zu Beginn des 21. Jahrhunderts den alten Streit zwischen den Zentralisten / *Jacobins* und den Regionalisten / *Girondins* wieder aufzunehmen: *"Ziel der Charta ist nicht mehr und nicht weniger, Sprachen, die es – wie das Baskische und das Bretonische – schon lange vor dem Französischen gegeben hat, weiterlebenzulassen"*. Die Begründung bleibt die zentralistische und künstliche Einheitlichkeit des Staates aufgrund Art. 2 der Verfassung der V. Republik[197]. Man fragt sich auf der internationalen Szene, was eine Nation dazu noch eine *"grande Nation"* ist, und ob sie gemäß dem europäischen Integrationsprozeß und den europäischen Rechtsschutzprinzipien ihre Pflichten wirklich erfüllt. Sie vertrete letzlich das Konzept, wonach die Sprache und damit die ethnische Zugehörigkeit das ausschlaggebende Kriterium für die nationale Zugehörigkeit sei, während es die republikanische Tradition jedem ermögliche, am nationalen Projekt teilzuhaben und französischer Staatsbürger zu sein oder zu werden. Diese Zentralisten warnen ohne wissenschaftliche Begründung vor *"künstlichen Differenzen, die geschützt sind"* wobei es sich in der Tat, um natürliche Verschiedenheiten handelt, die den französischen Staat bilden und künstliche Organisationsprinzipien gestalten.

Gegen den Mythos von der – auch sprachlich – „unteilbaren Republik" sind Parlamentarier aus den betroffenen Gebieten in den vergangenen zwanzig Jahren mit insgesamt 52 Gesetzesvorschlägen angerannt. Aber kein einziger dieser Entwürfe, die mehr Raum, Mittel und Rechte für die Minderheitensprachen forderten, war je auf die parlamentarische

---

[197] Art. 2 der Verfassung der V. Republik: *"Frankreich ist eine unteilbare, laizistische, demokratische und soziale Republik. Es gewährleistet die Gleichheit aller Bürger vor dem Gesetz ohne Unterschied der Herkunft, Rasse oder Religion. Es achtet jeden Glauben. Das nationale Emblem ist die blau – weiß – rote Trikolore. Die Nationalhymne ist* La Marseillaise. *Der Wahlspruch der Republik lautet: Freiheit, Gleichheit, Brüderlichkeit. Ihr Grundsatz ist: Regierung des Volkes durch das Volk und für das Volk. Die Sprache der Republik ist französisch"*.

Tagesordnung gelangt. Übrigens war schon *Charles de Gaulle* bei seinem Versuch gescheitert, die regionale Dimension in die zentralistische französische Tradition einzubringen. *"Das über Jahrhunderte verfolgte Bemühen um Zentralisierung ist inzwischen hinfällig"*, hatte der General konstatiert. Man hat ihn damals nicht verstanden. Man versteht ihn offenbar auch jetzt noch nicht.

In der Praxis wurde eine begrenzte Dezentralisierung eingeführt[198] mit dem Ziel mehr Demokratie zu entwickeln. Dies entspricht der Auffassung der damaligen Regionalisten[199], die zur Zeit der Revolution gegen die Vorherrschaft der zentralen Macht gekämpft hatten. Diese Dezentralisierung ist ein Kompromiß zwischen der Verwaltungsmacht der Regierungsvertreter einerseits und Volksvertretern andererseits[200]. Dies führte Frankreich auf einen, paradoxerweise, längeren Weg zur Europäischen Integration.

2. Eine zurückhaltende Durchsetzung des Gemeinschaftsrechts

2.1. Subsidiarität: eine abwehrende Haltung des Zentralstaates

Mit der Verankerung des Subsidiaritätsprinzips im Vertrag von Maastricht glaubten die französische Regierung und die *Départements* eine Handhabung gefunden zu haben, gegen die nicht eindeutig vertraglich begründete Einmischung von europäischer Seite. Wie in den deutschen Bundesländern machten sie sich daran, das Bestehen des Gemeinschaftsrechts konsequent nach "unsubsidiären Regelungen" zu durchforsten. Es wurde deshalb die Rücknahme bzw. Änderung von Rechtsakten im Namen der Subsidiarität gefordert. Aber allgemein herrscht eine abwehrende Haltung des Zentralstaates gegenüber der Durchsetzung des Subsidiaritätsprinzips, denn diese sei in Frankreich ohne objektive

---

[198] Dazu Ges. vom 2. März 1982, JCP 1982 III, 52393, zit.: *"die Gemeinden, die Départements und die Regionen verwalten sich selbst durch gewählte Räte, in freier Form"*.

[199] Es handelte sich in der Zeit der französischen Revolution um eine politische Gruppe die sog. *Girondins*, die aus Journalisten und Rechtsanwälten gebildet wurde, und der Mittelklasse / *Bourgeoisie* angehörte, die gegen die Wiederherstellung des *Ancien Régime*, der Monarchie, sowohl als auch gegen Reformen zugunsten der Arbeiterklasse war.

[200] Dazu *Gicquel*, Droit constitutionnel et institutions politiques, 1998, S. 77 u.a.

Begründung gewesen[201]. Die französische Position bleibt immerhin noch skeptisch. Man fragt sich, inwiefern dieses Prinzip die Souveränitäts- und Autoritätsbeziehungen zwischen EU und Mitgliedstaaten definitiv regeln kann. Dafür sollten einerseits die Anwendung und andererseits die Konsequenzen der Subsidiarität streng geregelt werden, ansonsten könnte sie als Weisungsprinzip für die Organisation des sozialen Lebens in Europa gelten, so die französische Interpretation. Die Anerkennung einer solchen Rolle kann zur Beeinflussung der Beziehungen zwischen den Bürgern und der öffentlichen Gewalt in Europa führen, was für Frankreich unannehmbar ist, da die öffentliche Gewalt als Befehlsverwaltung[202] betrachtet wird und deshalb nicht gerne unter einem anderen Prinzip steht und deshalb auch über den Bürger zahlreiche ungleiche Prerogativen[203] verfügt. Insofern soll dieses Problem im Lichte der nationalen Traditionen[204] durchleuchtet werden. Das bedeutet für Frankreich, daß ein Prinzip in der juristischen Normenhierarchie nur einen Rang haben darf, wenn es selbstgenügsam ist, d.h., daß es keine unterschiedlichen oder widersprüchlichen Interpretationen duldet, die das soziale Korps spalten statt einigen. Aus dieser Sicht ist das Subsidiaritätsprinzip für Frankreich nicht zufriedenstellend, da es eigentlich ambivalent ist. Deshalb kann kein Richter - sei er national oder europäisch – eine objektive Anwendung garantieren. Das im Vertrag von Maastricht formulierte Prinzip löst in der französischen Rechtsordnung bzw. der Verfassungsordnung eine wesentliche Unruhe aus. Gegen diese Störung ist um so schwerer anzukommen, als in Frankreich die Verfassung Vorrang gegenüber den internationalen Verträgen hat. Diese können ein Gesetz nur ersetzen unter der Voraussetzung, die verfassungsrechtliche Ordnung zu bewahren und wenn die Anwendung der internationalen Regel der Gegenseitigkeit entspricht.

---

[201] Vgl. dazu *Lefebvre*, Le principe de subsidiarité et l'Union européenne, Tagung des Europäischen Zentrums für Föderalismus-Forschung in Zusammenarbeit mit dem Staatsministerium Baden-Würtemberg, 18.-20- Mai 1995, Schloß Bebenhausen/Tübingen.

[202] Seit *Napoléon I.* wird die französische Verwaltung als Befehlsverwaltung / *Administration de commandement* genannt.

[203] Die Prerogativen der öffentlichen Gewalt / *Prérogatives de puissance Publique*, insbesondere der Verwaltung.

[204] Dazu die Rolle des übertriebenen Zentralismus und der künstlichen Einheitlichkeit.

Im Gegenteil dazu erkennen viele französische Dogmatiker[205] dieses Prinzip als soziale und ethische Norm, die moralisches und politisches Verhalten in einer einfachen Gesellschaft beeinflussen kann. Als philosophische und politische Idee kann dieses Prinzip für den Aufbau eines französischen Rechtsstaates gelten, wenn wesentliche verfassungsrechtliche und verfahrensrechtliche Hürden überwunden werden. Aus französischer Sicht kann sich das Subsidiaritätsprinzip insofern nicht behaupten, als es weder einen französischen noch einen europäischen Rechtsstaat gründet. In der Tat ist die Anwendung dieses Prinzips durch die heutige Komplexität der Gesellschaft[206] schwieriger geworden. Dazu folgt für den französischen Dogmatiker, daß es unbestimmt ist, welches Organ kompetent ist, die Mängel des anderen - des wichtigeren oder des weniger wichtigen - zu identifizieren. Dabei wird betont, daß die Kriterien, auf die man sich stützt, unsicher sind, um ein anderes Organ in seiner Tätigkeit zu ersetzen. Diese Wahl hat der Art. 3 B EUV nicht getroffen. Der Beweis dafür ist, daß darüberhinaus noch in der Öffentlichkeit debattiert wird. Für die einen ist eine Rationalisierung der Kompetenzenverteilung zwischen den Autoritäten der Europaverträge und den Mitgliedstaaten wichtig. Für die anderen dagegen ist eine andere Lösung durch die Kontestation dieses Prinzips zu finden.

Diese Frage der Kompetenzenverteilung ist in der Hinsicht allgemein für Bundesstaaten – insbesondere für Österreich - wichtiger als für europäische Zentralstaaten wie Frankreich. Statt als Prinzip wird die Subsidiarität in der französischen Rechtsordnung als ein Verfahren betrachtet, um sich gegenüber einem Mangel abzusichern. In diesem Sinne verläuft die Debatte über die Ziele der europäischen Verträge, um festzustellen, ob der effiziente Rechtsschutz der Kapazität der Mitgliedstaaten entgeht oder nicht. Dazu kommt, daß der Unionsvertrag die exklusiven Kompetenzen nicht klar definiert. Andererseits ist es schwer, die Mängel der EU festzustellen, Beweise zu sammeln, und unmöglich, daraus juristische Konsequenzen zu ziehen, da die Union politisch nicht

[205] Insbesondere *Lefebvre*.

[206] Die europäische Gesellschaft ist deshalb komplexer geworden, weil sie aus einem religiösen und ethischen Pluralismus besteht. In einer maximalistischen Interpretation kann jede Gemeinschaft, aus freier Wahl, autonom werden. Dies führt insbesondere in Frankreich zu Gewalttaten der Freiheits- und Unabhägigkeitsbewegungen (ETA Militaire im Baskenland, FLNKS in der Nouvelle – Calédonie, FLNC in Korsika). Eine minimalistische Vision begrenzt die Kapazität der Unabhängigkeit, und untersteht einer höheren Gewalt. Insofern sind mehrere Interpretationen möglich.

verantwortlich[207] ist im Gegensatz zu den Mitgliedstaaten, die aufgrund ihrer respektiven Verfassung für jede Handlung haften. Auch wenn der EuGH in diesem Fall für die Rechtsstreitigkeiten zuständig ist, wird die Legitimität und die Legalität der Norm *a posteriori* definiert, d.h., daß die politischen Entscheidungen längst getroffen sind. Außerdem ist der Begriff *"Ziele auf Gemeinschaftsebene besser realisiert werden"* vom Art. 3B EUV für französische Verhältnisse unklar - bzw. in der Agrarpolitik - und es gibt nur wenige Beispiele, bei denen eine Intervention auf Gemeinschaftsebene besser wäre, als die der nationalen Regierungen. Die französischen Dogmatiker finden, daß das Subsidiaritätsprinzip die erforderlichen Eigenschaften nicht besitzt, um in einer stabilen Rechtsordnung zu funktionieren, die für alle Mitgliedstaaten gleich wäre, und auf Dauer und systematisch die Kompetenzen zwischen der Union und den Mitgliedstaaten verteilen könnte. In Gegenteil hatte dieses Prinzip eine wichtige Rolle für die Organisation der französischen Institutionen gespielt, insbesondere in der Entlastung der Staatsaufsicht und der Interventionskapazität der höheren Gebietskörperschaften. Insofern könnte die Subsidiarität die französische Dezentralisierung unterstützen, und einen Versuch darstellen, einen Riß in die künstlichen Einheitlichkeit zu bringen. Da aber der Zentralstaat nur eine Souveränitätsquelle hat, nämlich die Nation, und einen Normenerzeuger, nämlich der Zentralstaat selbst, bleibt die französische Gewaltenteilung noch ungleich. Die Folge ist, daß Frankreich sich an das Europarecht nur schwierig anpaßt und sein Weg in die europäische Integration ein komplizierter ist.

2.2. Die ungleiche Gewaltenteilung

Das französische Staatsoberhaupt und die Regierung spielen eine wesentliche Rolle in der Ausarbeitung und Herstellung der nationalen Positionen, an denen sich das Parlament nur unbedeutend beteiligt. Der zentralistische Charakter und die künstliche Einheitlichkeit der französischen Republik erklären die indirekte Rolle und die geringfügige Beteiligung der Gebietskörperschaften an der Durchführung der nationalen Positionen und des Europarechts.

---

[207] Dazu der *Cresson* - Skandal in der Kommision im Mai und August 1999, insbesondere wegen ihrer Vetternwirtschaft.

2.2.1. Die Vorherrschaft des Präsidenten und der Regierung

Ganz allgemein wird die wichtigste Entscheidungsmacht in der V. Republik durch das Staatsoberhaupt ausgeübt[208]. In seinen politischen und juristischen Tätigkeiten im europäischen Bereich wird der Staatspräsident von einem Sonderbeauftragten / *Conseiller pour les Affaires européennes* [209] für europäische Angelegenheiten unterstützt, der in Koordination mit dem Premier Minister arbeitet, sowohl als auch mit dem Minister für Auswärtige Angelegenheiten und dem beistehenden delegierten Minister für Europäische Angelegenheiten, dessen Befugnisse mit den Regierungsverordnungen[210] vom 4. August 1984 und 27. Mai 1988 definiert wurden. Der Minister für Auswärtige Angelegenheiten spielt eine Schlüsselrolle in der Ausarbeitung und der Führung der Europa-Politik Frankreichs. Auf Ministerebene hat er in Sache GASP ein Quasi-Monopol. Er stützt sich dabei auf die Sektion für europäische Kooperation / *Direction de la coopération européenne* [211] und auf den Dienst der gemeinsamen Aussenpolitik / *Service de politique étrangère commune* [212], ohne die wesentliche Rolle der juristischen Abteilung / *Direction des Affaires juridiques* [213]. Man darf die wichtige Funktion der Ständigen Vertretung / *Représentation Permanente*[214] nicht vergessen, die den Bindestrich für bilaterale Beziehungen herstellt. Das Wesentliche der interministeriellen Koordination in Gemeinschaftssachen ist durch das Generalsekretariat des interministeriellen Komitees für europäische Wirtschaftskooperation / *Secrétariat général du Comité interministériel pour les questions de Coopération économique européenne* (SGCI)[215] gewährleistet. Diese eher kleine Verwaltungsstruk-

---

[208] Gem. Art. 5 der Verfassung der V. Republik: *"Der Präsident der Republik wacht über die Einhaltung der Verfassung. Er sichert schiedsrichterlich die ordnungsgemäße Tätigkeit der öffentlichen Gewalt sowie die Kontinuität des Staates. Er ist Garant der nationalen Unabhängigkeit, der Integrität des Staatsgebietes, der Einhaltung der Gemeinschaftsabkommen und der Verträge".*

[209] Im Elysée Palast.

[210] Regierungsverordnungen Nr. 84-752 vom 4. August 1984 und Nr. 88-724 vom 27. Mai 1988, JORF vom 28. Mai 1988, S. 7416.

[211] Im Außenministerium / *Ministère des Affaires étrangères, Quai d'Orsay.*

[212] Idem Fn. 208.

[213] Idem Fn. 208.

[214] Im Ausland.

[215] Im Hôtel Matignon.

tur[216] (ungefäht 160 Beamte arbeiten dort) die im Gutachten jedes Ministeriums steht, unterliegt dem Premier Minister und koordiniert die interministeriellen Positionen. Diese Gutachten bilden die Instruktionen für die französischen Verhandlungspartner in den Arbeitsgruppen und im Komitee des Ministerrates, im Ausschuß der ständigen Vertreter der Regierungen der Mitgliedstaaten / *Comité de Représentants Permanents (COREPER)*, im europäischen Rat und, im Fall einer Beteiligung der französischen Beamten, an Expertengruppen der Kommission, die sich mit Vorschlägen für Gemeinschaftstexte befaßt. Um den französischen Geist des Zentralismus zu bestätigen, hat ein Ministererlaß[217] des Premier Ministers vor einigen Jahren an die notwendige französische einheitliche Position erinnert, die das obengenannte Generalsekretariat durch Instruktionen bewahren muß und vor der ständigen Vertretung garantiert soll. Die Rolle dieses Generalsekretariats hat sich auf die Bereiche Justiz und Inneres erweitert[218]. Bei Schwierigkeiten kann sich das Generalsekretariat an die schiedsrichterliche Kompetenz des persönlichen Kabinetts des Premier Ministers oder an diesen direkt wenden. Das Gewicht dieses Sekretariats ist freilich größer, wenn der Generalsekretär selbst – wie es vor einiger Zeit der Fall war – der Beauftragte des Premier Ministers oder des Staatspräsidenten ist. Seit den EEA ist dieses Generalsekretariat auch für die Information der französischen Mitglieder des EP und den Ausschuß der Regionen / *Comité des Régions* beauftragt, Kommissionvorschläge französischer Interessen zu analysieren. Damit werden im pluralistischen EP aus französischer Seite die nationalen Interessen vertreten, trotz einerseits dem Versuch, eine relativ objektive Volksvertretung durch Direktwahlen in Straßburg zu erreichen, aber andererseits parteipolitisch keine nationalen Debatten herauszufordern. Dies zeigt den europaweiten Einfluß des zentralistischen Gedankens, und seine Ausbreitung in den europäischen Institutionen. Um europaweit wettbewerbsfähig zu bleiben wurden im französi-

[216] Dazu Ministerialerlasse des Premier Ministers vom 5. Mai 1986, Nr. 3140/56 über die Regelungen zu den Beziehungen zwischen den französischen Verwaltungen und den Institutionen der Gemeinschaft sowohl als auch vom 22. September 1988 über die Definition der französischen Politik in Gemeinschaftsfragen, JORF vom 15. Oktober 1988, S. 13007.
[217] Dazu Ministererlaß des Premier Ministers vom 21. März 1994 über die Beziehungen zwischen den französischen Verwaltungen und den europäischen Institutionen, JORF vom 31. März 1994, S. 4783.
[218] Dazu Fn. 213.

schen Ministerium für Europäische Angelegenheiten Studiengruppen gegründet, die eine Verbesserung der Hilfsverfahren anstreben.

2.2.2. Die permanente Schwäche des Parlaments

Die gesamte parlamentarische Kontrolle konnte die Ausarbeitung und die Herstellung der Positionen in Gemeinschaftsfragen nicht beeinflussen. Laut Rechtssprechung des französischen Verfassungsrichters sind die Regierungsaktionen durch Parlamentsresolutionen nicht zu beeinflussen. Neue ständige Kommissionen dürfen nicht gegründet werden, weil laut Verfassung[219], die Zahl von sechs nicht überschritten werden darf. Die Versammlungen haben also parlamentarische Delegationen / *Délégations parlementaires*[220] für die Europäischen Gemeinschaften gegründet. Diese Delegationen haben begrenzte Möglichkeiten; sie sollten die Versammlungen[221] über die Tätigkeiten der europäischen Institutionen informieren und die jeweiligen Dokumente an die kompetenten parlamentarischen Kommissionen senden. Das Gründungsgesetz sah voraus, daß die Regierung jedes Dokument und jede Information, die sie von den europäischen Institutionen bekam, den Delegationen zur Analyse und für eine Zusammenfassung übergibt. Ein neues Gesetz[222] hat die Zahl der Delegationen geändert (von 18 zu 36) und die Kontrollmöglichkeiten verschärft. Insofern werden die Delegationen einberufen zur Untersuchung eines gemeinschaftsrechtlichen Dokumentes vor der Annahme im europäischen Ministerrat. Viele Beobachter unterstreichen die Notwendigkeit, die Kompetenzen der Delegationen zu rationalisieren und verlangen die Gründung neuer Institutionen so wie ständiger Kommissionen und die Einführung effizienterer Kontrollverfahren. Aber solche Vorschläge zu finden, die verbesserte Informations- und Kommunikationswege zum Ziel haben und weiterhinaus die Vielfältigkeit der Meinungen gewährleisten und den Bürger in seinen Rechten schützen, verlangen eine Verfassungsänderung in Frankreich. In diesem

---

[219] Art. 43: "*Die Gesetzesentwürfe und Gesetzesvorschläge werden auf Verlangen der Regierung oder mit ihnen befaßten Kammer Ausschüssen zur Prüfung überwiesen, die zu diesem Zweck besonders geschaffen werden*". Abs. 2: "*Die Gesetzentwürfe und Gesetzvorschläge, für die kein solches Verlangen geäußert worden ist, werden einem der ständigen Ausschüsse überwiesen, deren Zahl in jeder Kammer auf sechs begrenzt wird*".

[220] Dazu Ges. Nr. 79-654 vom 6. Juli 1979, JORF vom 6. Juli 1979, S. 1643.

[221] Der Nationalrat / *Assemblée Nationale* und der Bundesrat / *Sénat*.

[222] Ges. vom 10. Mai 1990, JORF vom 11. Mai 1990, S. 5619.

Zusammenhang hat die *Assemblée Nationale* am 15. Juni 1989 in dem Art. 86 ihrer Vorschrift eine Anordnung eingeführt, um die Berichte über die Gesetzesentwürfe, die gemeinschaftsrechtliche Aktivitäten betreffen, mit neuen Informationen zu ergänzen. Dieser neue Art. wurde verfassungsmäßig erklärt[223]. Seinerseits hat der *Sénat* im Jahre 1990 seine Vorschrift geändert, so daß man eine Stunde in der Woche europäische Fragen debattieren kann. Diese Änderung wurde auch verfassungsmäßig erklärt[224]. In der Richtung hat die *Assemblée Nationale* das Verfahren über mündliche Fragen neu geregelt, so daß es jetzt für die europäische Aktualität eine Sitzung im Monat gibt.

Die Kontrolle des Parlaments über die nationalen Positionen hat sich mit der Verfassungsrevision von Juni 1992 verschärft. Der neue Art. 88 Abs. 4 der Verfassung verpflichtet die Regierung dem Parlament alle gemeinschaftsrechtlichen Vorschläge aufzuteilen und zuzusenden. Dazu kommt, daß die *Assemblée Nationale* und der *Sénat,* trotz sanfter Opposition[225] des Verfassungsgerichtshofes / *Conseil Constitutionnel*, Resolutionen entschließen können. Dagegen hat die Anwendung des Art. 88 Abs. 4 Schwierigkeiten geäußert, insbesondere wegen der kurzen Fristen für die Prüfung der gemeinschaftsrechtlichen Akte, die manchmal nach ihrer Annahme im Parlament erfolgt. Die Schwäche des Parlaments ergibt sich auch konkreterweise durch die ständige Opposition in der Interpretation des neuen Art. 88 Abs. 4 der Verfassung zwischen der legislativen und der exekutiven Gewalt, im Lichte der gemeinschaftsrechtlichen Normen der zweiten und dritten Säule der Union. Die Regierung betrachtet, daß der Artikel für diese Normen nicht anwendbar sei, in dem Fall, wo sich das Parlament dafür entscheidet. Auch wenn Änderungsversuche gescheitert sind, wurde eine Zwischenlösung durch einen Brief vom Premier Minister zum Präsidenten der *Assemblée Nationale* gefunden, der die Information des Parlaments in der zweiten und dritten Säule definiert.

Trotz der Anpassungen und des Versuchs, Kompromisse zwischen den Institutionen zu finden, bleibt das französische Parlament im europäi-

---

[223] Entscheidung vom CC Nr. 89-255 DC vom 4. Juli 1989, RJC I-355.

[224] Entscheidung vom CC Nr. 90-282-C vom 8. Jänner 1991, RJC I-417.

[225] Vorschläge dem Parlament mehr Gewicht zu geben, wurden vom Verfassungsgerichtshof / *Conseil Constitutionnel* verweigert, dazu Entscheidung vom CC, RJC I-511 vom 17. Dezember 1992 und RJC I-513 vom 12. Jänner 1993.

schen Integrationsprozeß noch schwach. Auch wenn diese Institution die nationalen Interessen am besten vertritt, hat die Exekutive – die französische Regierung - den größten Einfluß[226]. Diese Divergenzen hinter ein und dem selben Ziel zu einigen ist kein Thema in der französischen Rechtsordnung. Trotz der Verkörperung der Souveränität[227] , bleibt die Legislative im Hintergrund des öffentlichen Lebens und der politischen Entscheidungen. Die Resolutionen der *Assemblée Nationale* haben keine juristischen Konsequenzen; sie sind in ihren Rechtswirkungen von dem Verhältnis zwischen Regierung und Parlament abhängig. Das Parlament verpflichtet sich seinerseits zu einer langfristigen Kontrolle der Resolutionen, wobei sie die Regierung keinerlei zwingen kann, in dieselbe Richtung zu gehen. Die Regierung hat in Frankreich viele Prerogativen, die die Anwendung des Europarechts im innerstaatlichen Bereich reduzieren. Auch wenn das Parlament eine Entscheidung getroffen hat, kann der betroffene Minister den Antrag auf Aufnahme in die Tagesordnung verzögern, so daß die Exekutive immer im Vordergrund bleibt.

2.3. Die indirekte Rolle der Gebietskörperschaften

Der französische Zentralstaat hat sich mit der Wahrnehmung der Gebietskörperschaften schwer getan. Einerseits wurde die Anerkennung solcher europareifen Institutionen in Paris lange verweigert, so daß der Europäische Integrationsprozeß verspätet wurde. Trotz ihrer gegenwärtigen sekundären Rolle haben insbesondere die Regionen / *Régions* mit der Gründung des Ausschusses der Regionen eine konkrete Mitwirkung im politischen Entscheidungsverfahren erhalten, die einen Bindestrich zwischen der internationalen und lokalen Ebene bilden.

---

[226] Dazu Art. 20 der französischen Verfassung: *"Die Regierung bestimmt und leitet die Politik der Nation. Sie verfügt über die Verwaltung und die Streitkräfte. Sie ist gegenüber dem Parlament verantwortlich unter den in den Art. 49 und 50 festgestellten Bedingungen und nach den darin festgelegten Verfahren."*

[227] Dazu Art. 2 Abs. 5 der französischen Verfassung über die Souveränität: *"Ihr Grundsatz ist: die Regierung des Volkes durch das Volk und für das Volk".*

2.3.1. Auf der Suche der Regionen im Zentralstaat

Frankreich ist eine unteilbare Republik[228]. Die Außenpolitik wird deshalb exklusiv von den zentralen Autoritäten und Verwaltungen gestaltet. Insofern gibt es keinen offiziellen Kanal durch den französische regionale Positionen hergestellt werden und in die Öffentlichkeit kommen. Dagegen gibt es für die zentrale Autorität eine Vielzahl von Möglichkeiten, indirekte Wege zu finden, um entsprechende regionale Perspektiven zu sammeln, insbesondere durch die *Assemblée Nationale* oder den *Sénat* oder ganz einfach durch die Lobby Gruppen, die im politischen Umfeld handeln.

Spezifisch im Rahmen der gemeinschaftsrechtlichen Regionalpolitik beteiligen sich die neu gegründeten Regionen / *Régions* immer öfter an der Vorbereitung der französischen Akte und Unterlagen. Diese Herausforderung, eine Regionalpolitik im Zentralstaat zu akzeptieren war nicht einfach, da die Region bis dahin nicht existiert hatte. Die Planungs- und Raumordnungspolitik entstand in der IV. Republik, insbesondere mit der Verordnung vom 30. Juni 1955, die regionale Programme mit demokratischem Gewicht und über regionale Hauptstädte bestimmte. Am 28. Oktober 1956 wurden 22 Regionen gegründet. Trotz dieser einseitigen technokratischen Gründung wurde dieser Entscheidung nie widersprochen. Die ersten staatlichen Dienste wurden 1963 in der *Haute-Normandie* und der *Bourgogne* auf lokaler Ebene eingerichtet. Ab 1964 wurden die staatlichen Institutionen in jeder Region installiert, da diese als Zwischenhändler fungieren. Der Präfekt der Region / *Préfet de Région* wurde gegründet. Sein Auftrag bestand in der Durchführung der zentralistischen Wirtschaftspolitik der Regierung und der Koordination zwischen den Präfekten der unterstehenden *Départements*. Um die Irritationen mit den lokal gewählten Politikern zu vermeiden wurde in jeder Region eine beratende Kommission für die wirtschaftliche Entwicklung / *Commission de développement économique régional (CODER)* gegründet. Das im Jahre 1969 vom *General de Gaulle* verlangte Volksbegehren über die Reformen der Gebietskörperschaften und der Einführung einer direkten Wahl auf regionaler Ebene blieb erfolglos. Trotzdem wurde 1972 die Region offiziell als Anstalt des öffentlichen Rechts /

---

[228] Dazu Art. 2 Abs.1: *„Frankreich ist eine unteilbare, laizistische, demokratische und soziale Republik. Es gewährleistet die Gleichheit aller Bürger vor dem Gesetz ohne Unterschied der Herkunft, Rasse oder Religion. Es achtet jeden Glauben."*

Etablissement public anerkannt, die aus einer Assoziierung der *Départements* bestand[229]. Unter Präsident *Giscard d'Estaing* wurden die ersten konkreten Etappen zur Emanzipierung der *Régions* definiert[230]. Mit dem wesentlichen politischen Wechsel im Jahre 1981 traten die Gesetze zur Entwicklung der lokalen Verantwortungen / *Lois sur le développement des responsabilités locales* in kraft. Später wurden die Gesetze zur Dezentralisierung (1982) vorbereitet, die die vielfältige Regionalpolitik wahrgenommen haben und welche die von lokaler Ebene entwickelten grenzüberschreitenden Beziehungen unterstützten. Seitdem können auch regionale Außenstellen in Brüssel die französischen Projekte vermitteln und verhandeln. Dies bedeutet einen wesentlichen Fortschritt für die europäische Integrationspolitik. Der Ausschuß der Regionen versichert seinerseits den 24 französischen Mitgliedern die Teilnahme an Verhandlungen[231] und bietet im Grunde eine Problemlösung im Zentralstaat. Trotz der Dezentralisierungsversuche mit dem Gesetz von 1982 hat sich die allgemeine französische Lage im Lichte der internationalen Aktivitäten der Gebietskörperschaften nur wenig verbessert. In einer Zeit, da sich die ständige Präsenz der Regionen gleichermaßen europaweit ebenso wie bei den Institutionen in Brüssel erweitert, zeigt die Praxis die Grenzen ihrer Mitwirkung in der Anwendung des Europarechts im innerstaatlichen Bereich, insbesondere in der Kommunikations- und Informationspolitik.

2.3.2. Die umstrittene Position des Zentralstaates: EWG Richtlinie 88/552

Die Freizügigkeit der Dienstleistungen ist im weitesten Sinne sowohl die Ursache als auch das Ziel des europäischen Integrationsprozesses zur Errichtung eines gemeinsamen Marktes. In dem gemeinsam aufgebauten Markt spielen Kommunikation und Information eine wesentliche Rolle, da Nachrichten die Etappen des Enwicklungsprozesses bestimmen. Mit der Übermittlung von Informationen wächst auch die Bedeutung der Daten als Voraussetzung dieser Entwicklung. Außerdem schließt die Vollziehung dieser Dienstleistung durch private oder

---

[229] So Aussage des damaligen Staatspräsidenten *Pompidou*, 1971.

[230] Vgl. *Guinchard*, Vivre ensemble, Bericht, La Documentation française, 1976.

[231] Dazu französischer Ministererlaß vom 21. März 1994 bezüglich der Beziehungen zwischen den Verwaltungen und den europäischen Institutionen.

öffentliche Unternehmen einen wirtschaftlichen Charakter ein[232], welcher die einflußreiche Position der Medien in der Gesellschaft bekräftigt. Die Ausstrahlungen des Rundfunks gehören deshalb zu den Dienstleistungen mit wirtschaftlichen Folgen. Die Telekommunikation wird daher zu einem Schlüsselsektor der Ökonomie in der Europäischen Gemeinschaft, welcher nationale und staatliche Anwendungsmodalitäten in Betracht zu nehmen hat.

2.3.2.1. Die Problemstellung

Zum Thema des Rundfunksrechts hält insbesondere die Fernseh-Richtlinie die Beseitigung der Hindernisse für den freien Dienstleistungsverkehr zwischen den Mitgliedstaaten und die Schaffung eines Systems für geboten, das den Wettbewerb vor Verzerrungen schützt. Die Durchführung der EWG-Richtlinie ist in der französischen Rechtsordnung auf Schwierigkeiten gestoßen, wegen fehlender institutionneller Gewaltenteilung zwischen staatlicher und regionaler Ebene, im Vergleich zu einem Bundesstaat, welcher allgemein eine andere Position gegenüber der europäischen Kulturpolitik einnimmt. Unabhängige Verwaltungsbehörden können außerdem interessante Verbindungen mit den europäischen Voraussetzungen schließen, wenn staatliche und politische Einstellungen die Verzögerung gemeinschaftsrechtlich regeln. Trotzdem führt die fehlende Anpassung der nationalen Rundfunkspolitik zu einem unvermeidlichen Vorverfahren am EuGH.

Die französische Regierung hatte ursprünglich die Aufnahme einer Quotenregelung initiiert, in der Abstimmung der Wirtschaftsminister am 13. März 1989 aber, im Interesse einer Einigung, nicht auf der Beibehaltung einer Quote bestanden. Nun nahm sie, nicht zuletzt auf innerstaatliche Proteste hin, ihre jahrelangen Bemühungen wieder auf und versuchte eine feste Quote für europäische Produktionen durchzusetzen. Da keine qualifizierte Mehrheit zustande kam, konnte die Richtlinie zunächst nicht verabschiedet[233] werden. In Frankreich funktioniert das Film- und Fernsehsystem infolge verschiedener Strukturmaßnahmen

---

[232] Vgl. EuGH vom 20. März 1985, Rs. 41/83, *British Telecommunications*, Slg. 1985, S. 873.

[233] SZ Nr. 137, vom 19. Juni 1989, S. 10; zu der innerfranzösischen Diskussion, insbesondere zum Protest der französischen Filmschaffenden von *Godard* bis *Belmondo*; vgl. *FAZ* Nr. 80 vom 6. April 1989, S. 27.

gut, weshalb sich der französische Markt resistenter gegen amerikanische oder japanische Einflüsse zeigte als andere Medienmärkte Europas; Frankreich befürchtet von einer Öffnung der Märkte die Beeinträchtigung und Schwächung seiner Position[234].

2.3.2.2. Die Quotenregelung

Entscheidend für das Zustandekommen der Richtlinie und die Beseitigung der Bedenken einiger Mitgliedstaaten sind mehrere Erklärungen des Rates und der Kommission zum Ratsprotokoll[235]. Dabei geht es hauptsächlich um den Art. 4 der Richtlinie, der die Quotenregelung enthält. Rat und Kommission bestätigen, daß es sich insoweit nur um eine politische, nicht um eine juristisch verbindliche Bestimmung handele. Den einzelstaatlichen Gremien bleibe es überlassen, im Rahmen ihrer jeweiligen verfassungsrechtlichen Vorschriften die Form und die Mittel festzulegen, mit denen die Ziele des Art. 4, insbesondere die Stärkung der audiovisuellen Kapazitäten Europas, erreicht werden sollen. Die Kommission erkennt einzelstaatliche Maßnahmen, die der Entwicklung der europäischen Produktion dienen, als legitime Maßnahmen an, welche zur Verwirklichung der Ziele der Richtlinie beitragen könnten.

Die Regierung der Bundesrepublik Deutschland vertritt die Auffassung, durch eine lediglich politische Verpflichtung zur Beachtung einer bestimmten Quote zugunsten europäischer Produktionen würden die Kompetenzen der Bundesländer nicht berührt[236]. In der Endfassung der Richtlinie haben sich die Gewichte erneut von der Kommission weg hin zu den Mitgliedstaaten verschoben. Diesen kommen weitgehende Spielräume bei Anwendung, Handhabung und Durchführung der Richtlinie zu.

---

[234] Dazu die Ausführungen des Kinodirektors des französischen Senders Canal +, *René Bonnel*, in: *Libération* vom 10. Mai 1989, Neue Serie Nr. 2478, S. 6, der eine differenzierte Lösung befürwortet, die nach der jeweiligen Stärke des Mediensystems unterschiedliche Quoten mit unterschiedlichen Übergangszeiten für unterschiedliche Mitgliedstaaten der Gemeinschaft einrichten wollte.

[235] Der Text befindet sich bei *Mestmäcker / Engel / Gabriel-Bräutigam / Hoffmann*, S. 31 und in *Media Perspektiven* 1989, DOK Bd. II, S. 115 f. Siehe auch dazu *Matthias Pechstein*, Die Bedeutung von Protokollerklärungen zu Rechtsakten der EG, EuR 1990, S. 249-268.

[236] *Winfried Münster*, in: SZ Nr. 228, vom 4. Oktober 1989, S. 33.

Die *Richtlinie zur Koordinierung bestimmter Rechts- und Verwaltungsvorschriften der Mitgliedstaaten über die Ausübung der Fernsehtätigkeit* sieht keine feste Quote zugunsten europäischer Produktionen vor, sondern erlegt in Art. 4 den Mitgliedstaaten lediglich die Pflicht auf, im Rahmen des praktisch Durchführbaren und mit angemessenen Mitteln darauf zu achten, daß die Fernsehveranstalter den Hauptanteil ihrer Sendezeit der Sendung von europäischen Werken iSd. Art. 6 vorbehalten. Der Anteil darf aber nicht niedriger sein als durchschnittlich in dem betreffenden Mitgliedstaat im Jahr 1988, wobei für Griechenland und Portugal insoweit das Jahr 1990 maßgeblich war[237]. Die Realisierung des Anteils von 10 % der Sendezeit oder 10 % der Haushaltsmittel des einzelnen Fernsehveranstalters für unabhängige Hersteller von europäischen Werken in Art. 5 steht ebenfalls unter dem Vorbehalt des mit angemessenen Mitteln praktisch Durchführbaren. In der Endfassung der Richtlinie wurde die Forderung neu aufgenommen, daß ein angemessener Anteil des Programms Werken vorbehalten bleiben soll, die innerhalb eines Zeitraums von fünf Jahren nach ihrer Herstellung ausgestrahlt werden.

Statt eine obligatorische Quote festzulegen, wird den Mitgliedstaaten ein weitgehender Spielraum zur Förderung europäischer Produktionen eingeräumt, dessen Nutzung durch ein Berichtssystem gemacht werden soll. Diese Formel beruht inhaltlich auf der Konvention des Europarats und läuft nach dem Verständnis der EG-Partner auf einen Mindestanteil von 50% hinaus, wobei die Bundesregierung betonte, daß sich aus dem Wortlaut keine rechtsverbindliche Verpflichtung für die Einhaltung dieses Mindestanteils ergebe[238].

2.3.3. Die Rolle des Fernsehrates / *Conseil supérieur de l'audiovisuel*

Die ständige Kontrolle über die französische Durchführung der Vorschriften der Fernsehrichtlinie wird von dem Fernsehrat / *Conseil supérieur de l'audiovisuel* übernommen. Dieser Fernsehrat ist eine unabhängige Verwaltungsbehörde / *Autorité administrative indépendante,* die

[237] Dazu den Corrigendum zum gemeinsamen Standpunkt, fotokopierte Fassung, Brüssel, den 10. April 1989 (5858/89), S. 2.

[238] In der EMRK wird in der Tat laut Art. 10 Ziff. 1 ein überwiegender Anteil europäischer Produktionen angestrebt, was die Vertragsparteien zu gewährleisten haben, wo es praktikabel und mit angemessenen Mitteln zu erreichen ist, RuF 1989, S. 338.

weiterhinaus die Konformität jeder in Frankreich empfangenen Sendung gegenüber der europäischen Richtlinie zu überprüfen hat. Diese unabhängige Verwaltungsinstitution spielt eine wesentliche Koordinationsfunktion zwischen den nationalen und europäischen Interessen, ohne jeweils eine verpflichtetende und verbindliche Position zu äußern.

2.3.3.1. Eine unabhängige Verwaltungsbehörde / *Autorité administrative indépendante*

Allen Umständen zum Trotz trägt das Gemeinschaftsrecht zur Änderung des französischen Verwaltungsorganisationsrechts bei. Mit der jetztigen europaweit aufgeteilten Politik der Deregulierung, insbesondere im Fernseh- und Rundfunkbereich, die außerdem dem Wettbewerb die Türen weit öffnet, drängt die EU zur Gründung und Förderung unabhängiger Verwaltungsdienststellen / *Autorités administratives indépendantes*[239], die sich vom Staatssystem unterscheiden lassen. Diese neue Form der richterlichen Verwaltung wurde mit dem Ziel gegründet, sich von der politischen Sphäre als auch von den Interessen der Wirtschaft und der Arbeitgeber zu entfernen. Diese Organe sind keine Rechtssubjekte und befinden sich deswegen außerhalb der Verwaltung. Wegen ihres Status, ihrer Gliederungen und ihres Wahlmodus sind sie unabhängig und unterstehen in der Regel keiner Staats- oder Rechtsaufsicht. Trotzdem ist diese Unabhängigkeit nicht absolut, ansonsten wären diese Organe im Lichte des Art. 20 der französischen Verfassung[240] rechtswidrig. Insofern behält die zentrale Regierungsbehörde wichtige Handlungsmaßnahmen, u.a. durch die Überweisung von Kreditmittel. Dazu unterstehen sie der gerichtlichen Kontrolle des Verwaltungsgerichtshofs / *Conseil d'Etat*. Trotz der fehlenden eigenen Entscheidungsbefugnis verstärken solche Organe die Transparenz-Bewegung, die sich im Zentralstaat engagiert hat; sie schützen außerdem die Grundfreiheiten und bewahren insofern die Unparteilichkeit sowie die Objektivität im

---

[239] Sie bilden eine aussergewöhnliche Verwaltungskategorie im Staatswesen. Die Formel "unabhängige Verwaltungsdienststellen / *Autorités administratives*" wurde 1978 vom Gesetzgebungsorgan verwendet, um neue Verwaltungsorgane zu definieren. Dazu gehören u.a. die nationale Kommission der Informatik und der Freiheiten / *Commission nationale de l'informatique et des libertés (CNIL)*, der Ombudsman / *Médiateur*, der obere Fernsehrat / *Conseil supérieur de l'audiovisuel (CSA)*, die Kommission der Börsengeschäfte / *Commission des opérations de bourse (COB)*.

[240] Siehe Fn. 223.

Bereich der Information, der Informatik, in der Überwachung der Marktwirtschaft und im Kampf gegen Verstöße der Bürokratie. Die Veröffentlichung der Jahresberichte kann die öffentliche Meinung beeinflussen und mit dem Verordnungsrecht der unabhängigen Verwaltungsdienststellen[241] den Regulierungsauftrag erfüllen[242].

Insofern ist der *Conseil supérieur de l'audiovisuel* eine solche unabhängige Verwaltungsbehörde, die aufgrund der Unabhängigkeit und der Unparteilichkeit gestaltet ist[243]. Im Rahmen seiner Aufträge sollten sowohl politische als auch andere Beeinflussungen vermieden werden, da er z.B. wichtige Ernennungsbefugnisse und Beratungsfunktionen hat. Insbesondere designiert er für drei Jahre vier Mitglieder, darunter auch den Präsidenten, im Vorstand der öffentlichen Radios und Fernsehsendungen[244]. Er ernennt gleichfalls vier Mitglieder im Vorstand des *Institut National de l'audiovisuel*, welcher eine breite Forschungsfunktion im Rundfunkswesen hat. Im Rahmen seiner Beratungsfunktion können zum *Conseil supérieur de l'audiovisuel* Fragen eingebracht werden, d.h., daß sowohl die Regierung, die Vorsitzenden der *Assemblée Nationale* und des *Sénat* als auch die zuständigen Ausschüsse dieser beiden Versammlungen die Behörde um eine Studie oder einen Bericht zur Rundfunksthematik bitten können. Insofern kann sich der *Conseil supérieur de l'audiovisuel* mit Unternehmenskonzentrationen, Wettbewerbs- und allgemeinen Wirtschaftsfragen befassen. Außerdem spielt der *Conseil supérieur de l'audiovisuel* eine wichtige Rolle in der Gestaltung des Rundfunksnetzes. Er soll z.B. die Frequenzen des MF-Bandes planen und Vermittlungskanäle den Fernsehsendungen zuteilen. Weiterhinaus gibt er den Radios und den privaten Fernsehinstitutionen eine Sen-

---

241 Dazu CC vom 18. September 1986, JO vom 19. September 1986; sowie Rs vom 17. Jänner 1989, JO vom 18. Jänner 1989 und vom 23. Juli 1996, S. 11400.

242 Vgl. *Guédon*, Les Autorités administratives indépendantes, LGDJ 1991; *Gentot*, Les Autorités administratives indépendantes, 2. Ausgabe, 1994; *Gazier / Canac*, Bericht der Studienabteilung des CE / *Section du rapport et des études du Conseil d'Etat*, Les Autorités administratives indépendantes, EDCE 1983-1984, S. 15

243 Auch wenn diese Behörde außerhalb der Verwaltung steht und deshalb unabhängig ist, bleibt die Objektivität ihrer Unparteilichkeit fraglich, da die Politik eine wesentliche Rolle sowohl in der Ernennung ihrer Mitglieder als auch in ihrer finanziellen Unterstützung spielt.

244 Unter anderem bei *Radio France, Radio France internationale, Réseau France Outre-Mer, France Télévision.*

dungserlaubnis, vorausgesetzt, daß eine Konvention mit dem Marktler vereinbart wurde.

In seiner Kontrollfunktion bewahrt der *Conseil supérieur de l'audiovisuel* Grundprinzipien, wie den Respekt der Menschenwürde und der öffentlichen Ordnung durch die Medien. Außerdem soll er die Erfüllung der Programmpflichten der jeweiligen Sender sichern. Dies betrifft sechs Bereiche: den Pluralismus und die Ehrlichkeit der Information, den Schutz der Kindheit und der Jugendlichen, die Rechtslage der Fernsehsendungen, die Beteiligung der Fernsehsender zur Filmentwicklung, die Werbung und das Teleshopping, die Verteidigung der französischen Sprache.

Die Erfüllung seiner Kontrollbefugnis ergibt sich in der Veröffentlichung des Jahresberichts über die Lage der nationalen Programmgesellschaften[245]. Um seinen Regulierungsauftrag zu realisieren ist der *Conseil supérieur de l'audiovisuel* berechtigt, den Radios und den Fernsehsender eine Aufforderung zur Beseitigung eines rechtswidrigen Zustandes zu übermitteln. Dafür kann er Verwaltungsstrafmaßnahmen ausüben, wenn sich Senderinstitute rechtswidrig verhalten. Außerdem ist die Behörde berechtigt, den Staatsanwalt zu ergreifen im Falle einer Straftat[246].

2.3.3.2. Die Kontrollbefugnis gegenüber Art. 4 und 5 der Richtlinie

Ende der 90er Jahre hatte die europäische Kommission die Kontrolle über die Durchführung (Art. 4 und 5) der Fernseh-Richtlinie eingeführt. Beide Artikel bestimmen zwei Arten von Quoten, welche die Fernsehveranstalter progressiv erreichen sollen. Einerseits sollen sie den Hauptanteil ihrer Sendezeit der Sendung von europäischen Werken (Art. 4) und andererseits 10 % der Sendezeit oder 10 % der Programmhaushaltsmittel für unabhängige Hersteller europäischer Werke (Art. 5) vorbehalten. Nach mehreren Monaten Beratungen hat die Kommission den jeweiligen Regierungen der Mitgliedstaaten einen Fragebogen zugesendet. Er wurde in großem Maße von der französischen Kontrollmethoden

---

[245] Unter anderem: *Radio France, Radio France internationale, France Télévision, La Cinquième, RFO* und die privaten Sender: *Canal +, TF 1, M6* und des *Institut national de l'audiovisuel.*

[246] Insbesondere bei Sendungsberaubungen oder bei fehlender Erlaubnis.

des *Conseil supérieur de l'audiovisuel* über Quoten nationaler Rundfunksregelungen beeinflußt. Die Daten von 1998 haben eine wesentliche Bedeutung, indem die Richtlinie eine Rückwirkungsverbotsklausel hat, im Bereich der Quotenregelung europäischer Werke und sich auf die Ergebnisse des Jahres 1988 bezieht. Der letzte Bericht des *Conseil supérieur de l'audiovisuel* wurde über die Sendungen des Jahres 1992 gemacht. Gemäß Art. 9 der Richtlinie sind die Fernsehveranstalter, welche regionale und lokale Sendungen durchführen und keinem nationalen Netz angehören nicht eingeschlossen. Laut der Definition des europäischen Werkes im Art. 6 der Richtlinie, hat sich im Jahre 1992 die Mehrheit der Fernsehveranstalter der gemeinschaftsrechtlichen Regelung angepaßt[247]. Der Sender *France 2* hatte z.B. 74,8 % seiner Sendezeit den europäischen Werken gewidmet, *France 3* dagegen 76,9 %, *TF 1* ungefähr 66 % und *M 6* bei 63,2 %. Letzten Endes hatte *Canal* + bis 57,9 % europäische Werke in seine Sendezeit eingeschlossen. Dies zeigt eine feste Einwirkung der europäischen Regelungen im französischen Fernsehbereich.

Im Bereich der europäischen Werke, die von unabhängigen Produzenten stammen, hat sich der *Conseil supérieur de l'audiovisuel* mit der Thematik in zwei Phasen befaßt. Zuerst hat er eine rigorose Abschätzung gemacht, die aufgrund der Kontrolle nationaler Voraussetzungen zum Schutz der unabhängigen Herstellung fungierte[248]. Danach hat er eine empirische Einschätzung für Werke unternommen, welche den nationalen Regelungen nicht unterstehen, aber trotzdem im Sinne der Fernseh-Richtlinie angenommen sind. Insofern wurden folgende europäische Werke von diesen Gesellschaften bestellt (in Prozent des Umsatzes vorigen Jahres): 13,15 % bei *TF 1*; 17,66 % bei *France 2*, 15,6 % bei *France 3* und 26,4 bei *M6.*

Der *Conseil supérieur de l'audiovisuel* hat seine Untersuchung aufgrund der Wertung des Haushaltes gemacht statt der jeweiligen Sendezeit. Diese Verpflichtung ist im Kontrollmechanismus in der Tat den internen juristischen Bestimmungen näher, welche die Beteiligung der Fernsehveranstalter zur Entwicklung der Programmindustrie definieren. Die erwähnten Ergebnisse wurden aufgrund zweier Abhängigkeitskriterien

[247] Siehe dazu *La Lettre du Conseil supérieur de l'audiovisuel*, Nr. 52, La création audiovisuelle en France en 1992, Januar 1994, S. 10 f.

[248] Art. 3, 9, 10 und 11 vom Dekret Nr. 90-67 des 17. Januar 1990, Neufassung.

der Richtlinie gemacht: die direkte und tatsächliche Sachherrschaft eines französischen Fernsehveranstalters, 25 % des Kapitals einer Produktionsgesellschaft, einerseits und der „absolute“ Charakter der Abhängigkeitsverbindung zwischen einer Produktionsgesellschaft und den gesamten Fernsehveranstaltern andererseits.
Trotz der Unterschiede zwischen den französischen Texten und den Voraussetzungen der europäischen Richtlinie scheint es, als habe jeder Veranstalter die minimale Schwelle der unabhängigen Produktionen im Jahr 1992 in Betracht genommen.

2.3.4. Der neue europäische Rahmen

2.3.4.1. Allgemeines

Die europäische Regelung des Rundfunksrechts und der Dienstleistungsfreiheit hat im Jahre 1997 wesentliche Änderungen erfahren, insbesondere mit der Annahme am 19. Juni der zusätzlichen Fernseh-Richtlinie *„Fernsehen ohne Grenzen“*. Die neue gemeinschaftsrechtliche Regelung folgte der ersten Richtlinie zum Thema des Rundfunksrechts vom 3. Oktober 1989. Nach drei Verhandlungsjahren hat dieser von den Mitgliedstaaten angewendete europäische Rahmen wichtige Verbesserungen gegenüber dem ursprünglichen Text gebracht.

Die Richtlinie gibt den Veranstaltern eine größere juristische Sicherheit, indem sie mit Genauigkeit die Kriterien definiert, aufgrund welcher sie das nationale Gesetz anwenden sollen. Weiterhinaus ändert sie die Rechtslage der Werbung und des Teleshoppings, indem sie, z.B., die Existenz der Sender anerkennt, die sich exklusiv mit dem Teleshopping befassen. Weiterhinaus integriert sie einen Art. 3 bis, der den Zugang der europäischen Fernsehzuschauer zu wichtigen Ereignissen garantiert. Sie ist eine Antwort auf das exklusive Aneignungsrisiko der Übertragungsrechte der sportlichen Ereignisse durch die Gebührsendungen, weil diese Ereignisse für die französische Öffentlichkeit von wesentlichem Interesse sind. Aufgrund des wachsenden Wettbewerbs zwischen den internationalen Gruppen, war die Einführung der Norm von Bedeutung. Die Mitgliedstaaten haben demnächst die Aufgabe, diese Regelung in die interne Rechtsordnung einzubeziehen. Weiterhinaus ist für die Durchführung der Richtlinie die Erstellung einer Liste der nationalen und internationalen Ereignisse erforderlich, welche sie für wichtig halten. Jeder Staat soll aber auch auf die Liste der anderen Staaten Rücksicht nehmen. Der *Conseil supérieur de l'audiovisuel* hat eine konstruktive Haltung und nimmt an diesem Auftrag teil[249]. Diese neue Regelung konnte aber andere Probleme beim Aufbau eines europäischen Fernsehmarktes nicht lösen. Insofern wurden die Regelungen bezüglich der Quoten nicht geändert und die daraus folgenden Streitigkeiten könnten wieder aufgeweckt werden. Neue Dienstleistungen wurden in den Wirkungskreis der Richtlinie von 1997 nicht einbezogen und unterstehen deshalb keiner gemeinsamen Rundfunksregelung. Sowohl die nationale Rechtslage wird in Frage gestellt als auch die Anwendungbedürftigkeit der europäischen Regelungen.

2.3.4.2. Das Rechtsstreitverfahren vor dem EuGH

Das von dem *Conseil supérieur de l'audiovisuel* eingeführte Anmeldungsverfahren nimmt an der allgemeinen Entwicklung des Rundfunksrechts und der Dienstleistungsfreiheit teil. Der EuGH hatte das belgische Vertragssystem mit den europäischen Sendern vor ihrer Übernahme in das Kabelnetz rechtswidrig erklärt. Diese Rechtsprechung hatte einen Einfluß auf die Rechtsordnung der Mitgliedstaaten und insbesondere für Frankreich, wo dieselben Grundlagen waren. Im Rahmen eines Vorverfahrens im Juli 1997 drohte die Kommission mit einer Klage vor dem EuGH, um die französische Rechtslage zu klären. Die Regierung hat sich verpflichtet, ihre Belgien ähnliche Vertragsregelung zu ändern. Infolgedessen hat der *Conseil supérieur de l'audiovisuel* seit November 1997 seine Rolle als Koordinationsorgan bekräftigt und im Lichte der neuen flämischen Maßnahmen die Einführung eines Anmeldungsverfahrens verlangt. Vor ihrer Übernahme auf das Kabelnetz sollen deswegen die europäischen Sender dem *Conseil supérieur de l'audiovisuel* bestimmte Informationen geben, damit die gemeinsame Fernsehregelung in Europa gelten kann. Dieses neue Anmeldesystem ersetzt den Titel 3 des Dekrets „Kabelfernsehen",[250] welches das Vertragssystem für den Schutz der Minderjährigen definiert hatte. Man soll ebenso diese Entwicklung relativieren, da das französische Gesetz den europäischen Sendern keine zusätzliche Regelung auferlegte, welche das französische Kabel übernehmen wollten.

---

[249] Der *Conseil supérieur de l'audiovisuel* hat soeben mit dem Sender *Canal +* eine Liste der wichtigen Ereignisse gemacht.

[250] Dekret Nr. 92-881 vom 1. September 1992.

Die Auflösung der *Assemblée Nationale* im Juni 1997 hat die Diskussion über den Gesetzentwurf zur Fernsehregelung beendet. Keine legislative Änderung ist 1997 und 1998 zustandegekommen. Der Fernsehsektor entwickelt sich in Frankreich in einer unveränderten juristischen Gliederung und stolperte wegen der Brüchigkeit des Gesetzes vom 30. September 1986[251] über die Kommunikationsfreiheit.

Frankreich scheint eine zurückhaltende Einstellung zur Anwendung der europäischen Regelung zum Fernsehbereich zu haben, welche auf zentral-politischen Motivationen gründet. Trotz der Bedrohungen der Kommission und des Vorverfahrens beim EuGH verzögert sich die Durchführung der Normen, was die Stellung des *Conseil supérieur de l'audiovisuel* anfällig macht, weil er in seiner Verbindungsfunktion die Interessen Frankreichs und der Gemeinschaft vertreten soll und weiterhinaus eine konstruktive Haltung in der Anwendung des Europarechts zeigen sollte. *De facto* integriert er die europäische Norm, indem ausländische kontrollierte und rechtmäßige Sendungen, z.B., ohne Voraussetzungen im nationalen Netz angewendet werden können. Die Tragweite seiner Stellungnahme ist trotzdem umstritten, da sie weder eine juristische noch eine andere verbindliche Meinung vertritt. Die Definition seiner Funktion in der Durchführung der gemeinschaftsrechtlichen Normen und das Gewicht seiner Tätigkeiten sollten im europäischen Aufbauprozeß des Rundfunks und der Dienstleistungsfreiheit verbessert werden. Aufgrund seiner Unabhängigkeit und seiner Unparteilichkeit könnte diese eigenartige und europäisch-einzigartige Behörde eine beispielhafte Wirkung in der Normengestaltung zwischen innerstaatlichen und europäischen Rechtsakten sein. Trotzdem bleibt der Fernseh- und Rundfunksdienstleistungsbereich ein Beispiel der unterschiedlichen Rechtsanwendung des Europarechts in der innerstaatlichen Sphäre. Wirtschaftliche oder zentralpolitische Vorbehalte begründen die fehlende Durchführung der supranationalen Rechtsnorm in Frankreich, welche den Integrationsprozeß behindert.

Die Kompetenzverteilung bleibt ein wesentliches Problem für die Implementierung des Europarechts im innerstaatlichen Bereich. Der Vertrag von Maastricht hat zu dieser Frage, welche die juristischen Unterschiede zwischen Bundesstaat und Zentralstaat klärt, die Schaffung einer neuen europäischen Drittinstitution konkretisiert, um die

[251] Ges. Nr. 86-1067 vom 30. September 1986.

Harmonisierung der Rechtsnormen zu gewährleisten. Der Ausschuß der Regionen wird insofern als eine mögliche Problemlösung bei der Anwendung des Europarechts betrachtet.

2.4. Der Ausschuß der Regionen als Problemlösung?

Als föderal und regional bedeutsam mag auch die Schaffung eines neuen Organs durch den Vertrag von Maastricht angesehen werden, nämlich der Ausschuß der Regionen[252]. Damit ist auch einem oftmal geäußerten Wunsch nach der Versammlung der Regionen Europas, sowie der Konferenz Europa der Regionen und besonders auch der deutschen Bundesländer entsprochen worden[253]. Für Frankreich war dies die Notwendigkeit, den strukturellen Rahmen und die verfassungsrechtliche Ordnung neu zu gestalten und damit die Regionen in den europäischen Integrationsprozeß einzuschließen und auch kräftiger zu unterstützen. Der Ausschuß der Regionen wurde deswegen mit dem Ziel geschaffen, die föderale Ausrichtung der Gemeinschaft zu unterstreichen, indem er den regionalen und lokalen Gebietskörperschaften die Möglichkeit bietet, ihre Vorstellungen in den EG-Rechtssetzungsprozeß einzubringen[254]. Der Ausschuß der Regionen tritt zu den Verfassungsorganen der EU als Hilfsorgan, insbesondere als Konsultativorgan. Er setzt sich aus 222 Repräsentanten regionaler und lokaler Gebietskörperschaften zusammen, die vom Rat einstimmig zu ernennen sind, wobei die Nominierungsvorschläge der einzelnen Mitgliedstaaten nach innerstaatlich zu treffenden Regeln zu erstatten sind. Da die einzelnen Mitgliedstaaten ganz unterschiedliche verfassungsrechtliche Strukturen haben, konnte keine generelle Regelung für die Regionalratsmitglieder getroffen werden. Österreich ist mit 12 Mitgliedern im Ausschuß der Regionen vertreten, Frankreich dagegen mit 24 Mitgliedern. Bezüglich des Vorschlagsrechts dieser

---

[252] Art. 198 a bis c EUV; näher *Morass*, Regionale Interessen auf dem Weg in die Europäische Union, Schriftenreihe des Instituts für Föderalismusforschung Bd. 60, 1994, 156 ff. sowie *Rotter*, Das Subsidiaritätsprinzip und der Ausschuß der Regionen im Unionsvertrag von Maastricht. Die mißlungene Quadratur des Föderalismus, in: Für Staat und Recht, FS für Herbert Schambeck, 981 ff.

[253] Dazu *Fuhrmann-Mittlmeier*, Die deutschen Länder im Prozeß der Europäischen Einigung, 1991, 363 ff.

[254] *Thun-Hohenstein/Cede*, Das Recht der Europäischen Union unter besonderer Berücksichtigung des EU-Beitritts Österreichs, 1996, S. 141.

Mitglieder wurde in Österreich verfassungsrechtlich[255] festgelegt, daß die Länder je einen, der Österreichische Städtebund und der Österreichische Gemeindebund gemeinsam drei Vertreter vorzuschlagen haben. So erfreulich die Tatsache der Schaffung eines regionalen Gremiums in der EU ist, weil damit erstmals offiziell die drei Ebenen der Union (EU – Mitgliedstaaten – Region) anerkannt wurden[256], so muß aber doch bemerkt werden, daß der Regionalausschuß keine beschließende, sondern nur eine beratende Funktion hat. Der Ausschuß der Regionen ist nicht nach dem Muster des Wirtschafts- und Sozialausschusses geschaffen. Er ist außer in den Fällen, wenn dies der Rat oder die Kommission für zweckmäßig erachtet, in den im Unionsvertrag vorgeschriebenen Fällen zu hören. Das ist in der Strukturpolitik begründet, weiters bei spezifischen Aktionen außerhalb der Strukturfonds zur Verwirklichung des wissenschaftlichen und sozialen Zusammenhalts, im Zusammenhang mit der Errichtung eines Kohäsionsfonds der transeuropäischen Netze, bei Fördermaßnahmen im Gesundheitswesen und im Kulturbereich. Der Regionalausschuß kann auch aus eigener Initiative Stellungnahmen abgeben, wenn der Wirtschafts- und Sozialausschuß gehört wird und spezifische regionale Interessen berührt werden, sowie in all den Fällen, in denen der Regionalausschuß dies für zweckdienlich erachtet; es liegt also ein Selbstverfassungsrecht vor. Auch wenn dieses neue Vertretungsorgan der Regionen noch nicht in den eigentlichen Entscheidungsprozeß der EU eingebunden ist, kann man doch eine erste Anerkennung einer „dritten Ebene“ in den europäischen Organisationen sehen, die möglicherweise in Richtung einer „Regionalkammer“ der EU ausgebaut werden könnte[257]. Nicht unerwähnt soll auch im Zusammenhang mit der föderalistischen Sicht des in Maastricht zustandegekommenen Unionsvertrages die Zusammensetzung des Rates bleiben. Der Art. 146 EWG-V wurde abgeändert und eine besonders auf die BRD zugeschnittene Veränderung beschlossen. Anstelle des Erfordernisses, daß jede Regierung eines ihrer Mitglieder entsendet, genügt es nunmehr, daß ein Vertreter auf Ministerebene für die Regierung handlungsbefugt ist. Auf diese Weise wurde für Deutschland auch die Entsendung eines Ländervertreters in den Rat

---

[255] Art. 23 c Abs. 4 B-VG.

[256] Vgl. *Weiss*, Föderalismus in einem neuen Europa, in: Föderalismus und Parlamentarismus in Österreich, hrsg. Von *Schambeck*, 1992, S. 645.

[257] Vgl. dazu *Pernthaler*, Die Auswirkungen einer Mitgliedschaft Österreichs in der Europäischen Union auf die österreichischen Bundesländer, in: Die Europäische Union und Österreich, S. 19.

möglich, was natürlich in Frankreich ausgeschlossen wäre. Was Österreich betrifft, haben alle Bundesländer die bundesverfassungsrechtliche Möglichkeit genützt, auf der Ebene der Landesregierung das Ressortprinzip einzuführen. Entsprechend dieser Ressortzuständigkeit werden daher grundsätzlich auch einzelne Mitglieder der Landesregierung als „Minister“ anzusehen sein und damit als mögliche „Vertreter auf Ministerebene“. Da aber nach geltender österreichischer Kompetenzverteilung die Vertretung nach außen in die Zuständigkeit des Bundes fällt, wurde hierfür eine entsprechende bundesverfassungsrechtliche Vorkehrung getroffen, um den Ländern in Angelegenheiten ausschließlicher Landesgesetzgebungskompetenz die Entsendung eines Ländervertreters in den Rat zu ermöglichen. Eine diesbezügliche Regelung wurde im Zuge des B-VG[258] anläßlich des Beitritts Österreichs zur EU erlassen und findet sich in Art. 23 d Abs. 3.

Diese neue Institution bringt den juristischen Problemen Lösungen zur Frage der Kompetenzenverteilung, da die innerstaatliche regionale Ebene zum europäischen Normenprozeß mitwirkt. Das entspannte Umfeld der Annahme des Europarechts ergab sich in Frankreich über den institutionnellen Aspekt hinaus. Es folgt ein geänderter Stellenwert des Richters und eine sogenannte Erschütterung des Verwaltungsregimes.

3. Der längere Weg zur europäischen Integration Frankreichs

Lange hat man sich überwiegend für die juristischen Methoden interessiert, durch die das Europarecht, bzw. das Gemeinschaftsrecht in der französischen Rechtsordnung angewendet werden konnte. In diesem Zusammenhang wurden die Voraussetzungen betont, die die Anwendung des Gemeinschaftsrechts erzwingen konnten, insbesondere auf die Mechanismen zur Aufhebung der Hürden für den nationalen Richter bzw. den Verwaltungsrichter (insbes. der französische Verwaltungsrichter) bei der vollen und gesamten Anwendung des Gemeinschaftsrechts. In dieser Hinsicht haben sich die französischen öffentlichrechtlichen Juristen[259] vor allem mit den richterlichen Aspekten beschäftigt.

---

[258] EU-Begleit-BVG BGBl. 1994/1013.

[259] In der französischen akademischen Ausbildung kann man sich ab dem 6. Semester spezialisieren, zur Erlangung des Magisters im öffentlichen Recht / *Maîtrise en Droit Public*, oder des Magisters im privaten Recht / *Maîtrise en Droit privé*. So entstand

Die Entwicklung Europas der letzten Jahre, die EEA, der Vertrag von Maastricht, die neue Generation der Entscheidungen des luxemburgischen Gerichtshofes haben dazu beigetragen, die Untersuchungen neuzuorientieren und sich auf die politischen Änderungen zu konzentrieren, z.B. auf die Organisation sowohl als auch auf die integrierten Rechtsbegriffe des Gemeinschaftsrechts. In anderen Worten, man sprach vor kurzem vorwiegend über Flugzeuge und Banken, bzw. Fusionen statt über den Vorrang oder die unmittelbare Anwendbarkeit, über den Zugang der Dritten zum Kommunikations- und Verkehrsnetz statt über Vorabentscheidungsverfahren.

Mehr und mehr zeigen sich die Nachwirkungen des europäischen Aufbaus auf die Gesellschaft selbst, und weiterhinaus als Folge auch auf die wichtigsten und größten Kapitel des französischen Verwaltungsrechts. Hier liegt das Interesse der folgenden Analyse von Aspekten, die sich im wesentlichen von der österreichischen Rechtslage unterscheiden. Den längeren Weg zur europäischen Integration geht paradoxerweise Frankreich, wegen seiner langjährigen Fremdstellung dem Europarecht gegenüber. Der kontinentale Integrationsprozeß hat diese Banalisierung des Gemeinschaftsrechts langsam zu Ende gebracht. Die sogenannte Anwendung des Europarechts geht nunmehr bekannte Wege. Alle Probleme wurden diagnostiziert und zum Großteil wurden sie schon gelöst. In einer Zeit, da sich die französische Verwaltungslandschaft progressiv, aber mit Sicherheit ändert, sind die Konsequenzen dieser Anwendung sowohl als auch die Nachwirkungen des Gemeinschaftsrechts, sowie die Modalitäten seiner Einfügung in die nationale Rechtsordnung von weitem nicht bemessen.

3.1. Das Ende der Verdrängung des Gemeinschaftsrechts

Die Anwendung des Gemeinschaftsrechts durch den Richter eröffnet ein beruhigtes Umfeld. Die Legislative sowohl als auch die Exekutive Durchführung vollzieht sich in einem stärker formalistischen Kontext.

---

in Frankreich etwas wie eine Rivalität zwischen den Öffentlichrechtlichen- / *Publicistes* und den privatrechtlichen Juristen / *privatistes*.

3.1.1. Das entspannte Umfeld

Die juristischen Methoden, durch die das Gemeinschaftsrecht im nationalen Recht[260] Anwendung finden, wurden nicht geändert, aber die Verwendung, die dadurch in der französischen Rechtsordnung geschieht, hat sich entwickelt. Auch wenn der französische Verwaltungsrichter länger gebraucht hat als z.B. der österreichische, kann man behaupten, daß er jetzt die *„Methoden in den Dienste der Verträge"*[261] gestellt hat. *„Der Weg ist derselbe, aber es ist der, den man im Frühjahr benutzt, nachdem man ihn im Winter gebraucht hat. Die Stimmung ist anders geworden"*[262]. Man kann im Verhalten der Richter bzw. des Verwaltungsrichters keine Zurückhaltung gegenüber dem Gemeinschaftsrecht mehr sehen. Die Landschaft hat sich verändert, dies wird insbesondere durch die Entscheidungssammlungen bestätigt, in denen das Kapitel des Gemeinschaftsrechts von Jahr zu Jahr eine größere Rolle spielt[263]. Der Abdruck des Gemeinschaftsrechts macht sich immer mehr spürbar, insbesondere in den zahlreichen Zensuren der nationalen Verwaltungsmaßnahmen / *Actes administratifs,* die das Gemeinschaftsrecht verleugnet haben. Diese Entwicklung erkennt sich in dem großen Kapitel der Beziehungen zwischen nationalem Richter, Gemeinschaftsrecht und EuGH. Demzufolge zieht der Richter alle Auswirkungen des Vorranges des Gemeinschaftsrechts hinaus. Die unmittelbare Anwendbarkeit ereignet sich jetzt wesentlicher im französischen Verwaltungssystem als in der Vergangenheit, und ist durch die wichtige Entwicklung der Rs *Alitalia* bekräftigt worden, es sei denn, der Verwaltungsgerichtshof hält sich wortgetreu an der Rs *Cohn – Bendit,* der die direkte Rechtsmäßigkeit gegenüber einer Richtlinie der "nicht Rechtsverordnung" d.h. eines legislativen Aktes / *Acte non réglementaire* nicht prüfen kann. Dies führt die Rechtssprechung zu

---

260 Die französischen Dogmatiker bevorzugen die Benützung des Terminus "national" statt "innerstaatlich". Grund dafür ist, laut Stellungnahme anläßlich des Kolloquiums: *"Droit communautaire et droit administratif"* in den Grands Salons der Sorbonne von Donnerstag, dem 11. und Freitag, dem 12. Jänner 1996, daß das Gemeinschaftsrecht nicht extern bzw. außerstaatlich ist, trotz seines Ursprunges der anders ist als national. Vgl. dazu *Bonichot,* La mise en oeuvre du droit communautaire dans le droit administratif francais, Il foro administrativo, Anno LXXIII, Fasc. 5 – 1997, S. 1578.

261 Ausdruck von *Odent,* Univ.- Prof. und e. Präsident des Verwaltungsgerichtshofes.

262 Dazu *Bonichot,* Fn. 257.

263 Zwanzig Rs in 1994, mehr als vierzig 1999.

feinsten Entscheidungen in der französischen Rechtsordnung. Als Beispiel wird der Vorbescheid über eine Enteignung zur Befriedigung öffentlicher Belange / *Déclaration d'utilité publique* erwähnt, der in Frankreich paradoxerweise keinen Verordnungscharakter hat und deshalb häufig kritisiert wird, weil er in seiner Rechtmäßigkeit gegenüber dem Gemeinschaftsrecht nicht geprüft werden kann[264]. Wenn dieser Vorbescheid dagegen einen Verordnungscharakter hat, z.B., im Falle eines Flächennutzungsplanes / *Plan d'occupation des sols*[265], ist die Situation anders zu verstehen. Dies führt zur Lücke in der Anerkennung der Rechte der Privatpersonen, die sie laut Europarecht besitzen, insbesondere im Steuerrecht[266]. Die Einwirkung dieser Rechtssprechung soll relativisiert werden, indem man sich fallweise auf die Rechtswidrigkeit des Vorbescheides - der als Grundlage des angefochtenen Verwaltungsaktes gilt - berufen kann.

Trotzdem ist einiges zu bedenken. Es ist deshalb fraglich weshalb der Verwaltungsgerichtshof seine große Entscheidungskammer / *Section du Conseil d'Etat* befragte, ob der Staat für sich eine Richtlinie in Anspruch nehmen darf, wenn diese nicht umgesetzt ist[267].

Die Kooperation mit dem EuGH scheint normalisiert zu sein. Der Verwaltungsgerichtshof zögert weniger ein Vorabentscheidungsverfahren zu treffen[268]. Er weist öfters auf die Texte, wie sie durch den EuGH interpretiert und beurteilt wurden[269]. Erstaunlicherweise findet man auch einen ausdrücklichen Hinweis auf die Rechtsprechung *Keck & Mithouard*[270] in der Rechtsache *Société Tour Pol*[271]. In der Hinsicht hat

---

[264] Dazu Rs *Association pour le tracé Ouest du Contournement de Carling*, vom 16. März 1994, E., S. 114.

[265] Dazu Rs *Association fédérative Régionale pour la Protection de la Nature*, vom 16. Februar 1994, E., S. 816.

[266] Vgl. *Turot*, Défaut de transposition d'une directive communautaire. Le choix des armes: la pique ou la masse ?, in RJF 1992, S. 863 ff. und 955 ff.

[267] Rs *Société "Lilly France"* vom 23. Juni 1995. Vgl. die Bemerkungen von *Stahl* und *Chauvaux* in der Chronik der Rechtssprechung / *Chronique de jurisprudence*, in AJDA 1995, S. 496.

[268] *Fédération Française des Sociétés d'Assurances* vom 24. Juni 1994, E.S. 328, in Bezug auf die Frage des fakultativen Altersversicherungssystems der Leiter der landwirtschaftlichen Betriebe.

[269] Rs *Martin* vom 25. Mai 1994, E, S. 257.

[270] Rs EuGH, *Keck & Mithouard* vom 7. Juli 1995,

[271] Rs *Société Tour Pol* vom 7. Juli 1995.

der Verwaltungsgerichtshof die Position der Tatrichter, bzw. Spruchrichter bekräftigt, indem er daran erinnert hat, daß sie dazu bemächtigt sind, die Gemeinschaftstexte selbst zu interpretieren[272]. Leider hat der Verwaltungsgerichtshof nicht die Gelegenheit gehabt, sich mit der Frist der Folgen der Vorabentscheidungen zu befassen, so daß es noch ungleiche Lösungen in der Rechtssprechung auf nationaler Ebene gibt, insofern, als das Gleichheitsprinzip einerseits, aber auch die einheitlichen und zentralistischen Prinzipien der Republik andererseits nicht in Betracht genommen werden. Trotzdem spricht man in der französischen Rechtslage von einem beruhigten richterlichen Kontext. Ein spät gelöstes wichtiges Thema der französischen Rechtsordnung soll hier noch abschließend erläutert werden, nämlich die Formalisierung der Mitwirkung der Legislativen Gewalt im Entscheidungsprozeß des Gemeinschaftsrechts. Sie hat zur Folge, den demokratischen Entscheidungsprozeß von der nationalen zur europäischen Ebene zu bekräftigen, und versucht damit, die französische Verwaltungsbehörde in ihrem vorrangigen Einfluß zu begrenzen.

3.1.2. Die formelle Intervention der Legislativen Gewalt

Art. 88 Abs. 4 der französischen Verfassung, die durch das Verfassungsgesetz vom 25. Juni 1992 gegründet wurde, sieht vor, daß die Regierung bei der Übertragung auf den europäischen Ministerrat jeden Vorschlag der Gemeinschaftsakte, die eine legislative Anordnung hat, dem Parlament übergeben soll. Entschlüsse können getroffen werden. Die Regierung hat damit den Verwaltungsgerichtshof in den gemeinschaftsrechtlichen Entscheidungsprozeß integriert, dem die Versammlungen ebenso angeschlossen sind. Es obliegt ihm in einer kurzen Frist, die Vorschläge der gemeinschaftsrechtlichen Akte von den legislativen zu trennen. In diesem Zusammenhang wurde 1994 der Verwaltungsgerichtshof für 483 Rechtsakte angerufen, und davon wurden 172 dem Parlament übertragen. Mit seiner formellen Kompetenz wird die Funktion des Verwaltungsgerichtshofes erneuert, und in seinem Verhalten bekräftigt, *"da er sich Bemerkungen über den Inhalt dieser Vorschläge*

[272] Rs *Letierce* vom 1. Juni 1994, E. S. 278, in AJDA 1994, S. 633. Dazu Schriftsatz von *Arrighi de Casanova* (Vewaltungsrichter der in dem Richterkollegium einen ausformulierten Urteilsvorschlag unterbreitet) und Bemerkungen von *Rouault*, in JCP 1994, IV.,2, 37).

nicht verbietet"[273]. Es ist trotzdem fraglich, weshalb es so lange gedauert hat, bis sich die Regierung mit so einem wichtigen Gutachtenverfahren ausstattet. Daraus folgt, daß die französischen Richter jahrelang im Integrationsprozeß dem Zentralstaat unterworfen waren. Frankreich bleibt damit ein zentralistischer Verwaltungsstaat, der nur mit Schwierigkeit den europäischen Rechtsschutz erzielt. Trotzdem erlaubt diese späte Innovation, über die gemeinschaftsrechtliche Legislation informiert zu werden und ebenso eine schnelle und angemessene Rückwirkung vorzubereiten. Andererseits wird von diesen Informationen ein prospektiver Gebrauch gemacht, in den Beratungsfunktionen und im Rechtsstreit.

Die französische Rechtslage ist den europäischen Integrationsvoraussetzungen im allgemeinen noch nicht angepaßt. Aber der Verwaltungsgerichtshof scheint seine zweifache wesentliche Funktion für die Entwicklung des Landes - die jedoch auf europäischer Ebene rechtswidrig sind (*cf.* dazu *Dritter Titel*) - als höchster Richter und Staatsrat übernommen zu haben. Insofern hat das Gemeinschaftsrecht für die französische Rechtsordnung seinen exotischen Charakter, seinen Hauch des spezialisierten Rechtes langsam verloren und wird zur natürlichen Tatsache des französischen juristischen Lebens.

3.2. Die Nachwirkungen auf der Verwaltungslandschaft

Die Folgen und die Nachwirkungen wurden lange Zeit unterbewertet. Zuerst, weil man sich nur mit streng juristischen Fragen befaßt hat, bzw. mit Methoden, ohne weiter sehen zu wollen. Danach, weil sich die Rede über die EU gerne beruhigend nennen wollte. Letzten Endes, weil die europäischen Institutionen lange Zeit gesucht haben, wie man die wichtigsten Fundamente der Verträge - insbesondere die Freizügigkeit - in der Praxis durchsetzen könnte. Nur vor kurzem hat sich die Gemeinschaft mit Fragen und Sektoren befaßt, in denen der Bürger in seinen Rechten direkt getroffen wurde. Dies kam zu wesentlichen Änderungsbedürftigkeiten der nationalen Strukturen, die heutzutage noch rechtswidrig sein können. Es sei denn, drei wichtige Orientierungen werden festgestellt. Zuerst trägt das Gemeinschaftsrecht dazu bei, die

---

[273] Dazu *Bernard*, e. Präsident der Abteilung für Inneres / *Ancien Président de la Section de l'Intérieur*, Le renouveau de la fonction consultative du Conseil d'Etat sous la Vème République, in EDCE 1994, S.439.

institutionelle Position des Richters zu ändern. Danach erschüttert es einige wesentliche Elemente des Verwaltungssystems. Letzten Endes gründet es einen vorteilhaften politischen, sozialen und juristischen Kontext für die progressive Anpassung der Mechanismen und Methoden, die das französische Verwaltungsrecht strukturiert haben.

3.2.1. Der geänderte Stellenwert des Richters

Man muß feststellen, daß paradoxerweise das Recht – insbesondere das Verfassungsrecht - zur wirklichen Rolle und Stellung des Richters in der französischen Gesellschaft nicht mehr richtig paßt. Häufig wird gesagt, daß der Vorrang des Völkerrechts im Art. 55 der Verfassung steht. Eine andere Sache ist, in ein System einzugehen, in dem das Prinzip lautet, daß der Richter der systematische Kontrolleur der internen Rechtsnorm ist, deren Gründungsmotor ein Gericht ist, bzw. der EuGH. Mit dem Gemeinschaftsrecht hat sich der Auftrag des nationalen Richters, sein Gewicht, seine Wahrnehmung völlig gewandelt. Europa ist deshalb ein Promotionsfaktor der nationalen Richter in den Institutionen. Das liegt an drei verschiedenen Gründen.

Zuerst hat der EuGH eine zentrale Rolle in der Entwicklung des Gemeinschaftsrechts geleistet, und deshalb allgemein aus den nationalen Richtern wesentliche Entscheidungsträger dieser Entwicklung gemacht. Das "Vertragssystem" als solches, durch den EuGH entwickelt und stärker strukturiert, ruht allgemein auf dem Prinzip der gerichtlichen Kooperation. Aus diesem Prinzip, aus dieser Formel hat man überwiegend die Idee der Kooperation übernommen, ohne die gesamten gerichtlichen Folgen zu betrachten. Aber da liegt das Wesentliche des europäischen Integrationsprozesses: im Gemeinschaftsrecht spielen die Gerichtsbarkeiten eine vorrangige Rolle. Sie gibt dem Gericht Gelegenheiten, seine Rechtsprechung immer weiter zu gestalten, und werden in den Staaten als Zwischenhändler fungieren. Insofern geht es soweit, daß der EuGH sich über Fragen ohne Zögerung ausspricht, die nur in losem Zusammenhang mit dem Gemeinschaftsrecht sind, und denen er außer diesen Verfahren schwer ausweichen könnte. Dazu kommt es, daß man den EuGH immer häufiger anspricht, damit er sich über nationale gerichtliche Organisationsfragen äußert ebenso wie über die Tätigkeit der

Gerichtsbarkeiten in ihren verschiedenen Aspekten[274]. Die Idee, die den gesamten Mechanismus inspiriert und ihn im Lichte des Gemeinschaftsrechts legitimiert, wurde überzeugend in der Rs *Van Gend & Loos* zum Ausdruck gebracht, insbesondere, weil der Gerichtshof die *"Vorsicht der Privatperson zur Erhaltung ihrer Rechte"* für die Entwicklung des Gemeinschaftsrechts als wichtig betrachtet hat. Dieser Grundsatz bekam seine ganze Bedeutung im Kontext der relativen Immobilität, die jahrelang die europäischen Institutionen charakterisiert hat. Dies hat zur Folge, daß man richtigerweise den EuGH als Motor Europas betrachtet hat.

Die zweite Ursache besteht darin, daß die gesamte Rechtssprechung des EuGH den nationalen Richter zur seiner Emanzipation gegenüber den nationalen Regeln führt, insbesondere der legislativen und der verfassungsrechtlichen Normen, wobei dies 1995 von *Pierre Mazeau*, Präsident des Gesetzesausschusses in der Nationalversammlung / *Président de la commission des lois de l'Assemblée Nationale* heftig kritisiert wurde. Dies sei die konkrete Nachwirkung des Vorrangprinzips des Gemeinschaftsrechts. Wegen ihrem sehr systematischen, wiederholenden Charakter ändert die europäische Rechtssprechung die Gemütsverfassung der nationalen Richter und führt sie dazu, sich vor allem als Normenrichter zu betrachten, statt als Richter eines Rechtsstreites. Mit der Formel der Rs *Simmenthal* identifizieren sich alle Richter als Verfassungs- oder Verwaltungsrichter. In anderen Worten, die "Stimmung", die das Gemeinschaftsrecht gründet, führt den nationalen Richter dazu, sich frei zu fühlen von dem Rechtssystem, in dem er sich befindet; d.h. frei von jeder Macht und jeder Gewalt. Um die Analyse weiter zu entwickeln, kann man in dieser Hinsicht fast behaupten, daß der EuGH dem nationalen Richter die extreme Freiheit übermittelt, die er in der Kreativität der Rechtsprechung kennt.

Der dritte Grund besteht darin, daß die Richter in Luxemburg von den nationalen Richtern vor allem verlangen in den ihnen anvertrauten Rs, die Effektivität ihrer Entscheidungen zu suchen. Dazu gehört ja auch die Effektivität des Gemeinschaftsrechts, das eine überwiegend ansteckende

---

[274] Vgl. dazu *Grevisse/Bonichot*, Les incidences du droit communautaire sur l'organisation et l'exercice de la fonction juridictionnelle dans les Etats membres, l'Europe et le droit, FS für Boulouis, 1991, S. 297.

Wirkung hat. Diese bevorzugte Suche der Effektivität[275] ist eine alte Tatsache der Rechtssprechung des EuGH, die erst in den letzten Jahre ihr Gewicht bekommen hat. Sie wurde durch den EuGH Appell zur EMRK bekräftigt[276]. Als bekanntes und klares Beispiel der hiergenannten wesentlichen Orientierung soll man die Rs *Factortame* erwähnen, die - für die Bedürfnisse des Gemeinschaftsrechts (wobei diese Voraussetzung wenig Folgen hat) - jedem nationalen Richter erlaubt, der öffentlichen Gewalt Anweisungen zu geben, und, wenn erforderlich, ihnen zu befehlen, dazu Rechtswege zu erfinden.

3.2.2. Die Erschütterung des Verwaltungsregimes

Im allgemeinen spricht man von der Anpassung des Verwaltungsrechts an das Gemeinschaftsrecht. Der Terminus "Beeinflussung" eignet sich jedoch besser, weil er die mit dem Phänomen natürlich verbundene Bewegung und Erregung miteinschließt. Dafür gibt es zwei transversale Gründe.

Einmal ist es eine Täuschung, wenn man glaubt, daß die wichtigsten Elemente des französischen Verwaltungsregimes, seines Verwaltungssystems oder seines Verwaltungsrechts den gemeinschaftlichen Aufbau inspiriert hätten und daß es deshalb eine grundlegende Kompatibilität gebe zwischen dem Gemeinschaftsrecht und dem französischen öffentlichen Recht. Die Säulen nämlich des französischen Verwaltungsrechts fehlen im Gemeinschaftsrecht; in erster Linie, die Leistungsverwaltung / *Service Public*[277] und der Begriff der öffentlichen Verwaltung / *Administration Publique*[278]. Das französische Verwaltungssystem wird von diesen beiden Begriffen beherrscht. Beide haben eine lebhafte wissen-

---

[275] Vgl. *Labayle*, L'effectivité de la protection juridictionnelle des particuliers, in RFDA 1992, S. 619.

[276] Dazu *Bonichot*, Le juge administratif français et la Convention Européenne des Droits de l'Homme par les juridictions nationales par l'intermédiaire de la Cour de Justice des Communautés Européenne, in RUDH vom 30. September 1991, III, Nr. 7 - 9, S. 317.

[277] Es handelt sich um jede Tätigkeit oder Dienstleistung des Gemeinwohls / *Intérêt général*, die von einer juristischen Person des öffentlichen Rechts erbracht ist und damit der Regelung des öffentlichen Rechts unterliegt.

[278] Vgl. *Guglielmi*, La notion d'administration publique dans la théorie juridique française. De la Révolution à l'arrêt *Cadot* (1789-1889), LGDJ Bibl. de droit public, 157. Band, 1990, 4.Titelseite, Vorbemerkung von *Dupuis*.

schaftliche Kontroverse um ein Kriterium für das Verwaltungsrecht ausgelöst[279]. Sie läßt sich mit dem Streit zwischen Subordinationstheorie und Subjekttheorie im deutschen Verwaltungsrecht in Verbindung bringen und hängt mit der Verlagerung der staatlichen Aufgaben, der Entwicklung vom Polizeistaat zum Sozialstaat zusammen. Das französische Verwaltungssystem hingegen baut auf der öffentlichen Gewalt, die *Puissance publique* auf. Allein dieser Begriff soll die Sonderregeln für die Verwaltungstätigkeit und ihre Anwendung im Streitfall erklären. Grundgedanke ist, daß die Verwaltung über die Machtbefugnisse verfügt, die einer Privatperson nicht zustehen. Diese Vorrechte kennzeichnen ziemlich zutreffend die Stellung der Verwaltung in der liberalen Epoche des 19. Jh., in welcher die Privatinitiative die Regel, das Privatrecht / *droit commun* und die Verwaltung auf eine Gewährleistung der Privatinitiative durch die Aufrechterhaltung der öffentlichen Ordnung beschränkt waren. Zur Erfüllung dieser Aufgabe besitzt die Verwaltung im öffentlichen Interesse / *Intéret général* die Befugnis, einseitig verbindliche Verwaltungsakte zu erlassen. Diese Befugnis bezeichnet man als *Puissance publique.* Es ist nicht verwunderlich, daß dieser Begriff seit der Entwicklung des staatlichen Interventionismus in Zweifel gezogen und zunehmend durch den des öffentlichen Dienstes / *Service public* verdrängt wurde. Ausgangspunkt für die Theorie des *Service public* ist also ein veränderter Gegenstand des Verwaltungshandelns. Der Staat ist am Ende des 19. Jhs. nicht mehr nur Garant der liberalen Sozial- und Wirtschaftsordnung, er nimmt sich selbst der Aufgaben an, die vom Einzelnen nicht in befriedigender Weise erfüllt oder die als zu wichtig angesehen werden, als daß man sie Privatpersonen überlassen könnte. Der Gedanke des *Service public* beschreibt diese Erweiterung des Aufgabenkreises, den man in Deutschland im Anschluß an *Forsthoff* als Daseinsvorsorge bezeichnet. Der Staat wird dabei weniger durch regelnde Eingriffe denn als Leistungsträger tätig. Die Ausbreitung der Leistungsverwaltung ließ auch Zweifel aufkommen, ob das *Service public* noch als Schlüsselbegriff angesehen werden kann. Es scheint heute so, als seien *Puissance publique* und *Service public* keine Antinomie, sondern innerlich verbunden. *Service public* ist ein funktionaler Begriff. Er bezeichnet das Ziel des Verwaltungshandelns. *Puissance publique* bezeichnet die Mittel: Sie ist ein organischer Begriff, ein Instrument, das für einen bestimmten Zweck eingesetzt wird: Die

---

[279] Vgl. *Chapus*, Le Service public et la Puissance publique, RDP 1968, 235 ff; *Amselek*, Le Service public et la Puissance publique, AJDA 1968, 492 ff.

Verwaltung verfolgt Ziele des *Service public* mit Mitteln der *Puissance publique*. Indes werden nicht alle öffentlichen Dienste mit Mitteln der *Puissance publique* erfüllt[280], wie umgekehrt auch nicht die Mittel der öffentlichen Gewalt einem *Service public* dienen. Öffentliche Dienste werden auch in privatrechtlicher Form erbracht, zur „Beleihung" von Privatpersonen[281], so daß das *Service public* zu einem *Service privé* wird, was sich auf den Rechtsweg auswirken kann. Die *Puissance publique* bezeichnet auch die Polizeigewalt, die vom *Service public* zu unterscheiden ist. Trotz mancher Unklarheit bleiben beide Begriffe der Schlüssel für die Definition des französischen Verwaltungssystems und die Abgrenzung der Rechtswege[282]. Sie bilden zwei Axiome, an denen sich das Verwaltungsrecht orientiert, die aber heutzutage im Lichte des Europarechts eine andere Bedeutung haben.

In der Tat erschienen in Frankreich diese Konzepte gleich einem Mythos, d.h., sie werden als Gründungssymbole betrachtet, auf denen

---

280 Bejahend: *de Laubadère*, Traité de droit administratif I, 11. Aufl. 1990, Nr. 51 ff.; *Vedel / Delvolvé*, Droit administratif I, 11. Aufl. 1990, S. 116 ff.; historisch und kritisch *Regourd*, RDP 1987, 5; *Geffroy*, RDP 1987, 49; *Jourdan*, RDP 1987, 89.

281 Dieser Problemkreis, der angesichts der zunehmenden Beteiligung von Privaten an der stetig wachsenden Verwaltungtätigkeit große Bedeutung erlangt hat, ist auch in Frankreich praktisch und theoretisch noch nicht abschließend erklärt. Im Hinblick auf Fragen des Rechtsweges und der Haftung bestehen ganz ähnliche Schwierigkeiten wie in Deutschland, die auf die Frage hinauslaufen, wann eine Privatperson Verwaltungsakte erlassen kann. Vgl. dazu *Sabourin*, RDP 1971, S. 539; *Chevallier*, Le Service public, 1971.

282 Die Existenz zweier Rechtswege hat in Frankreich zu Abgrenzungsschwierigkeiten geführt. Sowohl in der BRD als auch in Frankreich fehlt ein Gesetz, das die Typen von Streitigkeiten, die der Verwaltungsgerichtsbarkeit zugewiesen sind, im einzelnen präzisiert. Das maßgebende Ges. vom 16. und 24. August 1790 verbietet nur den Zivilgerichten, über Verwaltungsstreitigkeiten zu entscheiden. Es ist Ausdruck des Mißtrauens der Revolution gegenüber der im *Ancien Régime* durch die Parlamente / *Parlements* ausgeübten Gerichtsbarkeit. Zuweisungskriterien zu entwickeln war Aufgabe der Rechtssprechung und der Lehre. Dabei ist das französische Recht eher (deutsch gesprochen) der Subjektstheorie gefolgt: der Rechtsweg bestimmt sich nach dem materiellen Sonderrecht, das sich vom Zivilrecht / *droit commun* unterscheidet. So sind zwei verschiedene Fragen eng miteinander verbunden: das Kriterium des Verwaltungsrechts und das des Verwaltungsrechtswegs. Darum verwundert es kaum, daß die Schlüsselbegriffe des französischen Verwaltungsrechts *Puissance publique* und *Service public* zugleich Zuständigkeitskriterien darstellen.

die kollektive Identität beruht[283]; an der Quelle all dieser Leistungsverwaltungen befindet sich ein von der Gemeinschaft anerkannter Bedarf, den Privatinitiativen nicht zufrieden stellen. Dieser wichtige Begriff der französischen Verwaltung hat eine soziale Zielsetzung in der Befriedigung der kollektiven Bedürfnisse und kann deshalb als Angelpunkt der Staatsrolle angesehen werden[284]. Die allgemeine Staatsgewalt ist insofern in der französischen Rechtsordnung verwurzelt, indem sie Dienstleistungen für die Gemeinschaft verwirklicht, so *Duguit*. Diese Dienstleistungsbefugnis legitimiert die Staatshandlungen und seine Macht. Dazu zwingen sich Grundprinzipien der Verwaltungsgestaltung auf, u.a., die Gleichheit, die Stetigkeit, die Anpassung aber auch die Neutralität und die Transparenz der Verwaltung. Die Logik unterscheidet sich jedoch vom Gemeinschaftsrecht dadurch, daß das französische Verwaltungssystem von der öffentlichen Gewalt ausgeht und die Solidaritäten sowohl als auch die Grundfreiheiten bewahrt. Die Verwaltung sollte, z. B., ein Gleichgewicht finden zwischen den Forderungen der Dienstleistung und der Handlungsfreiheit. Im Gegenteil jedoch, die Gründungsverträge ruhen sowohl auf dem sekundären Gemeinschaftsrecht als auch auf der Freizügigkeit der Personen, der Waren und des Kapitals, die für den Frieden und den Wohlstand im europäischen Markt vorteilhaft ist. Ohne dies als Finalität zu betrachten, ist diese Freizügigkeit ein wesentliches Mittel im Dienste des erzielten Wohlstands[285]. Dies hat zur öffentlichen Debatte zwischen Europäern und Verteidigern einer nationalen bzw. französischen Leistungsverwaltung geführt. Die Unsicherheit der Leistungsverwaltungen, insbesondere im Industrie- und Handelssektor, steigt im Lichte der europäischen Wettbewerbspolitik. Wird dieser Sachverhalt nicht zum Abbau dieser nationalen Leistungsverwaltungen führen, da die Wettbewerbspolitik ebenso zum Mythos geworden ist ?[286]

Zum anderen, und das ist der zweite Grund, beruhen die europäischen Verträge im allgemeinen auf funktionellen und sachlichen Begriffen,

---

[283] Vgl. dazu *Chevallier*, Regards sur une évolution, AJDA Spezialausgabe vom 20. Juni 1997, Le service public, unité et diversité, S. 8.

[284] Vgl. *Duguit*, Traité de droit constitutionnel, 2. Band, 3. Auflage, 1928; *ders*. Les transformations du droit public, 1913.

[285] Dazu *Denoix de Saint Marc*, Bericht über die Leistungsverwaltung, La documentation française, coll. Les rapports officiels, 1996, S. 13.

[286] Vgl. *Debène / Raymundie*, Sur le service universel, renouveau du service public ou nouvelle mystification ?, AJDA 1996, S. 183.

sowie auf der Idee des zu erreichenden Ziels. Dieses Konzept ist vom französischen Verwaltungsbegriff der Kompetenz sehr unterschiedlich, indem es auf organischen Konzepten beruht[287]. Trotzdem trägt das Gemeinschaftsrecht zur Änderung des französischen Verwaltungsorganisationsrechts bei, insbesondere in der jetzigen europaweit aufgeteilten Politik der Deregulierung[288].

Nachdem die gemeinschaftsrechtlichen Tätigkeiten der Gebietskörperschaften anerkannt wurden, pflegt die Europäische Kommission direkte Beziehungen zu ihnen in Umgehung der Staaten. Andererseits ist das Recht der Verwaltungshandlung / *Droit de l'action administrative* in seinen Fundamenten erreicht. Auch wenn das Freizügigkeitsprinzip der Personen die Architektur des öffentlichen Dienstes in Frankreich nicht in Frage gestellt hat, ist es nicht eine Sache der Prinzipien, da die Rechtssprechung des EuGH darauf bestanden hat, daß man wortlaut in Beschäftigungen denken soll statt in Karriere. Der Grund liegt darin, daß die ausländischen bzw. nicht französischen Staatsangehörigen von den Möglichkeiten und Vorteilen, die sie aus dem Gemeinschaftsrecht ziehen können, einen geringen Gebrauch gemacht haben.

Im Bereich öffentlicher Aufträge haben die Verordnungen Durchsetzungsprobleme gekannt, da sie andere Begriffe verwenden als die in dem französischem Verwaltungsvertragsrecht. In dem Zusammenhang wurde eine der wichtigsten Innovation im Rechtsstreitverfahren der Verträge / *Contentieux des contrats* eingeführt: das Vor-Vertrag-Anfrageschreiben / *Référé pré-contractuel*[289], das auf dem Gemeinschaftsrecht fußt. Dazu war das Ziel der europäischen Richtlinien im Bereich der Verwaltungsverträge, daß weder die Veröffentlichungsvorschriften[290] noch die Aufforderung zur Angebotsabgabe verletzt werden, und daß diese als deren Probleme *a posteriori*, nach Abschluß des Vertrages, mit Entschädigungsgeldern gelöst werden. Insofern hat das Gesetz zwei

[287] Vgl. dazu die Vorbemerkungen vom Dekan *Vedel*, in Droit Administratif.
[288] Siehe dazu S. 105 f.
[289] Ges. Nr. 92-10 vom 4. Jänner 1992, JO vom 7. Jänner, S.327; vgl. *Vandermeeren*, Le référé administratif précontractuel, AJDA 1994, Sondernummer, Actualité des marchés publics, S. 91. Dazu Rs *Commune de Cabourg*, CE vom 10. Juni 1994, RFDA 1994, S. 728, Schlußanträge von *Lasvignes*; dazu auch Rs *SARL Entreprise générale d'électricité Noel Béranger*, vom 2. Oktober 1996, AJDA 1997, S. 469.
[290] Dazu Richtlinie Nr. 89-665 vom 21. Dezember 1989, JOCE 30. Dezember 1989, Nr. L. 195.

Verfahren eingeführt, das eine vor dem Zivilrichter, wenn es sich um privatrechtliche Verträge handelt, das andere vor dem Verwaltungsrichter für öffentlichrechtliche Verträge. In beiden Fälle werden die Klagen vor dem jeweiligen Vorsitzenden der Gerichtsbarkeit / *Président de la juridiction* erhoben. Es ist ein vereinfachtes und beschleunigtes Verfahren vor dem Einzelrichter, der ein Urteil fällt, gegen das keine Berufung mehr eingelegt werden kann[291]. Dieses Verfahren ist insofern eigenartig, als es nur *a priori*, vor Vertragsabschluß eingereicht werden kann, aber auch weil der Richter Maßnahmen zur vorläufigen Regelung / *Mesures provisoires* treffen kann, insbesondere Anordnungen zu weisungsgemäßen Handlungen und Zwangsmaßnahmen. Weiter hinaus kann der Richter Aufhebungsmaßnahmen / *Mesures d'annulation* erheben, wie Ungültigkeitserklärungen der Verfahrensentscheidungen sowohl als auch Aufhebungen der Vertragsklauseln[292] und Unterbrechung des Verfahrens[293]. Jede vom Vertrag interessierte Person kann ein Widerspruchsverfahren einleiten, insbesondere der Präfekt im Rahmen seiner Aufsichtsbefugnis und seiner Kontrollmaßnahmen, die er gegenüber den Gebietskörperschaften hat.

Als anderes Beispiel kann man die erwähnte Leistungsverwaltung / *Service Public* zitieren, die nur indirekterweise in dem Art. 90 EGV oder mit Anspielung im Art. 77 erwähnt ist. Das Gemeinschaftsrecht kennt deshalb diesen Begriff nicht und erkennt noch weniger seine Folgen. Die Leistungsverwaltung wird nur aus der Sicht des Wettbewerbs gesehen, wobei die wichtigsten Mutationen durch den Einfluß des Gemeinschaftsrechts eingeführt worden sind. Die Benützung des europäischen Begriffs "universeller Dienst" ist daher nicht befriedigend und zeigt vor allem die schwierige und komplexe Vermittlung zwischen Wettbewerb, sozialer Solidarität und Gemeinschaftsinteresse.

---

[291] In französischer Sprache: "*Le juge statue en premier et dernier ressort en la forme des référés*".

[292] Ges. vom 29. Jänner 1993.

[293] Art. L. 22 und L. 23 des neuen Gesetzbuchs des französischen Verwaltungsrechts. Vgl. *Couzinet*, Les nouveaux pouvoirs du juge en matière de passation des marchés publics et des conventions de délégation de service public: derniers développements, Marchés publics, 1993, Nr. 269, S.79; *Roncière*, L'article L. 22 du code des tribunaux administratifs et cours administratives d'appel. innovations et interrogations, Petites Affiches vom 12. August 1994, S. 7.

Trotz der Ungewißheiten zeigt sich eine zweifache Entwicklung. Seitens des Gemeinschaftsrechts hat der EuGH dem Begriff der " Dienstleistung des generellen wirtschaftlichen Interesses" eine wesentliche Rolle gegeben. Dieser Begriff wird als einer der allgemeinen Werte der Union betrachtet und fördert die soziale Kohäsion. Zum anderen, auf französischer Seite, auch wenn sich die Organisationsmodalitäten der vielen Leistungsverwaltungen / *Service Public* ändern, scheint dies, als wäre es in einer *„akzeptablen Form"*[294]. Das Gemeinschaftsrecht integriert seinerseits die Erfordernisse des Gemeinwohls und Frankreich die des Wettbewerbsrechts. Der Öffnung zum Wettbewerb folgt eine Neugestaltung der Funktionen, insbesondere in der Unterscheidung zwischen den Regulierungs- und Verwendungsbehörden. Dies traf 1990 die eingeführte Reorganisation der französischen Post und Telekom, die seit 1996 einer unabhängigen Regulierungsbehörde / *Autorité de régulation des télécommunications* untersteht. 1991 hatte eine Richtlinie den Schienentransport der neuen Regulierung angepaßt. Es wurden die Infrastruktur- und Transportorgane getrennt. Einigermaßen handelt es sich in der französischen Rechtsordnung um einen Rückgang zur Quelle, weil sich der europäische Begriff für "Dienstleistung des generellen wirtschaftlichen Interesses" dem Begriff der Dienstleistungsverwaltung / *Service Public* des 18. Jhs. nähert, insbesondere in der häufigeren Benützung des Subsidiaritäts- und des Verhältnismäßigkeitsprinzips. Es wird heute insofern akzeptiert, als die staatliche Intervention stattfindet, nur wenn die private Initiative versagt; andererseits wurde es nicht bestritten, daß die Organisation und die rechtliche Regelung dieser Intervention in der Zielsetzung variieren kann. Im Lichte des Europarechts werden Rolle und Funktion dieser Dienstleistungsverwaltungen komplexer und die Architektur des französischen Verwaltungsrechts komplizierter.

Insofern bereitet das Gemeinschaftsrecht die Grundlage eines vorteilhaften Kontextes für die Infragestellung der Konzepte, die das französische öffentliche Recht gestalten. Es sind Gründe, die sowohl auf soziologischen Aspekten beruhen als auch auf konkreten Daten. Das Gemeinschaftsrecht ist zuerst und einfach durch Praktiker geleitet, insbesondere durch Rechtsanwälte, die es als "Feststellungsrecht" benützen. Es wird damit die Anfechtung der nationalen verwaltungs-, handels- oder strafrechtlichen Normen gesucht und weiter hinaus ihre Ausscheidung,

---

[294] Vgl. *Dupuis, Guédon, Chrétien*, Droit administratif, 6. Auflage, S. 479.

da sie als unverwendbares und obsoletes Prinzip gesehen werden. Andererseits wird das Gemeinschaftsrecht im Bereich des öffentlichen Rechts *largo sensu* als ein Deregulierungsrecht betrachtet, also als ein Recht des Abbaus / *démantèlement*.

In jedem Fall scheint das Gemeinschaftsrecht ein Erneuerungsfaktor zu sein, ein Modernisierungselement. In der Zeit, da die Rechtsanfrage explodiert, führt dies zu einem verstärkten Anspruch des Rechtssuchenden, z.B. in den Beziehungen zwischen dem Richter und der Verwaltung. Die vorrangige Erforschung nach der Effektivität und des durch die Gerichte gewährten Schutzes wird dazu führen, daß es zukünftig immer öfter wesentliche Änderungen in der gerichtlichen Funktion und in ihrer Praxis geben wird. Dies betrifft insbesondere den Verwaltungsrichter. Die Rechtssprechung des EuGH verpflichtet den französischen Verwaltungsrichter zu einer wichtigeren Anweisungsbefugnis als bisher, insbesondere mit der Einführung der Verpflichtungsklage / *Pouvoir d'injonction*[295]. Der Anachronismus der französischen öffentlichen Justiz[296] endet mit der Anerkennung dieser neuen Macht. Lange Zeit wurde dem Richter das Tabu der unantastbaren Verwaltung gegenübergestellt[297]. Ebenso befürchtete man, ohne annehmbare Begründung[298], die Umwandlung des Verwaltungsrichters in einen zukünftigen Verwalter[299]. Zahlreiche europäische Länder benützen diese Macht, insbesondere diejenigen, die das Prinzip der gerichtlichen Einheitlichkeit angenommen haben. Dazu zählt auch das Englische Königreich, in dem diese Verpflichtungsklage im Rahmen der *judicial review* akzeptiert wurde. In

---

295 Dazu Ges. Nr. 95-125 vom 8. Februar 1995, JO vom 9. Februar 1995, S. 2175 über die Anerkennung der Verpflichtungsklage / *Pouvoir d'injonction*. Neue Fassung des Art. L. 8-2 und Art. L.8-4 des französischen Verwaltungsgesetzbuchs.

296 Vgl. *Moderne*, Sur le nouveau pouvoir d'injonction du juge administratif, RFDA Nr. 12, Jänner – Februar 1996.

297 Vgl. *Debbasch*, Le juge administratif et l'injonction: La fin d'un tabou, La Semaine Juridique, JCP Nr. 16., S. 161.

298 Vgl. dazu *Chapus*, Droit du contentieux administratif, S. 727. Der Autor betont die sowohl massive als auch mysteriöse Rechtssprechung, die bisher die Verpflichtungsklage verweigert hatte. Vgl. dazu Rs *Vincot* vom 17. Oktober 1986, E, S. 234.

299 Vgl. *Gabolde*, Le juge administratif va-t-il nous gouverner ?, Juris-Classeur, Droit administratif, November 1995; *Gaudemet*, Le juge administratif, futur administrateur ?, in Le juge administratif à l'aube du XXIe. Siècle, Presses universitaires de Grenoble 1995, S. 179.

dem Zusammenhang werden die Prerogativen des Hofes[300] zerbrechlicher[301]. Der Art. 118 der spanischen verfassungsrechtlichen Charta verpflichtet die Verwaltung zur Durchführung der richterlichen Entscheidung, um die Effektivität des Rechtsschutzes[302] zu gewährleisten. Um in Frankreich diese nationalen Hürden zu bewältigen, brauchte man ein Gesetz, um Volkswillen und Europäische Gerechtigkeitsgedanken durchsetzen zu können. Da das Prinzip der Teilung zwischen den Verwaltungsorganen und der Gerichtsbarkeiten keinen verfassungsrechtlichen Rang hat[303], wurde insofern die Legitimität der Reform gesichert. Die entstandenen Gesetze zeigen eine neue Orientierung der Vorstellung der Beziehungen zwischen dem Richter und der Verwaltung. Außerdem wurde der zentralistische Verwaltungsgedanke zerbrechlicher. Gegenüber den juristischen Personen des öffentlichen Rechts hatte bisher der Verwaltungsrichter keine effiziente Befehlsbefugnis und sollte sich enthalten, ein bestimmtes Verhalten ausdrücklich zu befehlen. Eine Ungleichheit ergab sich in der langjährigen Anerkennung einer Autoritätsfunktion in der richterlichen Funktion und in der Anwendung eines solchen Verfahrens in der ordentlichen Gerichtsbarkeit[304]. Trotzdem hat der Rechtsstreit durch den Einfluß der europäischen Normen eine andere Dimension bekommen und die Objektivität der Verfahren bekräftigt.

Die Erkennung der Erzwingungsstrafe / *Droit d'astreinte*[305], die eine Auferlegung von Zwangsgeldern ermittelt, wurde ebenso vom Europäischen Richter bekräftigt. Die traditionelle Rechtsordnung hat sich immer gegen die Tendenz der Verbreiterung der Rechte des Verwaltungsrichters gewehrt. In der Hinsicht sollten die Unterscheidungen zwischen den beiden Rechtsstreitverfahren bewahrt werden. Dies bedeutet, daß die Befugnisse des Richters getrennt hätten bleiben sollen; einerseits im Falle einer Überschreitung der Amtsbefugnisse bzw. im Rahmen einer

300 Vgl. *Bell*, Sur le pouvoir du juge britannique d'adresser des injonctions à la Couronne, RFDA 1990, S. 920.

301 *Mattheews*, Injonctions, interim relief and proceedings against Crown servants, Oxford Journal of Studies 1988, S. 154; Vgl. dazu *M. v. Home Office*, 1993, A 11 ER 537.

302 In spanischer Sprache: " *tutela judicial efectiva* ".

303 Dazu Ges. vom 16.-24. August 1790 und Verordnung des 16. Fructidor de l'An III. Vgl. Rs des CC Nr. 80-199 DC vom 22. Juli 1980, E., S. 46.

304 Die richtertliche Funktion besteht aus der *jurisdictio* – die Befugnis das Recht auszusprechen – und aus dem *imperium* – die Macht das Recht anzuwenden.

305 Dazu Ges. Nr. 80-539 vom 16. Juli 1980 und vom 8. Februar 1995, Fn. 292.

Anfechtungsklage, die gesetzeswidrige Verwaltungsakte durch den *Conseil d'Etat* erstrebt / *Recours pour excès de pouvoir* angreift und andererseits, im Rahmen einer Anfechtungsklage, die die Aufhebung der Verwaltungsakte anstrebt und gleichzeitig eine durch den Richter ersetzte Entscheidung verlangt / *Recours en plein contentieux*. Mit der Einführung der Erzwingungsstrafe wurden beide Verfahren zusammengestellt. Die Unterschiede werden überwunden, in beiden Verfahren kann der Richter seine Urteile mit Erzwingungsstrafen begleiten. Der letzte Schritt zur Vereinheitlichung der Macht des Verwaltungsrichters wurde gemacht: er lag in der Durchsetzung der Entscheidungen. Dies folgt dem Grundsatz der Durchsetzungspflicht jeder richterlichen Entscheidung, jedes ausgesprochenen Urteils[306]. Der Richter ist in der Situation kein Berufungsrichter, weil er keine Beurteilung ausübt. Nach der sechsmonatigen Frist schätzt er die Tatsache und die Gründe der Nichterfüllung ab und stellt die Summe der Erzwingung fest. Diese Tätigkeit ist belastend, da der Richter mit Genauigkeit die rechtlich notwendige Maßnahme treffen muß, sodaß seiner Entscheidung Folge geleistet wird. Er kann sich nicht auf die Verweisung des Klägers vor der Verwaltung beschränken. Insofern muß sich der Verwaltungsrichter gewissenhaft verhalten. Eine richterliche Illegalität zur Reparation einer anderen von ihm zensierten Illegalität wäre nicht denkbar, insbesondere bei Ungültigkeitserklärungen der Neuordnung des ländlichen Grundbesitzes und im Rahmen der Städteplanung. Auch wenn der Weg holprig ist und trotz der kränkenden Staatsverwaltung, die ihre Hoheitsgewalt dem Richter weiterhinaus unterstellt, ist dieser wichtige Schritt eine konkrete Verfahrensgarantie im Schutz des Bürgers in seinen Rechten. Trotz der geringen Benützung der Erzwingungsmaßnahmen[307] hat diese Wende in der französischen Rechtsordnung zur Harmonisierung der Beziehung unter den europäischen Rechtssuchenden geführt. Diese Maßnahme nähert sich der Objektivität des gemeinschaftsrechtlichen Verfahrens im Art. 228 EUVn[308]. In anderen Worten, die Einführung

[306] Jedes Urteil des Verwaltungsgerichts unterliegt dem Prinzip der Vollstreckbarkeit / *Force exécutoire*. Im Gegensatz zu den ordentlichen Gerichtsbarkeiten bei denen die Erschöpfung der Rechtswege erforderlich ist, wirkt die Rechtskraft / *Force de chose jugée* einer Entscheidung des Verwaltungsgerichts unmittelbar.
[307] Bis heute wurden ca. zwanzig Fälle in den Verwaltungsgerichten eingereicht.
[308] Art. 228 EUVn, Abs. 1: *"Stellt der Gerichtshof fest, daß ein Mitgliedstaat gegen eine Verpflichtung aus diesem Vertrag verstoßen hat, so hat dieser Staat die Maßnahmen zu ergreifen, die sich aus dem Urteil des Gerichtshofes ergeben"*.

dieser Maßnahme war ein Instrument der Verankerung des europäischen Rechtsstaatsgedankens. Auch wenn sich die interne Rechtskultur durch diesen Einfluß ändert, bleibt die französische Rechtsordnung von einer *„Richterregierung"* noch weit entfernt[309].

Dies führt zu erneuten Kontrollmöglichkeiten der nationalen Verwaltungsmaßnahmen, die auf dem Gemeinschaftsrecht aufbauen und von ausländischen Rechtssystemen[310] beeinflußt sind. Dies breitet die gerichtlichen Befugnisse weiter aus und gibt ihnen die Gelegenheit, ihre einzigartige Kompetenz, die sich aus dem Gemeinschaftsrecht ergebenden Rechte zu bewahren und diese in die französischen Rechtsordnung einzubauen. Dies ändert sowohl die Konditionen des Rechtsweges als auch die eigenen Voraussetzungen der gerichtlichen Debatte[311]. Es wurde nicht alles entschieden, aber wenn man die Ziele des EuGH nicht aus den Augen verliert, erkennt man was zwischen den Zeilen der europäischen Rechtssprechung steht. Das Verständnis für den Integrationsprozeß und den Rechtsschutz beruht darin, die alten Konzepte des französischen öffentlichen Rechts zu verbessern. Zusätzlich kommt das Phänomen der Ansteckbarkeit, der Kontamination des Gemeinschaftsrechts, das hier eine der wichtigsten Rollen spielt. Es ist schwer zu glauben, daß die großen Veränderungen, die wegen des Gemeinschaftsrech-

---

Abs. 2: *"Hat nach Auffassung der Kommission der betreffende Mitgliedstaat diese Maßnahmen nicht ergriffen, so gibt sie, nachdem sie ihm Gelegenheit zur Äußerung gegeben hat, eine mit Gründen versehene Stellungnahme ab, in der sie aufführt, in welchen Punkten der betreffende Mitgliestaat dem Urteil des Gerichtshofes nicht nachgekommen ist. Hat der betreffende Mitgliedstaat die Maßnahmen, die sich aus dem Urteil des Gerichtshofes ergeben, nicht innerhalb der von der Kommission gesetzten Frist getroffen, so kann die Kommission den Gerichtshof anrufen. Hierbei benennt sie die Höhe des von dem betreffenden Mitgliedstaat zu zahlenden Pauschalbetrags oder Zwangsgelds, die sie den Umständen nach für angemessen hält. Stellt der Gerichtshof fest, daß der betreffende Mitgliedstaat seinem Urteil nicht nachgekommen ist, so kann er die Zahlung eines Pauschalbetrags oder Zwangsgelds verhängen".*

[309] Im Gegensatz, vgl. *Gabolde*, Le juge administratif va-t-il nous gouverner ?, Editions du Juris-Classeur, Droit administratif, November 1995.

[310] Diese Verpflichtungsklage wurde wegen ihres Erfolgs in der deutschen Rechtspraxis in das Verwaltungsverfahren der französischen Rechtsordnung eingeführt.

[311] Der EuGH hat entschieden, daß der nationale Richter die Verstöße gegen das Gemeinschaftsrecht automatisch vermerken soll; in Rs *Peterbroeck* vom 14. Dezember 1995, C – 312/93.

tes entstanden sind, sich auf sich selbst beschränken. Wenn der Verwaltungsrichter seine Befugnisse, die er, z. B., in der Rs *Factortame* aus dem Gemeinschaftsrecht, wird er dieses Recht allmählich in ähnlichen Fällen weiter benützen. In einer Rechtsordnung ist es möglich, verschiedene Richterbefugnisse in derselben Norm anzuwenden. Das Beispiel des Gesetzes *"Sapin"* [312] beweist diese These, indem es den neuen Mechanismus der Verwaltungsverträge verallgemeinert und zur Anwendung in der ordentlichen Gerichtsbarkeit führt.

Im Verhältnis zum Völkerrecht der EMRK ist das Gemeinschaftsrecht ein Instrument der Menschenrechte geworden[313]. Es ist ein Durchsetzungselement der europäischen Grundrechte, die ihrerseits zu Änderungen des nationalen Verwaltungsrechts führen (*cf. Dritter Titel*).

Letzten Endes stärkt das Gemeinschaftsrecht die kritische Reflexion über das französische Verwaltungsrecht und stimuliert die intellektuelle Kreativität der Juristen. Aus dieser Perspektive kann man behaupten, daß der Gerichtshof den europäischen Bürger und seinen zwingenden Rechtsschutz in den Mittelpunkt des Rechtssystems stellt, während die französische Verwaltungsgerichtsbarkeit einen Kompromiß zwischen öffentlichem Interesse und Bürgerrechten sucht. In diesem Kontext werden in Zukunft gemeinschaftsrechtliche Mechanismen, die auch durch ausländische Rechtssysteme inspiriert sind, ihren Weg in der französischen Rechtsordnung finden[314]. Das Straßburger Verwaltungsgericht hat in der Hinsicht eine bemerkenswerte Anwendung des Vertrauensprinzips getroffen im Gegensatz zu anderen Regionen, die länger gebraucht haben, solche demokratischen Fundamente anzuerkennen. Insofern wird auch die rückgängige rechtsstreitige Ungültigkeitserklärung der französischen Rechtsordnung fraglich sein, da der französische Verwaltungsrichter im Gegensatz zu anderen europäischen Ländern – wie in der BRD - keine Möglichkeit hat, seine Ungültigkeitserklärungsbefugnis zu moderieren. Die europäische Herausforderung besteht darin, die plura-

---

[312] Ges. Nr. 91-3 vom 3. Jänner 1992, JO vom 5. Jänner, S. 236. Vgl. dazu Cadiet, Les marchés publics devant le juge civil, RFDA 1993, S. 184.

[313] Dazu *Erster Titel.*

[314] Vgl. *Galmot*, Réflexions sur le recours au droit comparé par la Cour de Justice des Communautés Européennes, in RFDA 1990, S. 255.

[314] Dazu CE Nr. 942560 vom 16. Februar 1995 *Fischer / Chambre des métiers de la Moselle*; CE Nr. 95375 vom 19. Dezember 1995 *Fiebig / Commune de Steingbouse* und Rs Nr. 950584314 vom 10. November 1995 *Consorts Xu.*

listische Vielfalt der Rechtssysteme, mit ihren spezifischen Organen und ihrer eigenen Logik in Einklang zu bringen. Diese Systeme existieren und man kann sie in einem Europa der Gerechtigkeit nicht ignorieren, da sie allen Europabürgern dienen. In diesem Sinne muß sich in Frankreich die Rechtsordnung öffnen, damit sich die internationale und europäische Zusammenarbeit der Richer auf allen Ebenen verbessert, von Luxemburg und Straßburg zu den nationalen Gerichten einerseits und von diesen zurück zu den europäischen Gerichtshöfen andererseits, da die nationalen Richter in direktem Kontakt zur juristischen und verwaltungsrechtlichen Realität stehen, insbesondere im Umfeld der Geschäfte und des Wettbewerbs. Im Lichte des in Europa gesuchten Gleichgewichts zwischen allen Gewalten, bringt diese legitime gegenseitige Beeinflussung den nationalen Verwaltungsrichtern Innovation und Kühnheit in ihrer staatlichen Hoheitsgewalt.

Sowohl in der Gestaltung der Europapolitik als auch in der Unterstützung der regionalen Initiativen scheint die grenzüberschreitende Zusammenarbeit eine wesentliche Rolle in der Implementierung und der Anwendung des Europarechts zu spielen. Im europäischen Globalisierungsprozeß ist die Neugründung der Euroregionen ein Beispiel der guten Nachbarschaftsbeziehungen, insbesondere im Lichte der Erweiterung der EU. Im folgenden steht die Analyse der Euroregion Pro Europa Viadrina im Mittelpunkt der wissenschaftlichen Untersuchung, da sie die Kooperationen zwischen dem Bundesstaat der BRD und dem Zentralstaat Polen fördert. Dieser Teil wird eine Nachbarschaft vorstellen, die auch für andere Staaten ein Beispiel europäischer Zusammenarbeit sein kann. Untersucht werden soll die Rolle der grenzüberschreitenden lokalen Zusammenarbeit in der deutsch-polnischen Grenzregion, einerseits im Rahmen der integrativen Tendenz der EU sowie andererseits der nationalen deutsch-polnischen Kooperation in einem gesamteuropäischen Entwicklungszusammenhang. Die deutsch-polnische Grenzregion dient in der Analyse als Fallstudie für eine sowohl juristische als auch politikwissenschaftliche Untersuchung. Im Mittelpunkt der folgenden Untersuchung steht die Frage, inwieweit sich bei der grenzüberschreitenden Zusammenarbeit in der deutsch-polnischen Grenzregion Grundlagen für die Kooperation der lokalen Akteure im europäischen Mehrebenensystem ausmachen lassen. Die Handlungsspielräume für die polnisch-institutionnelle grenzüberschreitende Zusammenarbeit sollen nicht nur horizontal (Euroregion) sondern auch vertikal (Grenzregionen – Nation – EU) untersucht werden.

Drittes Kapitel: Euroregionen als grenzüberschreitende Kooperationen

Nach dem Ende des Kalten Krieges hat sich der internationale Kontext für Außen- und Sicherheitspolitk grundlegend verändert und somit auch der Kontext für regionale Integration. Dabei spielen die Beziehungen der EU zu den Staaten Mittel- und Osteuropas (und den GUS-Republiken) eine zentrale Rolle bei der Neuordnung Europas. Es erfolgte eine lang anhaltende Debatte über die Neuorientierung des europäischen Kontinents. Der geopolitische Schwerpunkt ist nach Osten gewandert, obwohl durch das Verschwinden des COMECON und des Warschauer Paktes der institutionelle Schwerpunkt (EU und NATO) weiterhin im Westen liegt. Mittel- und Osteuropa sind der Knotenpunkt dieser widersprüchlichen Tendenz. Die Gestaltung der Beziehungen von der EU zu MOE-Staaten in einem größeren europäischen Kontext wird eine der Fragen für die Zukunft sein. Diese Veränderung der Geopolitik nach dem Ende des Kalten Krieges hat jedoch nicht nur die Beziehungen der Staaten beeinflußt, sondern auch die Lage und Situation der Regionen in Europa verändert, vor allem im Verhältnis zum Zentrum der EU und zum Zentrum Europas. Angesichts der Desintegration im Osten ist es nicht verwunderlich, daß bei den MOE-Staaten eine starke Westorientierung auszumachen ist, die auf eine Einbindung in die westlich geprägten politischen, wirtschaftlichen und sicherheitspolitischen Strukturen abzielt. Dadurch geraten die Regionen in West- und Südwesteuropa weiter an die Peripherie, wohingegen die Zentrumsnähe mittel- und osteuropäischer Regionen erheblich wächst. Symptomatisch dafür ist das Drängen dieser Staaten auf die Verankerung von bilateralen Verträgen, die die Unterstützung der westlichen Partnerländer für die Perspektive der EU-Vollmitgliedschaft sichern soll. Die MOE-Staaten sahen in dem Abschluß der EG-Assozierungsabkommen ein wichtiges Zwischenziel auf dem Weg zu ihrer künftigen Integration in die EU. Für *Elisabeth Pond* sind gerade diese „postnationalen Bewußtseinänderungen" der MOE-Staaten die eigentliche Revolution[315]. Durch den Wegfall des „Eisernen Vorhangs" haben sich insbesonders neue Möglichkeiten nachbarschaftlicher, lokaler, grenzüberschreitender Kooperationen zu

---

[315] „Diese erstaunlichen Abweichungen von Jahrhunderten der Konfrontationspolitik in den internationalen Beziehungen sind fast unbemerkt vor sich gegangen". *Elisabeth Pond*, Brief aus Bonn, Europäische Visionen, *in*: Europäische Rundschau, 25. Jg., 4/97, S. 34.

den MOE-Staaten an der Außengrenze der EU ergeben, die die Rechtsstaatlichkeit im Osten fördert und weiterhinaus den Grundrechtsschutz kräftigt. Der weltweite Entspannungsprozeß, in Verbindung mit den friedlichen Revolutionen in den MOE-Staaten und der Deutschen Demokratischen Republik (DDR), hat durch die deutsche Einigung zu einem Wegfall der Grenze BRD – DDR geführt und eine Öffnung der deutschen Grenze zu den östlichen Nachbarn ermöglicht[316].

1. Neugestaltung der nachbarschaftlichen Beziehungen nach der Wende

Nach der Wiedervereinigung Deutschlands am 3. Oktober 1990 bekam Deutschland im Osten eine gemeinsame Grenze mit Polen. Die Oder-Neiße-Grenze wurde im Grenzvertrag vom 14.November 1990 von der Republik Polen und der BRD als unverletzliche Staatsgrenze festgeschrieben[317]. Die Vertragsparteien haben zum Ausdruck gebracht, daß sie keine friedensvertragliche Lösung getroffen haben, sondern den Vertrag als Beitrag zur Stabilisierung der europäischen Friedensordnung verstehen und als neue Art der freundschaftlichen Zusammenarbeit. Gleichzeitig ist sie auch die Außengrenze der EU.

Durch die geschilderten veränderten Ordnungsstrukturen und Beziehungsmuster der gesamteuropäischen Politik ist der Aufbau grenzüberschreitender Zusammenarbeit in der deutsch-polnischen Grenzregion erst möglich geworden. Die Festschreibung der deutsch-polnischen Grenze als unverletzliche Staatsgrenze stellte die Voraussetzung für die „Überwindung" dieser Grenze dar. Im Art. 10 des deutsch-polnischen Nachbarschaftsvertrages vom 17. Juni 1991[318] wird dabei ausdrücklich

---

[316] Die neue Visa-Regelung, die am 8.4.1991 in Kraft trat, bedeutete einen visafreien Zugang für u.a. polnische Bürger in die BRD und auch in die anderen Partnerländer des Abkommens von Schengen.

[317] *Wladyslaw Czaplinski*: Die neuen polnisch-deutschen Verträge und der Wandel in der politischen Struktur Europas, in: Schade (Hrsg.): Die Mühlen der Ebene – Ein Jahr nach den Verträgen. 4. Deutsch-Polnisches Gespräch, Düsseldorf, 1993, S. 21. Im Art. 2 erklären die Vertragsparteien die Unverletzbarkeit der zwischen ihnen bestehenden Grenze und bekennen sich zur gegenseitigen Achtung ihrer Souveränität und territorialen Integrität. Art. 3 erklärt, daß die Parteien gegeneinander keinerlei Gebietsansprüche haben und solche auch in Zukunft nicht erheben werden.

[318] Vertrag zwischen der BRD und der Republik Polen über gute Nachbarschaft und freundschaftliche Zusammenarbeit, vom 17. Juni 1991, Bundesgesetzblatt 1991, Teil II, S. 1315-1327.

auf die Bedeutung von partnerschaftlicher Zusammenarbeit von Regionen, Städten und Gemeinden in der BRD und Polen hingewiesen. Der Nachbarschaftsvertrag sollte, ähnlich wie der 1963 abgeschlossene Elysee-Vertrag zwischen Deutschland und Frankreich, eine politische Initialgründung bewirken und eine breite Basis für freundschaftliche Beziehungen beider Staaten bilden. Der aus 38 Artikeln und einem Austausch gleichlautender Briefe der Außenminister beider Staaten bestehende Nachbarschaftsvertrag stellt das umfangreichste Vertragswerk mit konkretesten Beschreibungen von Kooperationsfeldern dar, das die BRD seit dem Ende des Kalten Krieges mit mittel- und osteuropäischen Ländern abgeschlossen hat. Zentrale Absprachen im Sinne einer „deutsch-polnischen Interessengemeinschaft" wurden getroffen zur Minderheitenproblematik und zur deutschen Unterstützung des polnischen Wunsches, Mitglied in der EU zu werden. Insofern bilden die rechtlich verbindlichen Vereinbarungen über die deutsche Minderheit in Polen einen wichtigen Teilbereich dieses Vertrages. Die detaillierten Rechte der „deutschen Minderheiten" in Polen, deren Existenz noch einige Jahre zuvor von offiziellen Stellen in Polen geleugnet worden war, kennzeichnet den gewaltigen Durchbruch in den deutsch-polnischen Beziehungen. Damit waren langjährige Forderungen der deutschen Seite erstmals vertraglich verbindlich und damit einklagbar festgelegt worden und war ein weiterer Hauptkonflikt seit dem Zweiten Weltkrieg rechtlich und politisch beigelegt. Bemerkenswert ist auch, daß der Nachbarschaftsvertrag, im Sinne der „Interessengemeinschaft", in Bezug auf die Minderheitenproblematik vom Prinzip der Gegenseitigkeit ausgeht und sich auch auf polnische Bürger in der BRD bezieht. In Art. 20 bis 23 des Nachbarschaftsvertrages werden der deutschen Minderheit in Polen und in der BRD lebenden Polen Minderheitenrechte auf Basis von seitens der KSZE, der UNO und des Europarates vorgegebenen internationalen Standards gewährt. Den genannten Personengruppen wurden umfangreiche Möglichkeiten der Entfaltung ihrer eigenen Muttersprache gewährt oder das Recht auf Vereinigung in einer Bildungs-, Kultur- und Religionseinrichtung. So sind sie berechtigt, Namen in der Form ihrer Muttersprache zu führen, womit die Polonisierung bzw. Eindeutschung von Namen in Zukunft nicht mehr legitim ist. Die in Art. 20 und 21 definierten Minderheitenrechte zur Wahrung der sprachlichen und kulturellen Identität werden allerdings in Art.22 beschränkt. Als mit dem Vertrag unvereinbar angesehen werden Tätigkeiten oder Handlungen der betroffenen Personengruppen, die *„ (...) in Widerspruch zu den Zielen und Prinzipien der Charta der Vereinten Nationen, anderen* *völkerrechtlichen Verpflichtungen oder den Bestimmungen der Schlußakte von Helsinki einschließlich des Prinzips der territoralen Integrität des Staates (...)"* stehen (Art. 22 Abs. 1 des Nachbarschaftsvertrages). Sezessionstendenzen unter Oberschlesiern wären demnach nicht vereinbar mit den gewährten Minderheitenrechten. Im folgenden Abs. 2 legt Art. 22 fest, daß die in Art. 20 genannten Personengruppen sich *„wie jeder Staatsbürger loyal gegenüber dem jeweiligen Staat zu verhalten"* haben; dementsprechend wäre die Umgehung des Wehrdienstes in Polen, die Junge deutscher Abstammung durch einen zeitweiligen Umzug nach Deutschland (als Aussiedler) erreichen können, ein Akt der Illoyalität. Zwar wurde die vom Bund deutscher Vertriebenen und von der CSU erhobene Forderung nach einem Niederlassungsrecht der Vertriebenen in Polen noch nicht in das Vertragswerk aufgenommen, doch verpflichtet sich die polnische Regierung in dem gleichlautenden Briefwechsel der Außenminister *Genscher* und *Skubiszewsi*, der bei der Unterzeichnung des Nachbarschaftsvertrages stattfand, daß *„die Perspektive eines Beitritts der Republik Polen zur EG zunehmend die Möglichkeiten schaffen wird, auch den deutschen Bürgern eine Niederlassung in der Republik Polen zu erleichtern"* (Ziffer 2 des Briefwechsels zum Nachbarschaftsvertrag). Auch der von der BRD geäußerte Wunsch, zweisprachige Ortsschilder in den von Deutschland bewohnten Gebieten aufzustellen, wird von polnischer Seite im Briefwechsel zurückhaltend beantwortet, allerdings ist man bereit, *„diese Frage zu gegebener Zeit zu prüfen"*.

Neben den rechtlichen Regelungen in bezug auf die deutsche Minderheit in Polen und umgekehrt, bilden die Vereinbarungen über die Fürsprecherrolle der deutschen Bundesregierung für die polnische Beitrittsperspektive zur EG ein weiteres, bedeutendes Teilstück dieses Vertrages (Art. 8 des Nachbarschaftsvertrages). Tatsächlich spiegelt der Nachbarschaftsvertrag die weit über die bilateralen Beziehungen hinausgehende europäische Funktion der zukünftigen Gestaltung der deutsch-polnischen Beziehungen wieder, die beide Regierungen dem Vertragswerk zuschreiben. Der Nachbarschaftsvertrag deklariert die Perspektive eines vereinten Europas als ein von deutscher und polnischer Seite gemeinsam zum Ausdruck gebrachtes Interesse. In Art. 8 Abs.2 des Nachbarschaftsvertrages wird der Abschluß eines Assoziierungsabkommens zwischen Polen und der EG als Grundlage für eine politische und wirtschaftliche Heranführung Polens an die Gemeinschaft bewertet. Weiter heißt es, daß die Heranführung von der BRD im Rahmen ihrer

Möglichkeiten nach Kräften gefördert wird. Da letztendlich die Mitgliedstaaten der EU und deren Institutionen über die Integrationsfähigkeit Polens zu entscheiden haben, verweist die Bundesregierung hier auch auf Grenzen des deutschen Handlungsspielraums. Auch macht die Bundesregierung indirekt deutlich, daß sie diesen Prozeß nur flankierend begleiten kann, da Polen selbst seine Beitrittsfähigkeit unter Beweis stellen muß. Art. 8 Abs.3 des Nachbarschaftsvertrages führt dies aus: *„Die BRD steht positiv zur Perspektive eines Beitritts der Republik Polen zur EG, sobald die Voraussetzungen dafür gegeben sind"*. Die Ratifikationsdebatten des deutschen Bundestages und des polnischen Sejms würdigen ebenfalls die europäische Dimension des Nachbarschaftsvertrages. Nach Einschätzung des Bundestagsabgeordneten *Markus Meckel* (SPD) *„wurde auf polnischer Seite die Berwertung des deutschen Engagements für die Mitgliedschaft Polens in der EU und in der NATO (sogar) zu einem Gradmesser auch für die bilateralen Beziehungen (...). Polen ist diesen beiden Zielen mit tatkräftiger deutscher Unterstützung sehr nahe"* [319].

In Art. 12 des Nachbarschaftsvertrages messen die Vertragsparteien *„ (...) der partnerschaftlichen Zusammenarbeit zwischen Regionen, Städten, Gemeinden und anderen Gebietskörperschaften, insbesondere dem grenznahen Bereich hohe Bedeutung bei"*. Nach seinem Wortlaut räumt dieser Artikel den genannten Gebietskörperschaften *„keine partielle Völkerrechtssubjektivität ein, da die Worte hohe Bedeutung beimessen ihrer gewöhnlichen Bedeutung nach über eine bloße politische Wertung nicht hinausreichen"*[320]. Zwar verpflichten sich die Vertragsparteien des weiteren, die regionale und grenzüberschreitende Zusammenarbeit auf allen Gebieten zu erleichtern und zu fördern, und heben hervor, hierzu eine Regierungskommission für regionale und grenznahe Zusammenarbeit einzurichten (Art. 12 Abs.2). Angesichts der „fehlenden Konkretisierung, welcher Art und welchen Umfangs diese Verpflichtung ist, fällt diese unter die als *weiches Recht* bezeichnete Möglichkeit der inhaltlichen Gestaltung von Rechtsverträgen". Die Betonung der Tätigkeit der deutsch-polnischen Regierungskommission als einzig konkrete Defini-

---

[319] *Meckel*, Der deutsch-polnische Nachbarschaftsvertrag – Bilanz nach fünf Jahren, zitiert aus einem Vortrag mit gleichlautendem Titel auf einer wiss. Tagung in der Europa-Universität *Viadrina* Frankfurt (Oder) zum Thema „Der deutsch-polnische Nachbarschaftsvertrag – Bilanz nach fünf Jahren" vom 1. bis 4. September 1997.

[320] *Blumenwitz*, Lokale grenzüberschreitende Zusammenarbeit auf der Grundlage des deutsch-polnischen Vertragswerkes, Bonn, 1994, S. 17.

tion der Verpflichtung ist „kein Ausdruck von lokaler grenzüberschreitender Kooperation".

Der deutsch-polnische Nachbarschaftsvertrag vermittelt somit keine partielle Völkerechtssubjektivität an deutsche oder polnische Gemeinden oder Gemeindeverbände. Ebensowenig werden die Vertragsparteien durch die Bestimmung des Nachbarschaftsvertrages verpflichtet, entsprechende staatliche Ermächtigungen durch Erlaß abgestimmter paralleler Gesetze zu schaffen. Art. 13, 16, 17, 18 und 19 beziehen sich gegebenenfalls auf konkrete Bereiche der Zusammenarbeit zwischen Deutschland und Polen (Umweltschutz, Raumordnung, Katastrophenhilfe, Tourismus und Kommunikation). Dies führt zu einer wesentlich erleichterten Kooperationsmöglichkeit für interregionale und grenzüberschreitende Zusammenarbeit von Kommunen in Polen und Deutschland und wurde von diesen in den Jahren nach der Wende verstärkt wahrgenommen[321].

Weiterhin führt der Nachbarschaftsvertrag aus, daß sich die Vertragsparteien in der regional und grenznahen Zusammenarbeit insbesondere von den entsprechenden Konventionen des Europarates leiten lassen, und betont, daß sie die Einbeziehung dieser Zusammenarbeit in die Tätigkeit der entsprechenden europäischen Gremien anstreben (Art.12 Abs.3). In der Bezugnahme auf Konventionen des Europarates[322] könnte

---

[321] Die DDR hatte mit der Volksrepublik Polen bis zu etwa 60 Städtepartnerschaften und die BRD bis zur Wende 25-30 westdeutsch-polnische Partnerschaften abgeschlossen. Mit der Heranführung dieser Gebietskörperschaften an die EU kann der Rat der Gemeinden und Regionen Europas (RGRE) im Hinblick auf die nächste Erweiterungsrunde der Gemeinschaft eine wichtige Integrationsfunktion auch für die lokalen Akteure bedeuten.

[322] Der Europarat hat sich auch für die kommunale Selbstverwaltung und vor allem für die regionale und kommunale grenzüberschreitende Zusammenarbeit sowie für ein „Europa der Bürger" frühzeitig eingesetzt und hier Basisarbeit geleistet. *Genscher* äußerte sich so 1978 zum Europatag: „Der Bau des Europas der Bürger hatte bereits begonnen, als vor 29 Jahren der Europarat gegründet wurde. Er ist die erste politische Institution", zitiert nach *Brückner*, Der Europa Ploetz, Basiswissen über das Europa von heute, Freiburg, 1993, S. 34. Der Europarat wird bei Themen mit regionalem und kommunalem Bezug durch den Kongreß der Gemeinden und Regionen Europas, der aus 281 Mitgliedern besteht, beraten. Dazu finden regelmäßige europäische Konferenzen der Grenzregionen des Europarates statt, aus denen wichtige Empfehlungen für die grenzüberschreitende Zusammenarbeit hervorgegangen sind. Technische und gesetzliche Hilfsleistungen zur Unterstützung der MOE-Staaten bei

die Gewährung völkerrechtlicher Handlungskompetenzen an deutsche und polnische Gemeinden und Gemeindeverbände beabsichtigt sein. Für die lokale und grenzüberschreitende Zusammenarbeit sind dies das Europäische Rahmenabkommen über die grenzüberschreitende Zusammenarbeit zwischen Gebietskörperschaften vom 21. Mai 1980[323]und die Europäische Charta der kommunalen Selbstverwaltung vom 15. Oktober 1985[324]. Diese Konventionen haben zum Ziel, die grenzüberschreitende Zusammenarbeit zwischen Kommunalverwaltungen und Regionen beiderseits von Landesgrenzen zu vereinfachen, und enthält dazu Modellverträge zur grenzüberschreitenden Raumplanung, zur wirtschaftlichen Entwicklung, zum Umweltschutz und zur kulturellen Zusammenarbeit[325]. Beide Konventionen des Europarates haben dennoch wichtige politische Impulse und Diskussionen für die Stärkung der kommunalen Ebene in Europa wie für die grenzüberschreitende Zusammenarbeit und damit eine Aufwertung der Rolle von Kommunen im europäischen Integrationsprozeß bewirkt. Polen hat seit Beginn der 90er Jahre durch den Beitritt zur „Europäischen Rahmenkonvention des Europarates zur Verbesserung der grenzüberschreitenden Zusammenarbeit" im Juni 1993 und durch den Beitritt zur „Europäischen Charta der Lokalen Selbstverwaltung" im Februar 1993 wichtige politisch-rechtliche Grundlagen für eine verbesserte grenzüberschreitende Zusammenarbeit mit dem deutschen Nachbarn geschaffen, der bereits zuvor beiden Konventionen beigetreten war. Aber weder das Rahmen-Abkommen über die grenzüberschreitende Zusammenarbeit zwischen Gebietskörperschaften noch die Europäische Charta der kommunalen Selbstverwaltung enthalten Bestimmungen, aus denen subnationale Gebietskörperschaften rechtlich Kompetenzen zum Staatsgrenzen überschreitenden Handel ableiten

der Neuorganisation ihrer lokalen und regionalen Behörden werden durch das LODE-Programm – nach *Local Democracy* – des Europarates gewährleistet.

323 Europäisches Rahmenabkommen vom 21. Mai 1980 über die grenzüberschreitende Zusammenarbeit zwischen Gebietskörperschaften; für die BRD am 22. Dezember 1981 in Kraft getreten, Bundesgesetzblatt, Jahrgang 1981, Teil II, S. 965.

324 Siehe dazu *Lippert*, Der Europarat und Osteuropa: Brücken bilden für Gesamteuropa, in: Vierzig Jahre Europarat: Renaissance in gesamteuropäischer Perspektive ? Hrsg. *Schmuck*, Europäische Schriften des Instituts für Europäische Politik, Bonn, 1990, Bd.67, S. 117.

325 Siehe auch: Rapport explicatif relatif à la Convention-cadre européenne sur la coopération transfrontalière des collectivités ou autorités territoriales, Hrsg. Conseil de l'Europe, Strasbourg, 1980, 51 S.

können. Auf Initiative von Bundeskanzler *Helmut Kohl* und dem damaligen polnischen Ministerpräsident *Tadeuz Mazowiecki* vom 8. November 1990 in Frankfurt (Oder) wurde die Einsetzung einer deutsch-polnischen Regierungskommission angeregt[326]. Die vertragsschließenden Parteien sind nicht die subnationalen Körperschaften, sondern die Regierung der Republik Polen und die Regierung der BRD. Die Regierungskommission soll zwischen Polen und der BRD Kontakte und Zusammenarbeit regionaler, kommunaler und sonstiger Institutionen, Vereinigungen und Einrichtungen fördern, kann aber auch selber Initiative ergreifen oder an zuständiger Stelle veranlassen und für Information und Transparenz sorgen[327]. Dabei will diese Regierungskommission ausdrücklich nicht an die Stelle der Regionen treten, sie will diese auch nicht reglementieren oder zentralistisch steuern. Laut Satzung beschließt sie Empfehlungen im Konsens, hat aber darüber hinaus keine Beschlußkompetenz. Der Notenwechsel über die Einrichtung der deutsch-polnischen Regierungskommission hat die Bildung der Regierungskommission zum Inhalt, die wiederum Kontakte und Zusammenarbeit regionaler und kommunaler Einrichtungen im grenznahen und regionalen Bereich fördert. Die Kommission vertieft die „staatlich-regionale grenzüberschreitende Zusammenarbeit" durch die genannten Verfahren, Regeln und Kooperationsagenden. Sie ist eine beratende Instanz ohne eigene Entscheidungskompetenz, aber kann jedoch die staatliche Entscheidungsfindung durch die Formulierung von Empfehlungen beeinflussen. Der Notenwechsel bezweckt vielmehr, sie im Entstehen begleitend zu unterstützen.

2. Euroregion *Viadrina*: neue Geschäftsgrundlage für deutsch-polnische grenzüberschreitende Zusammenarbeit

Der Vertrag greift aber auch an zentraler Stelle den Gedanken der grenzüberschreitenden Kooperation wieder auf und rückt diesen ins Zentrum der geplanten Kooperation. Bei der deutsch-polnischen, grenzüberschreitenden Zusammenarbeit haben sich seit 1992 über den

---

[326] Beispiele für Regierungskommissionen zur verbesserten grenzüberschreitenden Zusammenarbeit auf nationaler Ebene gibt es zwischen Deutschland, Frankreich und der Schweiz. An den meisten anderen Grenzen gibt es Raumordnungskommissionen. Darüber hinaus gibt es noch großräumige, regionale Arbeitsgemeinschafen wie z.B. die Arbeitsgemeinschaft der Alpenländer (ARGE Alp) oder die Donau-Länder.

[327] Deutsche Eröffnungserklärung für die deutsch-polnische Regierungskommission für regionale und grenznahe Zusammenarbeit vom 22. April 1991, S.2.

gesamten Grenzverlauf zwischen der Republik Polen und der BRD sogenannte Euroregionen gegründet: die Pomerania, die Pro-Europa-Viadrina, die Spree-Neiße-Oder und die trinationale Neiße-Nisa-Nysa. Diese Euroregionen haben keine eigene Rechtspersönlichkeit. Sie leiten ihre Rechtsfähigkeit nur aus den geschlossenen Verträgen ab, auf deren Basis die Euroregionen beiderseits der Grenze gegründet worden sind. Dabei schließen sich auf deutscher Seite Kreise, Gemeinden und Städte nach dem deutschen Vereinsrecht zusammen. Auf polnischer Seite haben sich die polnischen Kommunen nach dem polnischen Gesetz über Kommunalverbände zu Gemeindeverbänden gebildet.

Als konkrete Herausforderung für die lokalen Akteure in der deutsch-polnischen Region kristallisiert sich die Nutzung der Ressource Kooperation heraus. Ausgehend von der Vernetzung lokaler Akteure im deutschen und polnischen Teil der Grenzregion (politisch-institutionell in Form von Euroregionen) kann konzeptionnell und zielorientiert eine eigene Entwicklungsperspektive für die deutsch-polnische Grenzregion definiert werden. Darüber hinaus heißt die Herausforderung für die Grenzgemeinden, „Maßstabsvergrößerung des kommunalen Handelns". Aufgrund der „Maßstabsvergrößerung von Entscheidungsfeldern"[328] im Rahmen der nationalstaatlichen Kooperation bzw. gesamteuropäischen Integration wächst die Notwendigkeit der Grenzgemeinden, ihr Selbstführungspotential zu entwickeln, mittelfristige Handlungsorientierungen zu definieren und offensiv die Mitwirkung der anderen Akteure (Region, Staat und EU) einzufordern. Außerdem müssen die Grenzgemeinden und Teilregionen der deutsch-polnischen Grenzregion auch auf der übernationalen und europäischen Ebene mehr Präsenz zeigen, um an den dort getroffenen Entscheidungen über Rahmenvorgaben mitzuwirken.

Am Fallbeispiel der deutsch-polnischen Grenzregion wird untersucht, wie sich konkret die grenzüberschreitende Kooperation im Kontext der europäischen Integration, im Spannungsfeld lokaler, regionaler, nationaler und europäischer Politik darstellt. Trotz der peripheren Lage spielt die nationale deutsch-polnische Grenze eine wichtige Rolle als Brücke (*via drina,* auf latein: die an der Oder gelegene) zwischen Deutschen und Polen; gleichzeitig kommt ihr als EU-Außengrenze eine wichtige

328 *Fürst*: Regionen in Europa – Herausforderung für die kommunale Zusammenarbeit, in: Beate Kohler- Koch (Hrsg.): Staat und Demokratie in Europa. Opladen, 1992, S. 313.

Brückenfunktion zwischen der EU im Westen und den neuen parlamentarischen Demokratien im Osten zu, die mittelfristig EU-Mitglieder werden.

Lokale Politik in der deutsch-polnischen Grenzregion stellt sich in zweifacher Weise dar: einmal als „kleine Außenpolitik" der lokalen Akteure in der deutsch-polnischen Grenzregion selbst, aber auch in Bezug auf Koordinationsprozesse mit regionalen, nationalen und europäischen Akteuren. Diese Kooperation wird in Zukunft immer wichtiger, läßt sich aber immer weniger nur noch aus der Perspektive der kommunalen Akteure gestalten. Der Handlungsspielraum der lokalen Akteure in der deutsch-polnischen Grenzregion wird maßgeblich durch regionale, nationale, europäische und gesamteuropäische Rahmenbedingungen geprägt, auf die die lokalen Akteure nur sehr bedingt Einfluß nehmen können.

Die Qualität und die Intensität der kommunalen / euroregionalen, grenzüberschreitenden Zusammenarbeit in der deutsch-polnischen Grenzregion werden unmittelbar von den nationalen und supranationalen Rahmenbedingungen beeinflußt. Der euroregionale Handlungsspielraum wird auf nationaler Ebene durch das Aufeinandertreffen unterschiedlicher nationaler Systeme und Strukturen beeinträchtigt, wie Rechtssysteme, Verwaltungsstrukturen, Wirtschaftsformen, Normen, Finanzsysteme und Kulturkreise. Hier müssen Euroregionen mit neuen Formen der Kooperation und Verständigung experimentieren, die zwischenstaatliche Asymmetrie überwinden können, ohne die Souvernität der betroffenen Nationalstaaten zu verletzen. Die Persistenz nationalstaatlicher Strukturen bleibt für die grenzüberschreitenden Beziehungen ein Faktor von strategischer Bedeutung. Der euroregionale Spielraum wird ebenso auf europäischer Ebene durch das übergeordnete Ziel der zwischenstaatlichen Integration bestimmt. Aus Sicht der Europäischen Kommission werden Grenzgebiete als Regionen an den Binnen- und Außengrenzen der EU als „spezifische Räume" definiert[329]. Das Spezifische der Grenzregion aus Sicht der Kommission ist deren Betroffenheit durch die europäische Integration – aufgrund der abnehmenden Bedeutung der Binnengrenzen und ihrer Randlage an den Grenzen zu Drittländern. Die EU hat die Euroregion-Gründungswelle an der deutsch-polnischen Grenzregion durch entsprechende EU-Grenzlandförderungspro-

[329] Europäische Kommission: Europa 2000, Luxemburg, 1991, S.20.

gramme[330] begünstigt. Ostdeutsche und polnische Kommunen verfügen so einerseits über zusätzliche und nicht unerhebliche Investitionsmittel, aber andererseits nimmt – durch die inhaltlich-rechtlichen Auflagen der Förderprogramme – auch der Einfluß der EU auf die Formen und Inhalte administrativer, euroregionaler Zusammenarbeit an der EU-Außengrenze zu.
Schließlich hängen die Qualität und die Intensität der euroregionalen, grenzüberschreitenden Zusammenarbeit in der deutsch-polnischen Grenzregion auch von der eigentlichen lokalen grenzüberschreitenden Kooperation und den lokalen Akteuren selbst ab. Dieser euroregionale Spielraum wird auf lokaler Ebene durch mangelnde historische und soziokulturelle Gemeinsamkeiten, ein starkes Wohlstandsgefälle[331] und andere schroffe strukturelle Unterschiede in der deutsch-polnischen Grenzregion eingeschränkt. Die Partner haben extrem unterschiedliche Ausgangsvoraussetzungen und Interessen, was die Formulierung gemeinsamer wirtschaftlich-politischer Entwicklungskonzepte für die deutsch-polnische Euroregion zusätzlich erschwert. Diese Unterschiede stellen auch eine Chance für die Euroregionen dar: Basierend auf der Erkenntnis gegenseitiger Abhängigkeit und der Unteilbarkeit der natürlichen Umwelt könnte sich in er deutsch-polnischen Grenzregion ein Leitbild einer modifizierten Euroregionenpolitik mit veränderten Entwicklungsstrategien an der EU-Außengrenze herausbilden.

Am Beispiel der Euroregion Pro Europa Viadrina sollen kurz und exemplarisch die Entstehungsphase und die Probleme und Chancen von Euroregionen dargestellt werden, ebenso wie ihre innere Organisationsstruktur. Die Arbeit der Euroregionengeschäftsstelle konzentriert sich mittlerweile (neben der Beratungstätigkeit, der Vermittlung von Kontakten, dem Veranstalten von Seminaren und Konferenzen und der

---

330 Die EU-Grenzlandförderung besteht aus speziellen Förderinstrumentarien der EU (INTERREG II-PHARE-CBC) zur Unterstützung der grenzüberschreitenden Zusammenarbeit.

331 *Krätke* betont, daß es zwar ein Wohlstandsgefälle gäbe, aber daß *„the gap between the Voivodship Gorzów and the East Brandenburg region is considerably smaller than the difference in economic strength between East Brandenburg and Berlin or between East Brandenburg and West Germany (...). Measured by differences in regional economic strength, the „border of affluence" lies between West and East Germany rather than between East Brandenburg and western Poland".* *In: Krätke*, Regional integration or fragmentation ? The German-Polnish Border Region in a New Europe, Vortragsmanuskript, September 1997, S. 7.

Herausgabe einer Zeitschrift[332]) fast ausschließlich auf die Projektauswahl und die Projektbegleitung im Rahmen von INTERREG II[333] und PHARE-CBS[334]. Die europäische Grenzlandförderung wurde seit der Gründung der Euroregionen im Alltagsgeschäft maßgeblich bestimmt. 1994 standen insgesamt zwölf PHARE-Länder 980 Mio. ECU zur Verfügung, davon waren 150 Mio. ECU in einer eigenen Haushaltslinie für grenzüberschreitende Kooperation an der Außengrenze der EU bereitgestellt. Außerdem konzentriert PHARE seine Mittel auf die Durchführung von nationalen Programmen, Mehrländerprogrammen und Demokratie-Programmen[335]. Für das PHARE-CBS Programm stehen im Zeitraum 1994-1999 im insgesamt 2,4 Mrd. ECU davon 150 Mio. ECU für 1994 zur Verfügung. Die Mittel wurden in folgenden Aktionsbereichen bewilligt: Vereinfachung von Verwaltungsstrukturen zur Förderung des Personen-, Waren- und Dienstleistungsverkehrs, Verbesserung der Infrastruktur (Telekommunikation, Verkehr, Umwelt, Energieversorgung, Abfallentsorgung, Informationsnetze), Förderung des Tourismus und Entwicklung ländlicher Projekte, Zusammenarbeit im Gesundheitswesen, Unternehmensförderung usw. Die grenzüberschreitende deutsch-polnische Zusammenarbeit findet in einem komplexen Gefüge einerseits binationaler deutsch-polnischer Beziehungen, andererseits europäischer Regional- und europäischer Außenwirtschaftspolitik statt. Dies hat zur

---

[332] „Europareport der Euroregion Pro Europa Viadrina", Hrsg. Büro der Euroregion Pro Europa Viadrina, Frankfurt (Oder).

[333] Der Vertrag über die EU formuliert in seinem Art. 130c für die EU als Ziel: „die Unterschiede im Entwicklungsstand der verschiedenen Regionen und den Rückstand der am stärksten benachteiligten Gebiete, einschließlich der ländlichen Gebiete, zu verringern". Zur Stärkung des wirtschaftlichen und sozialen Zusammenhaltes sind die Mittel für die EU-Regionalpolitik 1992 aufgestockt worden und beanspruchen inzwischen etwa 1/3 der EU-Gesamtausgaben. Im Zeitraum 1994-1999 stehen insgesamt 141,471 Mrd. ECU für die 12 Mitgliedstaaten und zusätzliche 5 Mrd. ECU für die drei neuen Mitglieder Österreich, Schweden und Finnland zur Verfügung.

[334] Die EU-Kommission hat zur Unterstützung des Reformprozesses in Mittel- und Osteuropa einschließlich GUS und Georgien, zwei umfassende Programme für technische Hilfe aufgelegt. Das PHARE-Programm *(Poland and Hungary Assistance for Restructuring of the Economy)* ist eines der wichtigsten westlichen Instrumente zur Unterstützung der Wirtschaftsreform in Mittel- und Osteuropa.. Seit 1994 verfügt PHARE über eine eigene Haushaltslinie zur Förderung der grenzüberschreitenden Zusammenarbeit von EU-Grenzregionen mit mittel- und osteuropäischen Grenzregionen, der sog. PHARE-CBC *(Cross-Border-Cooperation)*.

[335] PHARE-Verordnung Nr. 3906/86, veröffentlicht im Amtsblatt L 375 vom 23. Dezember 1989, betreffend Ungarn und Polen.

Folge, daß eine Vielzahl von Akteuren auf unterschiedlichen Ebenen (lokal, regional, national, europäisch) beteiligt sind. Dies bedeutet, daß Entscheidungs- und Koordinierungsprozesse komplex und zum Teil unübersichtlich werden. Die Komplementarität der Förderinstrumente ergab sich in der Gründung der Euroregion Pro Europa Viadrina, die eine effiziente grenzüberschreitende Zusammenarbeit zwischen Ost und West leistet.

Im Gründungsvertrag[336] für die Euroregion Pro Europa Viadrina erklären die vertragschließenden Parteien ihren Willen, ein gutnachbarschaftliches Verhältnis zwischen Polen und Deutschen zu gewährleisten, die regionale Identität der im Grenzraum lebenden Deutschen und Polen durch die Gestaltung einer gemeinsamen Zukunftperspektive zu stärken, den Wohlstand der in der Grenzregion lebenden Menschen durch die Schaffung einer zukünftigen grenzüberschreitenden deutsch-polnischen Wirtschaftsregion zu festigen, die Idee der europäischen Einheit und der internationalen Verständigung zu fördern und gemeinsame Vorhaben und die notwendigen Mittel für ihre Realisierung zu gewinnen. Die Euroregion Pro Europa Viadrina umfaßt ein Gebiet im deutsch-polnischen Grenzraum zwischen Berlin im Westen und der Wojewodschaft Gorzów im Osten. Auf polnischer Seite gehören ihr mittlerweile 29 Gemeinden an, auf deutscher Seite die beiden Landkreise Märkisch-Oderland und Oder-Spree sowie die kreisfreie Stadt Frankfurt (Oder). Die Region hat eine Fläche von 6815 km2 auf deutscher und 4581 km2 auf polnischer Seite und eine Gesamteinwohnerzahl von ca. 909.355 Personen. Auf der polnischen Seite stellt die im Jahre 1997 durch den Beschluß der polnischen Regierung gegründete „Sonderwirschaftszone Kostryn-Slubice“[337] eine Besonderheit dar, deren Fortbestand aber

---

[336] Vertrag über die Gründung der Euroregion Pro Europa Viadrina zwischen dem Verein Mittlere Oder e.V. von deutscher Seite, dem Verein der Lebuser Gemeinden und dem Verband der Gorzówer Gemeinden von der polnischen Seite unterzeichnet am 21. Dezember 1993 in Rogi (Polen).

[337] Auf der Grundlage des Gesetzes über spezielle Wirtschaftszonen der polnischen Regierung vom 20. Oktober 1994 wurden in Polen 15 Sonderwirtschaftszonen (SWZ) eingerichtet. Diese müssen von Verwaltungsgesellschaften (AG bzw. GmbH) betrieben werden, an denen der polnische Staat mindestens 51 % Anteil hält. Die Attraktivität der SWZ liegt in der Befreiung von Einkommen aus wirtschaftlicher Tätigkeit von der Einkommenssteuer (bis zu 50 %). Weitere Begünstigungen bestehen für Abschreibungen und Erwerb von Grund und Boden. Die SWZ Kostryn /

(u.a.wegen steuerlicher Vergünstigungen) nach der Integration Polens in die EU zu bezweifeln ist. Der kommunale Zusammenschluß der Euroregion Pro Europa Viadrina wird von zwei Vereinen getragen: auf deutscher Seite durch den „Mittlere Oder e.V." und auf polnischer Seite durch den „Verein der polnischen Gemeinden der Euroregion Pro Europa Viadrina"[338]. In Slubice, Gorzów und Frankfurt (Oder)[339] befindet sich je eine Geschäftsstelle. Um die Handlungsfähigkeit der Euroregionen herzustellen, wurden im Jahre 1994 die notwendigen paritärisch besetzten Gremien geschaffen. 20 Repräsentanten der kommunalen Gebietskörperschaften, Kammern und Parlamente bilden den Rat, aus dessen Mitte ein vierköpfiges Präsidium[340] gewählt wurde. Die Präsidentschaft nimmt jeweils für ein Jahr abwechselnd ein Vertreter der polnischen und deutschen Seite wahr. Die Mitglieder der Arbeitgruppe Projektmanagement haben in Zusammenarbeit mit dem Sekretariat in Frankfurt (Oder) das Operationelle Programm für die Gemeinschaftsinitiative INTERREG II erarbeitet. Dabei konnte die AG auf das „Entwicklungs- und Handlungskonzept für die Euroregion Pro Europa Viadrina[341] vom April 1994 zurückgreifen, welches durch den Verein

---

Slubice wird im Euroreport 4/97 der Euroregion Pro Europa Viadrina auf S. 14 vorgestellt.

[338] Der 1997 gegründete „Verein der polnischen Gemeinden der Euroregion Pro Europa Viadrina" ersetzte am 6. Juni 1998 die beiden polnischen Gründungsvereine „Verein Lebuder Gemeinden" und „Verband der Gorzówer Gemeinden".

[339] In der Frankfurter Geschäftsstelle sind derzeit 8 Angestellte beschäftigt, 2 weitere Angestellte arbeiten in der EU-Informationsstelle des „Vereins Mittlere Oder e.V." . Im Gorzówer Büro sind derzeit (1999) 2 Angestellte in Vollzeit und 1 in Teilzeit beschäftigt. Der deutsche Trägerverein „Mittlere Oder e.V." hat sich im April 1998 für eine Rückverlagerung des polnischen Büros von Gorzów nach Slubice ausgesprochen, um die Zusammenarbeit zwischen den Büros zu erleichtern.

[340] Am 30. November 1998 nominierte die Mitgliederversammlung den Frankfurter Oberbürgermeister *Wolfgang Pohl* zum Präsidenten der Euroregion und den Landrat des Kreises Märkisch-Oderland *Jürgen Reinking* zum Mitglied des Präsidiums. Stellvertretendes Mitglied im Präsidium sind Prof. Dr. *Hermann Ribhegge*, Europa-Universität Viadrina, sowie *Gundolf Schülke*, Hauptgeschäftsführer der IHK Frankfurt (Oder). Auf der polnischen Seite wurde *Tadeuz Jedrzejczak* (Stadtpräsident von Gorzów) zum Vize-Präsidenten der Euroregion ernannt sowie *Stanislaw Ciecierski* (Bürgermeister von Slubice) zum Mitglied im Präsidium der Euroregion gewählt. In: Euroreport 4/1998, Hrsg. Euroregion Pro Europa Viadrina, Frankfurt (Oder), S. 2.

[341] Entwicklungs- und Handlungskonzept für die Euroregion Pro Europa Viadrina, erstellt im Auftrage des Vereins Frankfurter Brücke e.V. und mit Förderung des

Frankfurter Brücke e.V. und mit Förderung des Landes Brandenburg die der Software Union Berlin in Auftrag gegeben wurde. Auf der Basis der Vorarbeit der Euroregion konnte dann das Land Brandenburg sein operationelles Programm für die Euroregion Pro Europa Viadrina und Spree-Neiße-Oder erstellen, welches am 28. Juli 1995 von der EU-Kommission genehmigt wurde. Im Anschluß daran war es Aufgabe der Arbeitsgruppe Projektmanagement, die eingereichten Projektvorschläge für deutsche Antragsteller im Rahmen des INTERREG II-Progamms zu bewerten, die dann zunächst vom Rat der Euroregionen beschlossen werden. Aus INTERREG II wurden in der Euroregion Pro Europa Viadrina beispielweise folgende Projekte gefördert: Umweltbericht der Städte Frankfurt (Oder) und Slubice, Laser- und Stahltechnik Applikationszentrum Ostbrandenburg, Collegium Polonicum, Fernradwanderwege in den Landkreisen Märkisch-Oderland und Oder-Spree, Hafenverbunde an mittlerer Oder und Warthe. Aus PHARE-CBC wurden in der Euroregion Pro Europa Viadrina bisher die Projekte Zollabfertigunsterminal in Swiecko II, Collegium Polonicum, Modernisierung der Landstraßen 133 und 132 Kostryn – Gorzów, Modernisierung des Eisenbahnübergangs Kunowice – Frankfurt sowie drei kommunale Kläranlagen finanziert.

3. Europa-Universität Viadrina Frankfurt (Oder) und Collegium Polonicum (Slubice/ Polen): Wissenschaft an der Grenze

Am Beispiel der Europa-Universität Viadrina Frankfurt (Oder), in der Euroregion Pro Europa Viadrina gelegen, soll beispielhaft deutsch-polnische grenzüberschreitende Zusammenarbeit in Forschung und Lehre vorgestellt werden. „*Die europäische Universität Viadrina, die anfänglich in Deutschland Brücke zu Polen oder Brücke zwischen Ost und West genannt wurde, entwickelte sich zu einem Musterbeispiel für das Zusammenwachsen grenznaher Regionen*“[342]- zu dieser Einschätzung kommt jedenfalls der damalige Außenminister der Republik Polen in

Landes Brandenburg / Sofware Union, Gesellschaft für Unternehmenberatung mbH. Berlin, Bereich Regionale Wirtschaftsforschung, Berlin, 4/1994.

[342] Ansprache des Außenminister der Republik Polen, Prof. *Wladyslaw Bartoszewski*, am 22. November 1995 anläßlich der Verleihung des Deutsch-Polnischen Preises 1995 an die Europa–Universität Viadrina Frankfurt (Oder) und ihr Gemeinschaftsprojekt mit der Adam-Mickiewicz-Universität Poznan – das Collegium Polonicum / Hrsg. Europa-Universität Viadrina Frankfurt (Oder), Januar 1996, S. 11.

seiner Laudatio bei der spektakulären Verleihung des Deutsch-Polnischen Preises im November 1995, vier Jahre nach der Gründung der Europa-Universität im September 1991. *Bartoszewski* verweist auf die *„absolut neuen und unkonventionellen Lösungen"*, die im Rahmen der deutsch-polnischen Beziehungen an der Europa-Universität in Frankfurt an der Oder zur Anwendung kamen, insbesondere der bedeutende Prozentsatz polnischer Studenten, sowie der an einer deutschen Hochschule beschäftigten polnischen Professoren. Der Anteil der polnischen Studierenden, die ein volles Studium an der Viadrina absolvieren, beträgt z. Zt. ca. 40 %. Diese werden von den Partneruniversitäten in Wroclaw und Poznan sorgfältig ausgewählt, darüber hinaus arbeiten drei polnische Professoren und zahlreiche polnische wissenschaftliche Mitarbeiter an den drei Fakultäten Jura, Wirtschaftswissenschaften und Kulturwissenschaften der Viadrina. Außerdem gibt es eine gewisse „territoriale Union" zwischen dem deutschen Frankfurt und dem benachbarten polnischen Slubice in Form von Sozialeinrichtungen und Studentenwohnheimen[343] auf polnischer Seite, die für alle Studenten zugänglich sind. Weiter hinaus wird das gemeinsam mit der Adam-Mickiewicz-Universität Poznan gebildete Collegium Polonicum in Slubice als integraler Bestandteil der Viadrina zur Ergänzung des didaktischen und wissenschaftlichen Angebots und zur Unterstreichung ihres europäischen Charakters betrachtet.

Die enge Verbindung zu den polnischen Nachbarn war von Anfang an ein zentrales Anliegen der im September 1991 gegründeten Europa-Universität, die im Herbst 1992 mit dem Studienbetrieb an den drei Fakultäten für Jura, Wirtschaftswissenschaften und Kulturwissenschaften begann. Die Basis dieser Zusammenarbeit mit dem polnischen Nachbarn im Bereich der Wissenschaft bildet die Vereinbarung zwischen dem Ministerium für Nationale Bildung der Republik Polen und dem Ministerium für Wissenschaft, Forschung und Kultur des Landes Brandenburg vom 6. September 1991, der am 24. März 1992 ein Partnerschaftsvertrag zwischen der Adam-Mickiewicz-Universität Poznan und der Europa-Universität Viadrina folgte. Ähnliche Partnerschaftsabkommen hat die Europa-Universität Viadrina inzwischen mit den Universitäten in Wroclaw / Breslau und Szczecin / Stettin sowie der Jagel-

---

[343] In Slubice gibt es in Zusammenarbeit mit dem Collegium Polonicum 800 Wohnheimplätze, das Studentenwerk Frankfurt (Oder) hat 850 Wohnheimplätze zur Verfügung gestellt.

lonischen Universität Krakau, der Universität Warschau und der schlesischen Universität Katowice abgeschlossen. Aufgrund des gemeinsamen Projektes „Collegium Polonicum“ hat sich die Zusammenarbeit mit der Adam-Mickiewicz-Universität Poznan besonders eng gestaltet.

Nach den Vorstellungen der Landesregierung von Brandenburg und des Gründungssenats der Europa-Universität Viadrina sollte sich das unverwechselbare Profil der Europa-Universität Viadrina in Forschung und Lehre durch einen besonders hohen Grad von Internationalität sowie wissenschaftlicher Interdisziplinarität auszeichnen. Kern der Internationalität war von Anfang an die Zusammenarbeit mit dem polnischen Partner und anderen mittel- und osteuropäischen Partnern.

Ein entscheidender Schritt dieser Zusammenarbeit war der Entschluß, ein Minimum von dreißig Prozent der Studienplätze an der Europa-Universität Viadrina für polnische Studierende vorzusehen. Im Herbst 1999 sind von den insgesamt 3451 Studierenden über 1191 junge Frauen und Männer aus Polen[344]. Durch das besondere Qualifikationsprofil scheinen die polnischen Absolventen sehr gute Chancen auf dem polnischen - und in einigen Fällen auch auf dem deutschen – Arbeitsmarkt zu haben. Dies gilt für die Studiengänge der Wirtschaftswissenschaftlichen Fakultät, insbesondere den Studiengang Internationale Betriebswirtschaftslehre, sowie für den betont interdisziplinär und auf internationalen Vergleich angelegten Studiengang der Kulturwissenschaftlichen Fakultät. Das spezifische Qualifikationsprofil läßt sich aber besonders gut am Beispiel der Juristenausbildung erklären. Neben der Ausrichtung der deutschen Juristenausbildung auf das Berufsbild des deutschen Amtsrichters bietet die Europa-Universität Viadrina einen Studiengang an, der an eine Grundausbildung im deutschen Recht eine Zusatzausbildung im polnischen Recht anschließt. Nach insgesamt zehn Semestern wird dieser Studiengang, der deutsches und polnisches Recht umfaßt, mit einem Magisterexamen abgeschlossen, das in Polen als qualifizierender Berufsabschluß anerkannt wird. Diese Zusatzausbildung im polnischen Recht wurde gemeinsam von der Juristischen Fakultät der Europa-Universität Viadrina und der Fakultät für Recht und Verwaltung der Adam-Mickiewicz-Universität Poznan entwickelt und wird von beiden Partnern als erstes größeres Lehrange-

---

344 Stand: 1. November 1999, Dezernat 1 der Europa-Universität Viadrina Frankfurt (Oder).

bot am Collegium Polonicum im benachbarten polnischen Slubice angeboten. Neben Lehrkräften der Europa-Universität Viadrina und der Adam-Mickiewicz-Universität Poznan sind vor allem Professoren der Universität Wroclaw beteiligt.

Das Collegium Polonicum in Slubice liegt direkt an der Oder, unmittelbar am polnischen Ende der Stadtbrücke, die Slubice und Frankfurt verbindet. Der erste Teil des Hauptgebäudes des Collegium Polonicum wurde am 10. Juni 1998 übergeben. Die Gesamtnutzfläche wird nach Fertigstellung des Gesamtkomplexes 20.000 Quadratmeter betragen. Das Collegium Polonicum bildet eine neue Form grenzüberschreitender Zusammenarbeit auf dem Gebiet von Forschung und Lehre. Es wird in gemeinsamer Verantwortung getragen von der Republik Polen und dem Land Brandenburg und ist organisiert als eine gemeinsame Einrichtung der Adam-Mickiewicz-Universität Poznan und der Europa-Universität Viadrina. Anderen europäischen Horchschulen steht die Mitarbeit an Forschungs- und Lehrprogrammen des Collegium Polonicum grundsätzlich offen. Kern der Aufgabe des Collegium Polonicum ist die wissenschaftliche und kulturelle Begegnung zwischen Polen und Deutschland. Vor dem Hintergrund eines sich erweiternden Europa versteht sich das Collegium Polonicum aber auch als eine wissenschaftliche Begegnungsstätte für Lehrende und Lernende aus ganz Europa. Die wichtigsten Aufgaben des Collegium Polonicum in Forschung, Lehre und Kultur sind insbesondere die Studiengänge zur Ergänzung der Studienmöglichkeiten an der Europa-Universität Viadrina und der Adam-Mickiewicz-Universität Poznan, die Förderung der wissenschaftlichen Begegnungen zwischen Deutschland und Polen, die Förderung des Wissens über Polen und Osteuropa, die Untersuchung der Probleme von Grenzregionen, die Untersuchung interkultureller Kommunikationspozesse zwischen West und Ostmitteleuropa sowohl der Rechts- und Verfassungsvergleich als auch die Förderung und die Vertiefung der Idee des vereinten Europas. Das erste Rahmenkonzept für das Collegium Polonicum wurde vom Gründungssenat der Europa-Universität Viadrina in seiner Sitzung am 19. Dezember 1992 und vom Senat der Adam-Mickiewicz-Universität Poznan am 21. Dezember 1992 verabschiedet. Die gemischte Kommission des Collegium Polonicum, deren Ko-Vorsitzende die Rektoren der beiden Universitäten sind, hat einen Entwurf eines Staatsvertrags zwischen der Republik Polen und dem Land Brandenburg ausgearbeitet. Dieser Staatsvertrag soll den rechtlichen Status des Collegium Polonicum als einer grenzübergreifenden gemeinsamen Einrichtung der beiden

Universitäten rechtlich absichern. Bis zur endgültigen Verabschiedung durch die beiden Regierungen übernimmt die gemischte Kommission die Funktion eines interimistischen Aufsichtsgremiums. Die finanzielle Verantwortung für das Collegium Polonicum spiegelt seinen grenzübergreifenden Charakter wider. An den Kosten sind beteiligt die Regierung der Republik Polen, die Regierung des Landes Brandenburg, die EU mit Mitteln aus den EU-Förderprogrammen INTERREG II und PHARE-CBC, die Stiftung für deutsch-polnische Zusammenarbeit sowie die beteiligten Universitäten. Neben den bereits angesprochenen schwierigen und noch nicht abgeschlossenen Verhandlungen über den rechtlichen Status der grenzüberschreitend konzipierten Einrichtung hat auch die Europa-Universität Viadrina Erfahrungen mit der langwierigen über zwei Jahre dauernden Bewilligungsphase der INTERREG II-Mittel – trotz der vollen fachlichen Unterstützung des Projektes – machen müssen. Das Collegium Polonicum ist eines der wenigen tatsächlich grenzüberschreitenden, aus INTERREG II und PHARE-CBC-Mitteln finanzierten Projekte in der deutsch-polnischen Grenzregion.

Zusammenfassend läßt sich konstatieren, daß im Rahmen der PHARE-CBC und INTERREG II-Förderung in den deutsch-polnischen Euroregionen eine Vielzahl von Projekten aus dem Bereich Humanressourcen umgesetzt werden. Die Europa-Universität zeigt als eine Bildungseinrichtung direkt an der deutsch-polnischen Grenze zukunftsweisende Perspektiven auf, wie nicht nur polnische Studierende, Professoren und wissenschaftliche Mitarbeiter in das deutsche akademische System, auch durch besondere Studienangebote, integriert werden können. Experimentiert wird auch im Bereich grenzüberschreitender Forschung und Lehre (Collegium Polonicum) sowie im alltäglichen Umgang, z. B. in den grenzüberschreitenden Einrichtungen der Wohnheime. Für den Rektor Prof. Dr. *Hans Weiler* war und bleibt die Europa-Universität Viadrina einer der wenigen Versuche, *„nicht nur (...) das Modell der bestehenden westdeutschen Hochschullandschaft zu reproduzieren, sondern in bescheidenem Maße neue Wege der Hochschullandschaft zu erkunden. Für Frankfurt (Oder) sollten diese neuen Wege, so die hochschulpolitischen Vorgaben der neuen Landesregierung, vor allem in zwei Richtungen geschehen: eine Universität zu schaffen, die als bewußt internationale und europäische Einrichtung den geistigen Brückenschlag nach Ostmitteleuropa und insbesondere nach Polen sucht, und die gleichzeitig einen Beitrag zur Überwindung der Isolierung der Fachwissenschaft voneinander – vor allem im Bereich der Geistes- und*

Sozialwissenschaften leistet"[345]. Trotzdem ist die Einschätzung der Lage der Soziokultur in der Grenzregion unterschiedlich. Die Landesregierung Brandenburg spricht bereits „in der grenzüberschreitenden Zusammenarbeit von einer Normalität in der Kulturarbeit Brandenburgs"[346]. Insofern ist das Engagement der Universitäten in Genzregionen von Polen, Tschechien sowie Deutschland und Frankreich (Metz, Straßburg) oder Österreich (Graz, Innsbruck) und Italien (Bozen, Padua, Triest) als Anstrengung und Herausforderung zu sehen, da sich Akteure nicht auf einen *„Automatismus in der gegenseitigen Verständigung"* verlassen, sondern konkrete Angebote und Strukturen für die Kommunikation schaffen. Insofern bleibt die Grenz-Universität ein Beispiel für die zukünftige grenzüberschreitende Forschung in der europäischen Integrationspolitik.

4. Dezentralisierung im Osten (Polen): Auswirkungen auf die grenzüberschreitende Zusammenarbeit

Lokale Politik in der deutsch-polnischen Grenzregion stellt sich somit in zweifacher Weise vor: einmal als „kleine Außenpolitik" der Akteure in der deutsch-polnischen Grenzregion selbst, aber auch in bezug auf Koordinationsprozesse mit regionalen, nationalen und europäischen Partnern. Ausgehend von den Vernetzungen im deutschen und polnischen Teil der Grenzregion kann konzeptionell und zielorientiert eine eigene Entwicklungsperspektive für die deutsch-polnische Grenzregion definiert werden. Darüber hinaus heißt die Herausforderung Maßstabvergrößerung des kommunalen Handelns. Aufgrund der Maßstabvergrößerung von Entscheidungsfeldern im Rahmen der europäischen Integration bzw. der gesamteuropäischen Kooperation mit den MOE-Staaten wächst die Notwendigkeit der Gemeinden, ihr Selbstführungspotential zu entwickeln, mittelfristige

[345] *Weiler*, Wissenschaft an der Grenze. Zur geistigen Geographie der Frankfurter Europa-Universität, in: Experiment Grenzuniversität / Hrsg. Anna Schwarz u.a., Sonderdruck 1998, Frankfurt (Oder), 1998, S. 23.

[346] Hier wird die Städtepartnerschaften, die Schulpartnerschaften und sonstige Beziehungen, die das Land Brandenburg unterstützt in Betracht genommen, aber darüber hinaus auch die Tätigkeit von Kommunen und Vereinen, die in der deutsch-polnischen Grenzregion aktiv sind. Lit.: Protokoll der 9. Sitzung des Ausschusses für grenznahe Fragen der Deutsch-Polnischen Regierungskommission am 7. / 8. Dezember 1995 in Potsdam, S. 10.

Handlungsorientierungen zu definieren und offensiv die Mitwirkung der anderen Akteure (Region, Staat und EU) einzufordern.

Aus diesen Überlegungen heraus sind für die Erforschung politisch-institutioneller, grenzüberschreitender Zusammenarbeit im Kontext europäischer Integration und neuer Formen der Ost-West-Kooperation folgende Forderungen an das Forschungsprofil von Theorien zu stellen. Wissenschaftlich ist zu fordern, die Wahl der Analyseebenen von der lokalen, regionalen, staatlichen, europäischen und internationalen Ebene zu erweitern. Auch bei der Wahl der Methode reicht es nicht aus, grenzüberschreitende Zusammenarbeit auf die Kooperationsbeziehungen zwischen Staaten zu reduzieren, da lokal und regional die deutsch-polnischen Grenzregionen involviert sind.

Darüber hinaus bedarf es zusätzlicher theoretischer Überlegungen, um die Rolle der grenzüberschreitenden Kooperation im Kontext europäischer Integration und nationalstaatlicher Kooperationen zu analysieren. Das Forschungsinteresse liegt in der Frage, wie sich in Gesamteuropa zukünftig grenzüberschreitende lokale Zusammenarbeit gestalten wird. Dabei ist die Einschätzung der möglichen Entwicklung der lokalen grenzüberschreitenden Zusammenarbeit in der deutsch-polnischen Grenzregion, im Spannungsverhältnis von europäischer Integration und neuen Formen der Ost-West-Kooperation eng an die Vorstellung der künftigen Verfaßtheit der EU gebunden. Die beiden diskutierten Theorieansätze erklären letztendlich das Phänomen EU auf der Basis unterschiedlicher Erkenntnisinteressen: Funktionalisten und Neofunktionalisten richten ihr Forschungsinteresse eher auf die Analyseebene der EU und auf das Prozeßhafte der Integration, während Vertreter des Intergouvernementalismus, der Interdependenz- und Regimetheorie sich auf die Analyseebene Staat und staatliche Kooperationsformen der EU konzentrieren. Durch die Verbindung dieser beiden monokonzeptionellen Theorierichtungen soll in der Untersuchung von einer eher realitätsnahen Vorstellung der Verfaßtheit der EU ausgegangen werden, in der neben der Analyseebene von EU und Staat auch die regionale und lokale Analyseebene Berücksichtigung findet, ebenso wie neben den Methoden Integration und Kooperation auch andere Kooperationsformen auf subnationaler Ebene theoretisch integrierbar sind.

Heute wird man davon ausgehen, daß es nicht zu einem schlichten Transfer von nationalen Kompetenzen kommen wird. Das europäische

Mehrebenensystem der EU beruht auf einem stetig fortschreitenden Prozeß der Einrichtung und des Ausbaus von Institutionen und der Einführung von Erneuerung von Entscheidungsverfahren. Dabei werden nationalstaatliche Kompetenzen nach oben auf die supranationale Ebene übertragen, was zu Reformen in Zentralstaaten wie Frankreich führen muß. Das politische Mehrebenensystem wird dadurch charakterisiert, daß mehrere, an sich souveräne Staaten sich zusammenschließen, um gemeinsame Lösungen für Probleme zu suchen und zu finden, die von den einzelnen politischen Einheiten nicht mehr gelöst werden können[347].

Politische Entscheidungen werden nicht länger in relativ abgeschlossenen nationalstaatlichen Systemen mittels eines hierarchischen Politikmodus getroffen. Chancen und Restriktionen des EU-Integrationsprozesses hängen nach *Schrapf* von der *„Handlungsfähigkeit des modernen Staates am Ende des 20. Jahrhunderts"* ab, einmal angesichts globaler Interdependenzen, zum anderen aus den sich ergebenen Restriktionen für die Herausbildung einer politischen Gemeinschaft auf supranationaler Ebene[348]. Die Hoheitsgewalt nach innen und die Souveränität nach außen weicht im Rahmen der Übertragung vor Hoheitsrechten an die EU aus. Laut *Scharpf* ist der *„... nach außen souveräne... und nach innen hierarchisch integrierte Staat der frühen Neuzeit ..."* abgelöst worden[349]. Durch die institutionellen Mehrebenenstrukturen hat sich die Qualität der Zusammenarbeit von Staaten geändert. Laut *Scharpf* wird die EU ein Verbundsystem bleiben, in dem politische Entscheidungen dem Muster horizontaler Verhandlungen folgen. Zwar ist das Rechtssystem mit dem Vorrang des Gemeinschaftsrechts vor nationalem Recht hierarchisch gegliedert, aber wenn es um die Festlegung von Politik geht, gibt es keine Priorität der Ebenen, sondern organisierte Politikverflechtung[350], in der Entscheidungen sich aufgrund eines technokratisch-bürokratisch verarbeiteten Mixes unterschiedlicher politischer Kalküle ergeben. *Scharpf* spricht in diesem Zusammenhang von der EU als einem transnationalen Verhandlungssystem, das von der Dominanz der

---

[347] *Staeck*, Politikprozesse der Europäischen Union. Eine Policy-Netzwerkanalyse der europäischen Strukturfondspolitik, Baden-Baden, 1997, S. 37-39.

[348] *Scharpf*, Die Handlungsfähigkeit des Staates am Ende des Zwanzigsten Jahrhunderts, in: Beate Kohler-Koch (Hrsg.), Staat und Demokratie in Europa, Opladen, 1992, S. 93-116.

[349] Siehe Fn. 290.

[350] *Scharpf*, Die Politikverflechtungsfalle: Europäische Integration und deutscher Föderalismus im Vergleich, in: Politische Vierteljahresschrift 26, 1985, S. 323-356.

national-staatlichen Systeme, ihren Mechanismen der innerstaatlichen Abstimmung und von der Rolle nationaler Regierungen im politischen Prozeß auch weiterhin geprägt sein wird.

Neben den nationalen Akteuren wollen auch immer mehr subnationale Akteure ihre Rechte durch Einflußnahme am Willensprozeß der EU sichern. Dies wird durch die große Zahl eigener EU-Vertretungen aller europäischen Regionen und Kommunen und autonomer Gebietskörperschaften in Brüssel deutlich. Zusätzlich wurde auf Druck insbesondere der deutschen Bundesländer der beratende Ausschuß der regionalen und lokalen Gebietskörperschaften eingerichtet. Auch die lokalen Vertreter europäischer institutionalisierter Grenzregionen / Euroregionen haben ihre Interessen in Form einer Lobby-Organisation, der „Arbeitsgemeinschaft europäischer Grenzregionen" (AGEG), europäisiert. So haben sich die Vertreter binational / trinational organisierter Euroregionen selbst, oder vermittelt über diese AGEG, ebenfalls in Politiknetze mit transnationaler Dimension eingebracht und aufgrund einer Ausweitung in der Wahrnehmung ihres Handlungsfeldes die Definition der eigenen Interessen geändert. Außerdem finden die subnationalen Einheiten der europäischen Grenzregionen (Region / lokale Akteure) neben den Nationalstaaten durch die Gemeinschaftsinitiative INTERREG Zugang zu vernetzten Entscheidungssystemen im Rahmen der europäischen Strukturpolitik. Inwieweit dies auch für die deutsch-polnische Grenzregion zutrifft wurde analysiert. Außerdem sind es wichtige Zeichen für die französische Reformbedürftigkeit der Staatlichen Organisation im gemeinschaftsrechtlichen Integrationsprozeß, bzw. im europäischen Demokratie- und Vertiefungsprozeß.

Die Vielzahl der unterschiedlichen Akteure und Handlungsfelder ist ein Indiz dafür, daß sich die bilaterale grenzüberschreitende Zusammenarbeit dynamisch und gegenseitig verstärkend entwickelt. So können langfristig Rahmenbedingungen für grenzüberschreitende Regional- und Raumplanung entwickelt werden. Dies gilt auf der Ebene der national-regionalen grenzüberschreitenden Zusammenarbeit insbesondere für Politikbereiche wie z.B. die Ausweisung grenzüberschreitende Naturparks und grenzüberschreitende Abstimmung in der Landschaftsplanung, die Ausweitung grenzüberschreitender Siedlungsnetze und städtische Verbindungen oder grenzüberschreitender Verkehrsinfrastrukturplanung unter Berücksichtigung europäischer Verkehrsstraßen. Neben der wichtigen politisch-institutionellen Vernetzung auf nationalregionaler Ebene konnten die genannten Kommissionen (Deutsch-Polnische Regierungskommission und die Deutsch-Polnische Raumordnungskommission bzw. der Deutsch-Polnische Umweltsrat) Mitte der 90er Jahre gemeinsame wissenschaftliche Analysen des Grenzraumes in Auftrag geben und so erstmals deutsch-polnische nationale und regionale Entwicklungsvorstellungen für den Grenzraum aufeinander abgestimmt entwickeln.

Neben der vertraglichen Absicherung der grenzüberschreitenden Zusammenarbeit im Rahmen von Grenz- und Nachbarschaftsvertrag ermöglichen der politisch-institutionelle Systemwandel und die damit einhergehende Dezentralisierung in der ehemaligen DDR und der ehemaligen Volksrepublik Polen ebenfalls neue Voraussetzungen für rechtsverbindliche grenzüberschreitende Kooperation auf lokaler Ebene in der deutsch-polnischen Grenzregion. Dieser *„Systemwandel durch Evolution"* läßt sich auch gut an den schrittweisen Verfassungsänderungen aufzeigen, die ebenfalls stufenweise das Regierungssystem veränderten. In Polen, wo sich der Umbruch durch eine *„verhandelte Revolution"* vollzogen hat, wurde eine schrittweise Anpassung der alten Verfassungstexte von 1952 vorgenommen, die zunächst auch von dem Ancien Régime, der kommunistischen Nomenklatura, mitgetragen wurde.

Nach Entstehung der Solidarnosc[351] und der großen Streikwelle im August 1980 wurden schon in den achtziger Jahren, und teilweise noch

---

[351] Mit der Gründung des polnischen „Komitees zur Verteidigung der Arbeit" (KOR) 1976 haben Intellektuelle und Arbeiter erste Konzepte entwickelt, wie die polnische Gesellschaft durch Festigung der Rechsstaatlichkeit sowie der Menschen- und Bürgerrechte Freiräume gegenüber dem Partei-Staat zurückgewinnen könnte. 1980 wird die illegale Gründung der Gewerkschaft Solidarnosc als *„Civil Society Against the State"* vollzogen, so *Andrew Arto* in: Civil Society Against the State, Poland 1980-1981, Telos, 47 (1981), S. 23-47. Die polnischen Kommunisten versuchten ihren Anspruch auf die alleinige Macht im Lande von Dezember 1981 bis Juli 1983 durch Verhängung des Kriegsrechts in Polen und das Verbot der Solidarnosc unter *General Jaruzelski* zu behaupten. Die Parteiführung unter *General Jaruzelski* war erst ab Herbst 1988 bereit, mit der (illegalen) Opposition über grundlegende Reformen des polnischen und wirtschaftlichen Ordnungssystems zu verhandeln. Die Vereinbarung des Runden Tisches leiteten im Frühjahr 1989 die große Wende in Europa ein. Die Opposition selbst strebte eine grundlegende Umgestaltung Polens hin zu Demokratie und Marktwirtschaft an. Die katholische Kirche trug entscheidend zum Zustandekommen und zum Erfolg des Rundes Tisches bei und stand 1989 auf dem Höhepunkt ihres Ansehens. Ergebnis der Verhandlungen waren die

während des Kriegszustandes, viele wichtige Verfassungsänderungen vorgenommen, die stufenweise das Regierungssytem umgestalten, ohne jedoch das streng zentralistische Regierungssystem bedeutend zu verändern[352]. Polen tritt die Wende von 1989 schon als ein Staat auf dem Weg zu einer Systemtransformation an. Die institutionelle Reform in Polen ist nach dem Institutionenschub des Jahres 1990 bis Mitte 1998 kaum vorangekommen, obwohl polnische Experten und auch Politiker sich der Notwendigkeit weiterer institutioneller Reformen bewußt sind, auch hinsichtlich der Beitrittsfähigkeit Polens zur EU[353].

In Polen erfolgt ab April 1989 bis März 1997 eine schrittweise, evolutionäre Anpassung der Verfassung an die Tradition des westlichen Verfassungsstaates in 4 Phasen[354]. Die Verfassunsnovelle des „Runden-Tisch Vertrags vom 7. April 1989, die eine Reform der bisherigen Verfassungsordnung darstellt, führt das Prinzip der Gewaltenteilung in Struktur und Praxis der obersten Staatsorgane ein, aber ohne wesentliche Änderung der bisherigen Verfassungsordnung. Die zweite Phase entsteht durch die Teiländerung der Verfassung, die die Grundlagen der Verfassungsordnung gründlich abändert (Verfassungsnovellen zu: Aufhebung des sozialistischen Staatsmodells 12/1989, Einführung der territorialen Selbstverwaltung 5/1990, Änderung der Berufsordnung des Präsidenten 9/1990) ermöglicht durch den Wahlsieg der Solidarnosc im Juni 1989. Dritte Etappe ist die „kleine Verfassung" vom Oktober 1992, eine Vorbereitungsphase bis zur Einführung einer neuen Verfassungsordnung (Verfassungsgesetz vom 23. April 1992 erklärt geltende

---

Wiederzulassung der Solidarnosc, die Schaffung eines semipräsidentiellen Regierungssystems sowie freie Wahlen zu einer neugeschaffenen zweiten Kammer (dem Senat), während im Sejm der bisherigen Regierungskoalition der PZPR und Partner 65 % der Stimmen garantiert wurden („Kontrakt Sejm"). Die in diese Phase fallenden Entscheidungen und Gesetze zu Umbau und Erneuerung des ponischen Verfassungs- und Institutionensystems waren von Kompromissen eines ums Überleben ringenden kommunistischen Regimes und der zu grundlegenden Reformen bereiten Solidarnosc geprägt.

352 *Zawadzka*, Aktuelle Streitfragen des aktuellen Verfassungsstreites, in: Recht in Ost und West. Zeitschrift für Ostrecht und Rechtsvergleichung, 40. Jhg., Heft 5, Juni 1996, S. 141.

353 *Wollmann*, Der Systemwechsel in Ostdeutschland, Ungarn, Polen und Rußland. Phasen und Variaten der politisch-administrativen Dezentralisierung; in: Aus Politik und Zeitgeschichte. Beilage zur Wochenzeitung Das Parlament. B 5/1997, S. 14.

354 *Banaszak*, Das Rechtssystem Polens im Wandel; in: Recht in Ost und West. Jg. 39, Heft 6, 1995, S. 185 ff.

Verfassung zu vorläufigem Rechtsakt, Verfassungsgesetz vom 17. Oktober 1992 beschränkt sich auf die Regulierung der Beziehungen zwischen gesetzgebender und vollziehender Gewalt sowie auf die territoriale Selbstverwaltung), da aufgrund der Parlamentszerspitterung die eigentlich vorgesehene radikale Systemänderung realistischerweise nur mit einer kleinen Verfassung begonnen werden konnte. Vierte Etappe ist das neue Grundgesetz, daß durch eine vom Parlament eingesetzte Verfassungskommission schließlich im März 1997 verabschiedet wurde. Nicht geregelt wurde eine Dezentralisierung des Verwaltungsaufbaus.

Die neu im Früjahr 1990 eingeführten kommunalen Entscheidungskompetenzen werden allerdings durch das Kompetenzengesetz vom April 1990, das die Kompetenzen zwischen Kommunalverwaltung und Staatsverwaltung regelt, sowie durch das Wojewodschaftsgesetz vom 22. März 1990, mit dem Kompetenzbereiche nicht eindeutig definiert, zum Teil wieder eingeschränkt. Die in einigen Verwaltungen bestehende Doppelstruktur von Selbstverwaltung der Gemeinden und staatlicher Administration erleichtert nicht immer die internationale / grenzüberschreitende Kooperation auf unterster Ebene[355]. Auch bietet die unklare Aufgabenteilung zwischen Gemeinden und Regionen ein konfliktträchtiges Potential. Die Spannung wurde zusätzlich dadurch genährt, daß sich von Anfang an die finanzielle Ausstattung der Gemeinden für die Bewältigung der diesen zugedachten Aufgaben, vor allem auch der sozialen Aufgaben, als völlig unzureichend erwies. Das Versäumnis, in der Gründungsphase 1990 die Verwaltungsebene der Kreise nicht eingeführt zu haben, und der überwiegende Stillstand im weiteren Ausbau der administrativen Strukturen in Polen bis Mitte / Ende der 90er Jahre (Verringerung der Zahl der Wojewodschaften, Wiedereinführung der Kreise, Dezentralisierung der Verwaltungsstrukturen), werden längst als schwere Hypothek für die politische und wirtschaftliche Entwicklung Polens angesehen. Deshalb hat die neue Regierung *Buzek,* die von einer Koalition aus der *„Wahlaktion Solidarnosc"* AWS und der Freiheitsunion (UW) getragen wird, sechs Jahre später, 1998, eine solche Verfassungsreform wieder zum absoluten Ziel erklärt. Die polnische Regierung hat sich am 13. März 1998 auf eine Reform der Wojewodschaften geeinigt. Die Minister billigten einen Gesetzesentwurf, der zwölf große Verwaltungseinheiten vorsieht, die eigene

---

355 *Tempel*, Städtepartnerschaften in der deutsch-polnischen Zusammenarbeit; in: Osteuropa, Jhg. 47, Heft 7, Juli 1997, S. 650-666.

gewählte Parlamente erhalten sollen. Der polnische *Sjem* hatte sich am 5. Juni 1998 darauf geeinigt, 12 Wojewodschaften einzurichten, der Senat hatte sich dann aber für 15 ausgesprochen. Schließlich konnte das Parlament am 18. Juli 1998 in seiner letzten Sitzung vor der Sommerpause den Kompromißvorschlag von Koalition und Opposition verabschieden, 16 Wojewodschaften einzurichten. Gesichert wurde auch die Einführung von etwa 300 Kreisen, die über gewählte Vertretungen verfügen werden. Diese werden über eine eigene Exekutive mit dem Kreishauptmann / *Starosta* an der Spitze sowie über eine gewählte Versammlung, den Kreistag, verfügen. Die Aufgaben der Kreise umfassen vor allem die Bereiche Bildung, Gesundheitswesen, Kultur , Sozialhilfe und Verkehrswesen. Die Zuständigkeit der Gemeinden soll dadurch aber nicht eingeschränkt werden, sondern sie sollen Bereiche bearbeiten, die die einzelnen Gemeinden alleine nicht bearbeiten können. Den Regierungspräsidenten / *Wojewoden* welche die Regierung in der Provinz vertreten, soll jeweils eine Wojewodschaftsparlament / *Sejmik* als gewähltes Selbstverwaltungsorgan zur Seite gestellt werden. Den gewählten Organen der Selbstverwaltung in den neuen Wojewodschaften wird die Entwicklungsplanung obliegen. Gesetzgeberische Gewalt wurde den Wojewodschaftsparlamenten indessen nicht zugestanden. Die *Sejmiki* dürfen demnach keine regionalen Steuern beschließen. Es ist ihnen ferner verwehrt, außenpolitisch tätig zu werden. Überdies werden sie nicht über das Militär verfügen und keine eigenen Polizeikräfte besitzen. Ursprünglich hätten die Kompetenzen der Selbstverwaltung in den Regierungsbezirken bedeutender ausfallen sollen, allerdings wurde auf die Kritik reagiert, Polen drohe auseinanderzufallen, sollten die Regionen zu stark werden: deshalb werden die Wojewoden wie bisher von der Regierung eingesetzt. Ihnen wurden weitgehende Kontrollbefugnisse mit Blick auf die gewählten Selbstverwaltungsorgane zugestanden. Die Stellung der Wojewoden wurde dadurch gestärkt, daß Organe der staatlichen Sonderverwaltung in der Provinz – zum Beispiel die Polizei – die bisher einzelnen Warschauer Ministerien unterstanden hatten, jetzt den Wojewoden zugeordnet sind. Mitte Oktober 1998 wurden die Gemeinderäte, Kreistage und Wojewodschaftsversammlungen gewählt.

Die Verringerung der Zahl der Wojewodschaften, die Wiedereinführung der Kreise und die Dezentralisierung der Verwaltungsstrukturen seit Januar 1999 in Polen werden als längst überfällige Reform der administrativen Strukturen sowohl in Polen als auch in Deutschland begrüßt.

Erwartet wird die erleichterte grenzüberschreitende Zusammenarbeit durch die stärker dezentralisierten Strukturen. Die Einrichtung dezentraler Strukturen mit handlungsfähiger, effizienter Finanzverfassung in Polen wird auch von der EU-Kommission begrüßt, die sich davon eine verbesserte Umsetzung der EU-Außenwirtschaftsprogramme und langfristig der EU-Regionalfonds nach dem Beitritt Polens in die EU verspricht. Schließlich gewinnt die Dezentralisierung an Vertrauen in der Europapolitik und verbreitet bei strukturellen Anpassungen, Garantien für eine demokratische und rechtsstaatliche Ordnung. Insofern sollte die Anwendung der europäischen Grundprinzipien vereinfacht sein. Bei Zentralstaaten ohne aktive Anpassungs- und Durchführungspolitik bleibt eine vollständige Integration fraglich, insbesondere wenn man die prozeduale Durchsetzung des Europarechts betrachtet.

Dritter Titel: **Die prozeduale Durchsetzung des Europarechts vor nationalen Gerichten und ihre verfahrensrechtlichen Probleme**

Die Idee des Rechtsstaates scheint in Europa in eine supranationale Rechtsgemeinschaft überzugehen, in der die europäischen und nationalen Gerichtsbarkeiten eine wesentliche Rolle in der Anwendung des Europarechts spielen. Auf supranationaler Ebene helfen sowohl der EGMR als auch der EuGH diese Rechtsstaatlichkeit zu verschärfen. Insofern ist z.B. der EuGH mit seiner Rechtsprechung für alle Bereiche des Gemeinschaftsrechts betraut. Seiner Kognition obliegt es, insbesondere zu beurteilen, ob sekundäres Gemeinschaftsrecht sowohl dem primären Gemeinschaftsrecht als auch den Fundamenten der EKMR entspricht, aber auch, ob gegen das Gemeinschaftsrecht von und in den Mitgliedstaaten verstoßen wird. Seine Rechtsprechung hat Vorrang vor der Rechtsprechung und der Gesetzgebung nationaler Einrichtungen. Die Rechtsprechung des EuGH geht dabei viel weiter, als die durch den EWG-Vertrag garantierten Freiheiten erwarten ließen. Der EuGH sieht sich auch berechtigt, bei seinen Entscheidungen allgemeine Rechtsgrundsätze anzuwenden und zählt zu diesen den gesamten Grundrechtsschutz. Dabei stellt er fest, welche Menschenrechte gemeinsamer Grundrechtbestand in allen Mitgliedstaaten sind und legt diesen – indem er die Rechtssprechung des EGMR und der nationalen Verfassungsgerichte in seine Rechtsprechung integriert – seinen Auffassungen zugrunde. EuGH und EGMR erzielen im europäischen Integrationsprozeß eine richterliche Rechtsfindung, da die EU einen eigenen Grundrechtskatalog nie verabschiedet hat. Im Lichte des Rechtsschutzes des Bürgers folgen die Anwendung des Europarechts im innerstaatlichen Bereich und die verschiedenen Wege der Prozeßordnung der jeweiligen Mitgliedstaaten. Die nationale öffentlichrechtliche Prozeßordnung unterscheidet sich in jeder Rechtskultur, aber Merkmale eines Zentralstaates und eines Bundesstaates lassen sich erkennen und interessanterweise auch unterscheiden.

Trotz der juristischen Harmonisierungsversuche scheint der Bürger in Europa unterschiedliche gerichtliche Garantien zu haben. Europa ist auf dem Weg zu einem gemeinsamen Verständnis der Menschenrechte und zu gemeinsamem Handeln für den Schutz und die Fortentwicklung der Menschenrechte, allerdings drohen auf diesem Weg nicht zu unterschätzende Gefahren und Hindernisse. Insofern zeigt sich im Bereich der Prozeßordnung das Recht auf ein faires Gericht als europäische

Integrationsvoraussetzung. Sowohl die Unabhängigkeit als auch die Unparteilichkeit des Gerichts sollten garantiert werden. Dieses *tertium comparationis* zeigt inwiefern sich die französische zentralistische Verwaltungsprozeßordnung von den angepaßten „Gerichtsbarkeiten" in Österreich unterscheidet, und aufgrund ihrer umstrittenen Fundamente die Reformbedürftigkeit der Gerichte verlangt. Die prozeduale Durchsetzung des Europarechts stößt auf Schwierigkeiten bei der Anwendung des supranationalen Rechts, insbesondere in den in Frankreich gepflegten nationalen Gerichtstraditionen sowohl im Verwaltungsgerichtshof / *Conseil d'Etat* als auch im Kassationsgerichtshof / *Cour de cassation.* Demnächst fehlt die verfahrensrechtliche Kompatibilität zwischen Europarecht und innerstaatlichem Recht, die als Voraussetzung der Integration und des besonderen wichtigen Grundrechtsschutzes dargestellt wird. Gegebenenfalls zeigte die durchgeführte Reform der Verwaltungsinstitutionen, wie z. B., die unabhängigen Verwaltungssenate (UVS), in Österreich ein höheres Grundrechtsverständnis.

Erstes Kapitel: **Das Recht auf ein faires Gericht als europäische Integrationsvoraussetzung**

Angesichts der vorrangigen Bedeutung, die in demokratischen Gesellschaften dem Recht auf faires Verfahren[356] zukommt, hat der Europäische Gerichtshof für Menschenrechte (EGMR) in Übereinstimmung mit der Europäischen Kommission für Menschenrechte (KOM) bereits in den Anfängen seiner Rechtsprechungspraxis hervorgehoben, daß die Vorschrift nicht einschränkend ausgelegt werden dürfe[357]. Wenngleich die durch die nationalen Rechte den Verfahrensbeteiligten und insbesondere den Angeklagten gewährten Garantien in der Regel über den Art. 6 EMRK hinausgehen und daher oft die Überlegenheit der nationalen Verfahrensrechte betont wird[358], hat sich doch Art. 6 EMRK in der Rechtsprechung des Gerichtshofes als die Vorschrift erwiesen, deren Verletzung am häufigsten geltend gemacht und bisher auch am häufigsten festgestellt wurde.

1. Ein Beispiel an Rechtsstaatlichkeit und an Rechtsschutz

Im Vergleich zwischen der österreichischen und der französischen Prozeßordnung im Verwaltungsbereich versteht man, daß ein unabhängiges und unparteiisches Gericht die Voraussetzung zur europäischen Integration ist, insofern die EMRK und insbesondere der Art. 6 Abs.1 nicht nur

---

[356] Art. 6 Abs. 1 EMRK „*Jedermann hat Anspruch darauf, daß seine Sache in billiger Weise öffentlich und innerhalb einer angemessenen Frist gehört wird, und zwar von einem unabhängigen und unparteiischen, auf Gesetz beruhenden Gericht, das über zivilrechtliche Ansprüche und Verpflichtungen oder über die Stichhaltigkeit der gegen ihn erhobenen strafrechtlichen Anklage zu entscheiden hat. Das Urteil muß öffentlich verkündet werden, jedoch kann die Presse und die Öffentlichkeit wärend der gesamten Verhandlung oder eines Teiles derselben im Interesse der Sittlichkeit, der öffentlichen Ordnung oder der nationalen Sicherheit in einem demokratischen Staat ausgeschlossen werden, oder wenn die Interessen von Jugendlichen oder der Schutz des Privatlebens der Prozeßparteien es verlangen, oder, und zwar unter besonderen Umständen, wenn die öffentliche Verwaltung die Interessen der Rechtspflege beeinträchtigen würde, in diesem Fall jedoch nur in dem nach Auffassung des Gerichts erforderlichen Umfang*".
Abs. 2 „*Bis zum gesetzlichen Nachweis seiner Schuld wird vermutet, daß der wegen einer strafbaren Handlung Angeklagte unschuldig ist*". (...).

[357] EMRK, GH 11, 15 Ziff. 25, *Delcourt*, s.a. *Borgers*, GH 214-A, 31 Ziff. 24 m.w.H. = EuGRZ 1991, S. 519.

[358] *S.Roxin*, Strafverfahrensrecht, 24. Aufl., 1995, S. 15; OGH, ÖJZ 1975, S. 356.

als Verhaltensnormen für die Behandlung von Rechtssachen durch die Gerichte gibt, sondern vor allem den gerichtlichen Rechtsschutz als solchen garantiert[359]. Für die Gemeinschaft wurde diese These mit dem Amsterdamer Vertrag bekräftigt. Außerdem geht, der von der Konvention garantierte Justizgewährungsanspruch über die Erfordernisse des allgemeinen Völkerrechts weit hinaus. Dieses gewährt bekanntlich den Inländern überhaupt keine Ansprüche gegenüber dem eigenen Staat, und, was die Ausländer anbetrifft, herrschte noch zu Beginn dieses Jahrhunderts die Meinung vor, kein Staat sei verpflichtet, seine Gerichte auch den Fremden zugänglich zu machen[360]. Daher wird in Freundschafts-, Handels-, Konsular- und Rechtshilfeverträgen, bis in die jüngste Zeit herauf, der *„freie und ungehinderte Zugang zu den Gerichten"* den Angehörigen der Vertragsstaaten ausdrücklich zugesichert[361]. Aber auch unabhängig vom Bestehen eines völkerrechtlichen Gebots entspricht es alter österreichischer Prozeßrechtstradition, daß – Gegenseitigkeit vorausgesetzt – Ausländer unter den gleichen Bedingungen wie Inländer vor den österreichischen Gerichten klagen und geklagt werden können[362]. Im übrigen würde eine generelle Rechtswegsperre für Ausländer der neueren Auffassung vom völkerrechtlichen Fremdenrecht nicht mehr entsprechen[363]. Trotzdem sind noch wesentliche Unterschiede im Rechtsschutz des Bürgers in Europa zu bemerken. Insbesondere bleiben Elemente der französischen Prozeßrechtstraditionen auf höchster Ebene in zweierlei Hinsicht hinter den Geboten der EMRK zurück. Einerseits ist die Debatte über die richterliche Unabhängigkeit des Verwaltungsgerichtshof / *Conseil d'Etat,* der die beratende Funktion des Staatsrates übernimmt, noch nicht geklärt worden. Andererseits wird

---

[359] EGMR, GH 21. Februar 1975, Serie A, Nr. 18 = EuGRZ 1975, 97 f., *Golder/Großbritanien*; vgl. dazu *Eissen*, „Le droit à un tribunal" dans la jurisprudence de la Commission, FS Ganshof van der Meersch I, 1972, S. 455; *Schantl-Welan*, Betrachtungen über die Judikatur des VfGH zur MRK, ÖJZ 1970, S. 647, sprechen von einem „Anspruch auf Gerichtsentscheidung".

[360] *Van Praag*, Juridiction et droit international public, 1915, S. 95; *Nagel*, Durchsetzung von Vertragsansprüchen im Auslandsgeschäft, 1978, S. 177.

[361] So etwa noch in Art. 1 österr.-ital. Abkommen, BGBl. 1977/433. Man denkt an die Gewährung des Zugangs zu den gleichen Bedingugen wie für Inländer (Armenrecht, keine Kaution), zu diesem Problem siehe *Riezler*, Internationales Zivilprozeßrecht und prozessuales Fremdenrecht, 1949, S. 437 f.

[362] *Walter*, Streitfragen aus dem internationalen Civilprozeßrechte, 1897, S. 108.

[363] *Verdross – Simma*, Universelles Völkerrecht, 1976, 586 ff.

auch in der ordentlichen Prozeßordnung Gerichtstraditionen des Kassationshofes widersprochen.

2. Die universellen Konditionen

Hier stellt sich die Frage der Universalität und der Unteilbarkeit des Grundrechtschutzes im Prozeßrecht. Es geht darum, das *tertium comparationis* zu identifizieren und zu definieren. Aufgrund der vergleichenden Analyse werden die Konditionen des Tribunals, seiner Unabhängigkeit und Unparteilichkeit im Namen der Menschenrechte einbezogen und nicht abgegrenzt oder ausgeschlossen.

Der Weg zu einem gemeinsamen überwölbenden Begriff der Menschenrechte entspricht diesen objektiven Verfahrensbedürfnissen Europas. Ganz Europa und insbesondere die Europäische Gemeinschaft braucht eine globale Vision und Durchsetzung der universellen und unteilbaren Menschenrechte, dessen Effizienz in der staatlichen Prozeßordnung ermessen wird. Universalität der Verfahrensgarantien bedeutet, daß alle Menschen in den Genuß der Menschenrechte eingeschlossen werden müssen, sie bedeutet Inklusion/Inklusivität im Gegensatz zu jeder Form der Exklusion/Exklusivität, sie bedeutet Achtung der kulturellen Vielfalt im Rechtswesen. Unteilbarkeit bedeutet, daß die Menschenrechte gedanklich und vor allem in ihrer praktischen Durchführung als unteilbares Ganzes betrachtet werden müssen. Gerade im heutigen Europa, in einer juristisch entspannten Atmosphäre[364] erscheint es möglich und notwendig, gewisse alte, oft künstlich hochgespielte Gegensätze zwischen politischen und bürgerlichen Rechten und wirtschaftlichen, sozialen und kulturellen Rechten sowie zwischen individuellen Rechten und Gruppenrechten zu überwinden. Sowohl im prozeduralen als auch im prozessualen[365] Bereich sollten künstlich errichtete Grenzen fallen. Vor diesem Gesichtspunkt erscheint es interessant, daß der EGMR sich mit der Frage der Rechtsmäßigkeit der nationalen Verwaltungsgerichtsbarkeiten befaßt hat, um den staatlichen Rechtschutzmechanismus zu rationalisieren und zu verbessern sowie dessen gerichtsförmigen und unabhängigen Charakter zu stärken.

---

[364] Insbesondere seit der Anwendung des Europarechts im staatlichen Bereich. Siehe dazu *Zweiter Titel*, *Zweites Kapitel*, Das entspannte Umfeld.
[365] Im Prozeß selbst.

2.1. Das Tribunal

Art. 6 Abs. 1 garantiert im Rahmen seines Geltungsbereiches ein faires, zügiges und öffentliches Verfahren. Das Prinzip der Mündlichkeit des Verfahrens ergibt sich implizit aus der gebotenen Öffentlichkeit[366]. Der Anspruch auf ein faires Verfahren wird ergänzt durch das Gebot der Unparteilichkeit und Unabhängigkeit des entscheidenden Gerichts, das auf Gesetz zu beruhen hat. Der Begriff „Gericht" ist eine Übersetzung des in Art. 6 Abs.1 verwendeten Ausdrucks „tribunal". Als solches qualifizierten sich nicht nur die ordentlichen Gerichte der Mitgliedstaaten, sondern alle justizförmigen, unabhängigen und unparteiischen Spruchkörper, die aufgrund eines geregelten und mit entsprechenden Garantien ausgestatteten Verfahrens nach Recht und Gerechtigkeit über zivilrechtliche Ansprüche und Verpflichtungen oder über strafrechtliche Anklagen entscheiden[367]. Im materiellen Sinne charakterisiert sich das Gericht also durch seine Rechtsprechungsfunktion, d.h., daß es im Rahmen seiner Zuständigkeit nach rechtsstaatlichen Regeln und im Anschluß an ein Verfahren, das in der gesetzlich vorgeschriebenen Weise durchgeführt wurde, Entscheidungen fällt. Dabei ist unbeachtlich, wenn es gleichzeitig auch andere Aufgaben, wie etwa der Verwaltung, Vollstreckung oder des Disziplinarwesens wahrnimmt[368]. Das „tribunal" muß auf Gesetz beruhen, denn dies ist in einer demokratischen Gesellschaft eine der Gundvoraussetzung seiner Unabhängigkeit[369].

Das „tribunal" muß von der Exekutive, der Legislative und den Parteien unabhängig sein[370]. Das setzt voraus, daß seine Mitglieder, d.h. sowohl Berufsrichter als auch Laienrichter[371], bei der Ausübung ihrer richterli-

---

366 Vgl. BayObLG, NJW 1961, 270.

367 EGMR, GH 132, 29 Ziff. 64 = EuGRZ 1989, 21, *Belilos*; EGMR, GH 84, Ziff. 36 = EuGRZ 1985, 336, *Sramek*; EGMR, GH 80 Ziff. 76 = EuGRZ 1985, 534, *Campbell und Fell*; EGMR, GH 13 39 Ziff. 95, *Ringeisen.*

368 EGMR, GH 97, 17 Ziff. 40 = EuGRZ 1986, 299, *Benthem*; EGNR, GH 127, 34 Ziff. 50, *H./B.*

369 B 7360/76, *Zand/A*, DR 15, 70. Die gesetzliche Regelung soll zumindest durch Rahmenvorschriften den gesamten organisatorischen Aufbau, die Zuständigkeit der einzelnen Gerichtsbarkeiten, die Schaffung der jeweiligen Gerichte und ihre sachliche und örtliche Zuständigkeit festlegen.

370 EGMR *Ringeisen*, Fn 365; EGMR, GH 34, 12 Ziff. 29 = EuGRZ 1980, S. 202, *Schiesser*.

371 Vgl. E 5258/71, CD 43, 71.

chen Funktionen weder weisungsgebunden sind noch Rechenschaft zu geben haben.

2.2. Unabhängigkeit vs Unparteilichkeit ?

Zwischen der „Unabhängigkeit" und der „Unparteilichkeit" besteht ein funktionaler Zusammenhang; erstere ist Voraussetzung der letzteren[372]. Der Begriff „Unparteilichkeit" bezieht sich hauptsächlich auf die Einstellung bzw. Haltung der Richter. Diese sollen über den Parteien stehen und ihre Entscheidungen ohne Rücksicht auf die Person sachgemäß und nach bestem Wissen und Gewissen fällen. Ihre Unparteilichkeit wird bis zum Beweis des Gegenteils vermutet[373]. Probleme hinsichtlich der Unparteilichkeit von Richtern stellen sich insbesondere dann, wenn diese mit einer Sache mehrfach und in unterschiedlichen Funktionen befaßt sind. Dies ist Gegenstand des vorliegenden Vergleiches zwischen der österreichischen und der französischen Rechtsordnung. Beide Rechtssysteme unterscheiden sich, indem sie an unterschiedlichen Phasen der Durchführung des Europarechts stehen. In Österreich wurde die Reform zur Einführung der unabhängigen Verwaltungssenate vorbereitet. Die französische Verwaltungsgerichtsbarkeit bleibt ihrerseits im Schatten des europäischen Forschritts im Verfahrensbereich.

---

[372] B 8588, 8589/79, 12. Dezember 1983, DR 38, 18, *Bramelid und Malmström/S.*

[373] EGMR, GH 43, 25 Ziff. 58 = EuGRZ 1981, S. 551; *Le Compte* u.a.; EGMR, GH 58, 17, Ziff. 32 = EuGRZ 1983, 1990, *Albert, Le Compte.*

Zweites Kapitel: Von den angepaßten „Gerichtsbarkeiten" in Österreich

Die Österreichischen Gerichtsbarkeiten haben sich der europäischen Rechtsordnung unterwerfen müssen, da die Verwaltungsinstitutionen sowohl die Unabhängigkeit als auch die Unparteilichkeit in Anspruch genommen haben.

1. Die Problemstellung: Der Anpassungsanspruch der Verwaltungsinstitutionen

Als Österreich die EMRK ratifizierte, glaubte man, daß die österreichische Rechtslage den Anforderungen des Art. 6 EMRK weithin entspreche. Wie erwähnt verlangt Art. 6, daß über zivilrechtliche Verpflichtungen und strafrechtliche Anklagen ein unabhängiges und unparteiisches Tribunal in öffentlicher Verhandlung entscheiden soll. Verwirklicht hielt man diese Forderung durch die Zuständigkeit der ordentlichen Gerichte für solche Angelegenheiten. Beim einzigen problematischen Bereich des Verwaltungsstrafrechts meinte man, mit Hilfe eines Vorbehaltes zu Art. 5 EMRK, die Verhängung von Freiheitsstrafen durch Verwaltungsbehörden statt „Gerichten", wie es Art. 5 EMRK fordert, weiter beibehalten zu können. Die extensive Auslegung des Zivilrechtsbegriffes durch die Straßburger Judikatur machte es notwendig, den Rechtsschutz im Verwaltungsrecht neu zu gestalten. Auf Art. 6 EMRK und seine Anforderungen wird im Lichte der österreichischen Rechtslage näher und spezifisch eingegangen, wobei vor allem die rasante Entwicklung der Begriffe „civil rights" und „criminal charge", welche die Einführung der unabhängigen Verwaltungssenate notwendig gemacht haben, im Mittelpunkt der vergleichenden Analyse stehen.

Durch die B-VG Novelle 1988 BGBl 685 wurden die unabhängigen Verwaltungssenate (UVS) geschaffen, die gemeinsam mit dem Verwaltungsgerichtshof gemäß Art. 129 B-VG *„zur Sicherung der Gesetzmäßigkeit der gesamten öffentlichen Verwaltung"* berufen sind. Bei den UVS handelt es sich nicht um Gerichte iSd B-VG, sondern um Verwaltungsbehörden der Länder. Funktionell handeln sie als Bundes- oder als Landesorgane, je nachdem in welchem Vollzugsbereich sie tätig werden. Art. 129a Abs. 5 B-VG sieht vor, daß die Organisation und das Dienstrecht der Mitglieder durch ein Landesgesetz zu regeln ist. Eine Ausnahme besteht nur hinsichtlich der Abgrenzung der kollegialen und der monokratischen Entscheidungsbefugnis, die nach Art. 129b Abs. 5 B-VG wie auch das Verfahren vom Bundesgesetzgeber zu regeln sind. Die verfassungsrechtlichen Bestimmungen traten am 1. Jänner 1991 in Kraft. Die Lösung, daß Verwaltungsbehörden, die zugleich aber Züge ordentlicher Gerichte tragen, die Anforderungen des Art.6 EMRK erfüllen sollten, wurde von einem Teil der Lehre hart kritisiert. Die Schaffung der UVS wurde u.a. als *„entscheidender Rückschritt, dessen Fernwirkungen auf die Rechtsstaatlichkeit ganz unabsehbar bleiben“*[374] und als *„Minimallösung“* bezeichnet[375].

Im Rahmen dieses vorliegenden Vergleichs soll vor allem auf die Organisation und auf die Aufgaben der UVS in den Ländern eingegangen werden. Die wesentlichen Grundzüge der Organisation sind unmittelbar im B-VG geregelt, nämlich jene, welche die Unabhängigkeit und die Unparteilichkeit gewährleisten und damit den Tribunalcharakter dieser Behörde sicherstellen sollen. In diesem Zusammenhang werden zwei Erkenntnisse des VfGH von 1997, die den „äußeren Anschein“ und die feste Geschäftsverteilung betreffen, näher untersucht. Die Sicherstellung der Tribunalqualität wurde und wird von einem Teil der Lehre immer bezweifelt, weswegen auch vor der Zurücknahme des Vorbehalts gewarnt wird. Die Zweifel an der Tribunalqualität sind auch der Grund, warum die Lehre den Ausbau der UVS zu echten Verwaltungsgerichten fordert, die dem Anschein eines unabhängigen und unparteiischen Gerichts gerecht werden.

2. Die Implementierung des Art. 6 EMRK in die staatlichen Rechtsordnung

2.1. Die Grundlage

Wie schon erwähnt, verlangt Art. 6 EMRK, daß *„ein unabhängiges und unparteiisches, auf Gesetz beruhendes Tribunal“* entscheiden muß, inwieweit *„civil rights“* betroffen sind oder es sich um Verwaltungsstrafrecht handelt. Der Tribunalbegriff darf nicht mit dem

---

[374] So *Pernthaler/Rath-Kathrein*, Die Einführung von Landesverwaltungsgerichten – eine Alternative zu den „unabhängigen Verwaltungssenaten in den Ländern“, JBl 1989, S. 609.

[375] So *Mayer*, Die unabhängigen Verwaltungssenate im Rechtsschutzsystem (Teil 1), ÖJZ 1991, S. 257.

Gerichtsbegriff iSd B-VG gleichsetzt werden. Während das österreichische Verfassungsrecht von einem formal-organisatorischen Gerichtsbegriff ausgeht, liegt der Straßburger Judikatur ein materiell-funktioneller Gerichtsbegriff zugrunde. Das heißt, ausschlaggebend für die Bezeichnung Tribunal ist das Vorhandensein der konstruktiven Merkmale eines Tribunals. Daher kommt der innerstaatlichen Bezeichnung als Gericht keine Bedeutung zu[376]. Diese konstitutiven Merkmale ergeben sich teilweise aus der Konvention selbst, im Art. 6 EMRK, teilweise auf Grund der Entscheidungen durch die Judikatur der Konventionsorgane. So zeigte der genannte Fall *Ringeisen*[377], daß eine ausschließliche Besetzung mit Berufsrichtern nicht erforderlich ist, weswegen auch die oberösterreichische Grundverkehrskommission, die als Kollegialbehörde im Sinne des Art. 133 Z 4 B-VG eingerichtet ist, als Tribunal anerkannt wurde. Ein weiteres Merkmal ist, daß jedes Gericht auf ein ausreichend bestimmtes Gesetz rückführbar sein muß[378]. Jedoch wird der Begriff „Gesetz" im materiellen Sinne ausgelegt. So bestimmt der Bericht der Kommission[379]: *„Art. 6 Abs. 1 verlangt von der Gesetzgebung nicht, daß sie jede Einzelheit auf diesem Gebiet durch einen formellen Parlamentsakt regelt, wenn die Legislative nur letztlich den organisationsrechtlichen Rahmen für die Organisation der Rechtssprechung aufstellt"*. Während Sondergerichte, wie z.B. Militärgerichte[380] zulässig sind, da sie ohne zeitliche Beschränkung generell für eine unbestimmte, wenn auch beschränkte Anzahl von Fällen geschaffen werden, werden Ausnahmegerichte abgelehnt, da es nicht der Exekutive überlassen werden soll, Gerichte einzurichten. Schiedsgerichte, welchen sich die Parteien freiwillig unterwerfen, fallen ebenso aus dem Anwendungsbereich des Art. 6 EMRK. Sie werden aber dennoch als zulässig erachtet, da angenommen wird, daß auch durch die freiwillige Anerkennung des Gerichts auf die Garantien des Art. 6 verzichtet wird[381].

---

[376] Vgl. in der genannten Rs *Sramek*, Fn. 364.
[377] Siehe Fn. 365.
[378] Vgl. EGMR 14. Dezember 1979, *Le Compte*, Fn. 370.
[379] EMRK 12. Oktober 1978 Nr. 7360/1976, ÖJZ 1980, 43.
[380] Vgl. EMRK 10. Oktober 1980, 8299/78.
[381] *F. Matscher*, Der Gerichtsbegriff der EMRK, in Baumgärtel-FS, 1990, S. 368.

2.2. Die Entwicklung des Begriffs *„civil rights"*

Bei der Beurteilung, ob *„civil rights"* vorliegen, nehmen die EMRK und der EGMR eine autonome Auslegung vor[382]. Danach sind die innerstaatlichen Zuordnungen zu einer bestimmten Rechtsmaterie, sei es Zivilrecht oder Öffentliches Recht, von geringer Bedeutung (siehe die genannte Rs *Ringeisen*). Maßgeblich für die Beurteilung sind Ziel und Zweck der EMRK.

In seiner früheren Judikatur folgte der VfGH zunächst der Straßburger Judikatur[383]. Doch der Begriff *„civil rights"* wurde duch die Straßburger Judikatur immer extensiver ausgelegt, wie z.B. im Fall *Ringeisen,* wo entschieden wurde, daß *„jedes Verfahren, dessen Ausgang für Rechte und Verpflichtungen privatrechtlicher Natur entscheidend ist"*, unter Art. 6 EMRK fällt. Durch diese weite Auslegung des Zivilrechtsbegriffs wäre es erforderlich gewesen, daß auch im Verwaltungsrecht überwiegend unabhängige Tribunale entscheiden, da die nachprüfende Kontrolle der österreichischen Höchstgerichte nicht mehr ausreicht. Der VfGH weigerte sich in der „bemerkenswerten"[384] Erkenntnis VfSlg. 11 500, dieser Weiterentwicklung durch die Straßburger Judikatur zu folgen. Er teilte vielmehr die *„civil rights"* in zwei Gruppen ein, für die der Art. 6 EMRK unterschiedlich gelten sollte. Einerseits gibt es den Kernbereich der zivilrechtlichen Ansprüche und Verpflichtungen, wo eine nachprüfende Kontrolle durch die österreichischen Höchstgerichte nicht ausreicht[385], weswegen nun auch auf Verwaltungsebene Tribunale eingerichtet werden mußten. Auf der anderen Seite gibt es den sog. Randbereich, der die typischen öffentlich-rechtlichen Eingriffe in private Rechtspositionen beinhaltet, wo die traditionelle, nachprüfende Kontrolle beibehalten werden kann. Diese Rechtssprechung wurde auch von der Kommission bestätigt[386].

---

[382] So *Mayer*, ZfV 1988, 473.

[383] VfSlg. 5100, 5102.

[384] So *Walter/Mayer*, Grundriß des österreichischen Bundesverfassungsrechts, 8. Auflage, 1996, Rz. 1475.

[385] Vgl. VfSlg. 11 591/1987.

[386] Vgl. Bericht der EMRK vom 19. Mai 1994, *Schmautzer* u.a., Newsletter 1994, 277.

2.3. Die Entwicklung des Begriffs *„criminal charge"* und der Vorbehalt zu Art. 5 EMRK

Auch der Begriff *„criminal charge"* wird von der Straßburger Judikatur materiell ausgelegt, jedoch stimmt diese Auslegung mit der des VfGH überein. Der Begriff der *„strafrechtlichen Anklage"* umfaßt sowohl das Justizstrafrecht als auch das Verwaltungsstrafrecht. Der materielle Strafrechtsbegriff wurde wie schon der *„civil rights"* Begriff durch ständige Rechtssprechung weiterentwickelt. Besondere Bedeutung nach übereinstimmender Ansicht der Kommission und des VfGH hat die durch Art. 6 EMRK festgelegte Zuständigkeit von Tribunalen für den von Österreich abgegebenen Vorbehalt zu Art. 5 EMRK. Mit Hilfe dieses Vorbehaltes konnte Österreich die Maßnahmen des Freiheitsentzuges, die in den Verwaltungsverfahrensgesetzen vorgesehenen sind, weiter beibehalten. Der Vorbehalt entfaltet eine Fernwirkung auf Art. 6 EMRK[387], da Verwaltungsverfahren, die nach dem Verwaltungsstrafgesetz[388] (VStG) durchgeführt werden, dem Art. 6 EMRK nicht widersprechen dürfen[389]. Jene Auffassung, daß der Vorbehalt auch andere Verwaltungsstrafen deckt, die nach anderen als den im Vorbehalt genannten Verfahrengesetzen (AVG, VStG, VVG, EGVG) verhängt werden, vertritt der VfGH mittlerweile nicht mehr. So fallen Verfahren, für die das Finanzstrafgesetz[390] (FinStrG) anwendbar ist, aus dem Bereich des Vorbehalts hinaus. Dieser Ansicht entspricht auch Art. 64 EMRK. Unzulässig sind demnach jene Verwaltungstatbestände, die nach Abgabe des Vorbehalts neu geschaffen wurden.

3. Die Problemlösung: Zur Rechtsnatur der Unabhängigen Verwaltungssenate

3.1. Die Tribunalqualität der UVS

Die B-VG-Novelle 1988 mit Wirkung vom 1. Januar 1991 fügte Art. 129a und Art. 129b B-VG hinzu. Art. 129a Abs. 1 Z 1 B-VG gibt den

---

[387] So *Schantel/Welan*, ÖJZ 1970, 652.

[388] Verwaltungsstrafgesetz BG vom 21. Juli 1925 über die allgemeinen Bestimmungen des Verwaltungsstrafrechtes und das Verwaltungsstrafverfahren, BGBl 1925/275.

[389] Vgl. VfSlg. 5021/1965.

[390] BG vom 26. Juni 1958 betreffend das Finanzstrafrecht und das Finanzstrafverfahrensrecht, BGBl 1958/129.

UVS die Kompetenz, in Bereichen zu vollziehen, die das Verwaltungsstrafrecht betreffen. Art. 129a Abs. 1 Z 3 B-VG ermächtigt den einfachen Bundes- und Landesgesetzgeber, den UVS „sonstige Angelegenheiten" zuzuweisen, über die sie nach Erschöpfung des Instanzenzuges zu entscheiden haben. Diese Regelung trägt dem Umstand Rechnung, daß verschiedene Verwaltungssachen als Angelegenheiten anzusehen sind, die *„civil rights"* betreffen und dem einfachen Gesetzgeber wird damit die Möglichkeit gegeben, auch in diesen Bereichen eine konventionskonforme Vollziehung zu gewährleisten. Diese Novelle sollte eine Basis für die Aufgabe zu Art. 5 EMRK bilden; Voraussetzung für eine mögliche Aufgabe ist aber, daß die UVS Tribunale im Sinne des Art. 6 EMRK darstellen.

Die UVS sind keine Gerichte im Sinne der Bundesverfassung und somit deren Mitglieder keine Richter. Sie besitzen nur eine den Richtern angenäherte Rechtsstellung. Wie schon oben erwähnt, kommt es bei der Bewertung der Tribunalqualität nicht auf die innerstaatliche Bezeichnung als Gericht an, sondern darauf, ob es die konstitutiven Merkmale eines Tribunals besitzt. Die entscheidende Frage ist, inwieweit die einzelnen Organisationsgesetze der Länder[391] den von der Straßburger Judikatur entwickelten Standards zur Unabhängigkeit und Unparteilichkeit entsprechen. Weiterhinaus ist es fraglich, ob die angestrebte Sicherstellung einer konventionskonformen Vollziehung des Verwaltungsrechts gelungen ist. Einer der heikelsten Punkte ist die mit Ausnahme von Oberösterreich zeitlich begrenzte Bestellung unter dem Aspekt, daß die Landesregierungen ohne rechtliche Bindung für die Ernennung der Mitglieder zuständig sind. Da die UVS *„zur Sicherung der gesamten öffentlichen Verwaltung"* berufen sind, fällt auch die Kontrolle der Landesregierung in ihre Kompetenz. Dadurch ist es schwer, den *„äußeren Anschein"*[392] eines unabhängigen und unparteiischen Gerichtes aufrechtzuerhalten. Ebenso spricht das Dienst- und Besoldungswesen gegen den äußeren Anschein. Während die meisten Länder das Dienstrecht mit dem Organisationsrecht und einem Verweis auf das Landesbeamtendienstrecht zusammen regeln, haben Wien und Burgenland ein eigenes

---

[391] Das Organisationsrecht der UVS (Art. 129b Abs. 6 B-VG) findet sich in folgenden Landesgesetzen: Bgld: LGBl 1990/84. Ktn: LGBl 1990/104, NÖ: LGBl 0015, Oberösterreich: LGBl 1990/90, Sbg: 1990/65, Stmk: LGBl 1990/78, Tir: LGBl 1990/74, Vbg: 1990/34, Wien: LGBl 1990/53.

[392] Vgl. EGMR 17. Januar 1970, *Delcourt*, ECHR Series A 11, § 31, EGMR 29. April 1988 *Belilos*, EuGRZ 1989, 21.

Gesetz erlassen[393]. Es wird jedoch auch bei diesen Ländern durch die Ernennung ein öffentlich-rechtliches Dienstverhältnis zum Land begründet, was natürlich nicht zur Wahrung des äußeren Anscheins beiträgt. Beim Besoldungssystem haben wir ein ähnliches Problem, da eine Ermessensentscheidung des Dienstgebers die Besoldung der Senatsmitglieder bestimmt. Ausschlaggebend für die Ermessensentscheidung sind die bisherige Berufslaufbahn und die künftige Verwendung des Beamten. Der VfGH entschied, daß es nicht verfassungswidrig sei, daß es im Ermessen des Dienstgebers steht, die Besoldung der Senatsmitgieder zu bestimmen und daß die oben genannten Ermessensgrundlagen dem Bestimmtheitsgebot des Art. 18 B-VG entsprechen[394]. Nur Kärnten und Niederösterreich[395] haben ein eigenes Besoldungsschema entwickelt, in dem das Vorrücken im Zweijahresabstand garantiert wird und dadurch Ermessungsentscheidungen vermieden werden. Wie bei diesen Problemen ersichtlich wurde, ist fraglich, ob die UVS dem Tribunalbegriff im Sinne des Art. 6 gerecht werden.

Art. 129b Abs. 4 B-VG fordert als Voraussetzung für die Mitglieder der UVS, daß sie rechtskundig[396] sein müssen und für die Dauer ihres Amtes keine Nebentätigkeit ausüben dürfen, die Zweifel an ihrer Unabhängigkeit[397] hervorrufen könnte.

3.2. Die UVS als Verwaltungsbehörden

Immer wieder wurde die Frage gestellt, ob der UVS nun als Verwaltungsbehörde oder als Gericht zu qualifizieren ist. Wichtig ist die Frage nach der Qualifizierung deswegen, weil der VwGH und der VfGH nur bei Beschwerden gegen Bescheide von Verwaltungsbehörden angerufen

---

393 Wr LGBl 1990/52 idF 1991/27, Bgld LGBl 1991/19.

394 Vgl. VfSlg 13. 136/1992 und VfSlg 13.137/1992.

395 Vgl. § 8 Abs. 4 krtn LGBl 1990/104, § 22 Abs. 3 nö LGBl 00 15-5.

396 Rechtskundig bedeutet, daß der zu Ernennende das rechtwissenschaftliche Studium abgeschlossen haben muß.

397 Zumeist sind, ausdrücklich oder durch Verweis auf das Landesbeamtendienstrecht, der Besitz der österreichischen Staatsbürgerschaft, die Eigenberechtigung und die Unbescholtenheit als Ernennungsvoraussetzung nomiert. Mit Ausnahme von Wien wird weiters eine mehrjährige Berufserfahrung gefordert (ca. 5 Jahre). Laut Art. 129b Abs. 1 B-VG werden die Mitglieder durch Bescheid der Landesregierung ernannt. Das B-VG sieht kein bindendes Vorschlagsrecht der Vollversammlung des UVS vor.

werden, während nur Gerichte einen Antrag auf Aufhebung einer Verordnung beim VfGH stellen können. Die obersten Gerichtshöfe öffentlichen Rechts müssen bei der Prüfung ihrer Zuständigkeit im Einzelfall feststellen, ob die Behörde, deren Akt bekämpft wird, ein Gericht oder eine Behörde ist. Der Hauptunterschied liegt in der Unabhängigkeit ihrer Organe. Während gemäß Art. 20 Abs. 1 B-VG die Organe von Verwaltungsbehörden an die Weisungen der ihnen vorgesetzten Organe gebunden sind und unter deren staatlicher Aufsicht stehen, sind Richter gemäß Art. 87 weisungsfrei und nach Art. 88 B-VG unabsetzbar und unversetzbar. Verfassungsgemäß sind nur solche Behörden, die dem einen oder dem anderen Vollzugsbereich zugeordnet werden können; eine Mischverwendung ist demnach nicht denkbar. Weist eine Behörde nicht alle Merkmale eines Gerichtes auf, so vertritt der VfGH die Meinung, daß sie als Verwaltungsbehörde anzusehen ist[398]. Die Richtigkeit dieser Auffassung wird von einem Großteil der Lehre aber bezweifelt. Diese ist vielmehr der Meinung, daß es darauf ankommen soll, welche Art von Behörde der Gesetzgeber errichten wollte[399]. Einrichtungen, die dem verfassungsrechtlich vorgezeichneten Typus nicht entsprechen, wären demnach von der Aufhebung bedroht, vollkommene Mischtypen müßten als verfassungswidrig aufgehoben werden. Auf die Frage, zu welcher Art von Behörden die UVS gehören, stellte der VfGH und der VwGH eindeutig fest, daß sie als Verwaltungsbehörden zu qualifizieren sind.

Der UVS Oberösterreich stellte 1993 den Antrag, der VfGH möge die Vorschrift des Abs. 1 des § 46 VerfGG 1953 als verfassungswidrig aufheben. Er begründete seinen Antrag damit, daß er sich in einer Rs in einem vereinenden Kompetenzkonflikt mit der Landesregierung von Oberösterreich befindet und vertrat die Auffassung, daß Art. 138 B-VG, zu dem die bekämpfte Norm des § 46 Abs. 1 VerfGG 1953 ergangen ist, auch Kompetenzkonflikte zwischen UVS und Verwaltungsbehörden erfasse. Der Antrag wurde als unzulässig zurückgewiesen. Der VfGH stellte klar, daß die UVS nicht Gerichte sondern Verwaltungsbehörden sind. Dies geht aus Art. 130 Abs. 1 und Art. 144 Abs. 1 B-VG hervor, die von *„Verwaltungsbehörden einschließlich der unabhängigen Verwaltungssenate"* sprechen. Deswegen scheidet ein Kompetenzkonflikt nach Art. 138 Abs. 1 lit a und b B-VG aus, da kein Gericht streitbeteiligt

---

[398] Vgl. VfSlg 303/1924, 4836/1964, 7938/1978 u.a.

[399] Vgl. *Antoniolli/Koja*, Allgemeines Verwaltungsrecht, 3. Auflage, 1986, S. 62.

ist. Auch Art. 138 Abs. 1 lit c B-VG kommt nicht in Betracht, weil es sich in diesem Fall nicht um einen Konflikt zwischen einer Verwaltungsbehörde des Bundes und einer des Landes oder zwischen Verwaltungsbehörden verschiedener Länder handelt. Auf die Rechtsausführung der Behörde wurde nicht näher eingegangen, da die angefochtene Bestimmung des § 46 Abs. 1 verfGG 1953 in dem zugrundeliegenden Administrativverfahren gar nicht denkmöglich angewendet werden konnte, weil der behauptete Kompetenzkonflikt zwischen einem UVS und einer anderen Verwaltungsbehörde überhaupt nicht entstehen kann. 1994 wies der VfGH neuerlich einen Antrag mangels negativen Kompetenzkonflikts zwischen dem Bundesministerium für öffentliche Wirtschaft und dem UVS Wien zurück. Eine Gesellschaft begehrte diesen Antrag, nachdem der Bundesminister ihr mitgeteilt hat, daß er für ihre Angelegenheit nicht mehr zuständig sei, da diese Kompetenz auf den UVS übergegangen wäre. Auch der UVS Wien erachtete sich in dieser Sache für nicht zuständig. Der VfGH wies die einschreitende Gesellschaft darauf hin, daß es sich in dieser Sache nicht um einen Kompetenzkonflikt nach Art. 138 Abs. 1 lit a B-VG handelt, da der UVS nicht als Gericht zu qualifizieren ist und verwies dabei auf seinen Beschluß vom 14. Juni 1993[400]. Laut VfGH handelt es sich dabei vielmehr um eine Meinungsverschiedenheit innerhalb der Bundesvollziehung, nicht aber um einen Zuständigkeitsstreit zwischen Bund und Land Wien.

1994 stellte der UVS Oberösterreich den Antrag *„auf Aufhebung der Wortfolge nach jeder Richtung in § 66 Abs. 4 AVG*[401] *als verfassungswidrig"*. Als Begründung stellte der UVS fest, daß die Bestimmungen des Art. 130 bis 136 B-VG nur die in Art. 129 B-VG enthaltenen Zielvorgaben konkretisieren, weswegen „dem Art. 129 B-VG nachträglich hinzugefügten Organtypen nur insoweit als modifiziert angesehen werden können, als dies durch entsprechende begleitende Bestimmungen auf Verfassungsebene auch explizit zum Ausdruck gebracht wird". In den Bestimmungen der Art. 129 a und 129 b B-VG finden sich keine Vorschriften, die die Maßgeblichkeit des Art. 130 Abs. 2 B-VG für die Verwaltungssenate ausschließen würde. Es entspricht dem Gewaltenteilungsprinzip, daß es Behörden der allgemeinen staatlichen Verwaltung, die außerhalb des Instanzenzuges stehen, verwehrt

---

400 VfSgl 13422/1993.

401 BG vom 21. Juli 1925 über das allgemeine Verwaltungsverfahren (Allgemeine Verwaltungs-verfahrensgesetz 1991 – AVG), BGBl 1925/274.

sein muß *„ihr eigenes Ermessen anstelle jenes der Verwaltung zu setzen und damit im Ergebnis anstelle der Verwaltung zu verwalten"*. Deshalb sei die in § 66 Abs. 4 AVG enthaltene Wendung *„nach jeder Richtung"* als verfassungswidrig anzusehen, da es den UVS zur Pflicht gemacht wird, eigenes Ermessen anstelle jenes der Unterbehörde zu setzen. Der Antrag wurde vom VfGH abgewiesen. Dabei stellte er wiederholt fest, daß die UVS nicht Gerichte, sondern bei der Besorgung der ihnen verfassungsgesetzlich zukommenden Aufgaben weisungsfreie Verwaltungsbehörden sind, was sich aus den Vorschriften des Art. 130 Abs. 1 und des Art. 144 Abs. 1 B-VG ergibt, die von *„Verwaltungsbehörden einschließlich der unabhängigen Verwaltungssenate"* sprechen[402]. Deswegen sei es gar nicht notwendig, auf die Argumentation des sich offenbar als „(Verwaltungs-) Gericht" iSd B-VG verstehenden Verwaltungssenats näher einzugehen, laut dem die bekämpfte Wortfolge dem Gewaltentrennungsprinzip widerspreche. Außerdem – so der VfGH – bezieht sich Art. 129 B-VG keinesfalls auf die eigenständigen Vorschriften[403] über den VwGH.

Entgegen anderer Meinungen[404] stellte der VfGH fest, daß der UVS kein vorlagepflichtiges Tribunal iSd Art. 234 Abs. 3 EUVn ist, wohl ist er aber zur Vorlage einer Auslegungsfrage an den EuGH berechtigt. Art.234 EUVn regelt das Vorabentscheidungsverfahren. Demnach kann jedes nationale Gericht dem EuGH eine Rechtsfrage zur Entscheidung vorlegen, wenn für die Entscheidung in dieser Sache eine Regelung des Gemeinschaftsrechts maßgeblich sein könnte, aber Zweifel über deren Auslegung besteht. Wird ein Gericht funktionell[405] in letzter Instanz tätig, so ist es zur Antragstellung verpflichtet. Zu den vorlageberechtigten Tribunalen iSd Art. 234 EUVn zählt jeder Spruchkörper, der aus weisungsfreien Mitgliedern besteht und rechsprechende Aufgaben erfüllt, weshalb ihnen auch die UVS und die Kollegialbehörden mit richterlichem Einschlag zuzurechnen sind. Laut VfGH sind die UVS zur Vorlage berechtigt aber nicht verpflichtet. Dieselbe Meinung vertritt auch der VwGH[406].

---

402 Erkenntnis VfSlg 14164/1994.
403 Art. 130 bis 136 B-VG.
404 So *Matscher*, Anforderungen der EMRK an eine Landesverwaltungsgerichtsbarkeit in Österreich, ZUV 1998/2, S. 20.
405 Vgl. *Öhlinger*, 2. Auflage, 1995.
406 Vgl. VwSgl 14492 (A.)/1996.

4. Die Kompetenzen der UVS

4.1. Das Verfahren wegen Verwaltungsübertragung

Art. 129 a Abs. 1 Z1 B-VG begründet die Kompetenz der UVS zur Entscheidung *„in Verfahren wegen Verwaltungsübertretungen, ausgenommen Finanzstrafsachen des Bundes"*. Diese Kompetenz des UVS war ausschlaggebend, daß es zur Errichtung der UVS kam. Dann war das wesentlichste Ziel der B-VG-Novelle 1988, BGBl 685, eine Vollziehung des Verwaltungsstrafrechts zu gewährleisten, die dem Art. 6 EMRK entspricht. Diese Vollziehung konnte nur dadurch erreicht werden, daß den UVS volle Kognitionsbefugnis in Tat- und Rechtsfragen eingeräumt wurde. Die Zuständigkeitsregelung erstreckt sich auf sämtliche Verwaltungsstrafsachen, sofern nicht spezielle bundesverfassungsgesetzliche Regelungen bestehen[407]. Die Finanzstrafsachen des Bundes sind deswegen aus der Kompetenz der UVS ausgenommen, da für die Vollziehung des Finanzrechtes bereits eine Art. 6 EMRK konforme Behördenstruktur besteht[408]. Die Kompetenzen der Administrativbehörden sollen grundsätzlich unberührt bleiben, d.h., der UVS soll erst nach Erschöpfung des administrativen Instanzenzuges angerufen werden können. Dadurch können Entscheidungen von anderen Berufsbehörden, die vorher nicht mehr bei anderen Verwaltungsbehörden angefochten werden konnten, beim UVS bekämpft werden. Der Art. 129a Abs. 1 Z1 B-VG umfaßt außerdem auch die Kompetenz der UVS, über Berufungen gegen verfahrenrechtliche Bescheide zu entscheiden[409]. Örtlich zuständig ist, gemäß § 51 Abs. 1 VStG, der UVS jenes Landes, in dem die Behörde, die den erstinstanzlichen Bescheid erlassen hat, ihren Sitz hat. Entscheidet ein Bundesminister in erster Instanz, so ist der UVS Wien zuständig. Die Berufungsbehörde hat die Frage der örtlichen Zuständigkeit der Erstbehörde von Amts wegen zu prüfen. Wird eine Unzuständigkeit wahrgenommen, so führt dies zur Aufhebung des Bescheides der ersten Instanz und die Rs wird an die zuständige Behörde zur Erledigung weitergeleitet. Gemäß § 51c VStG entscheiden die UVS über Berufungen grundsätzlich durch Kammern, welche aus drei Mitgliedern bestehen. Wenn jedoch *„im angefochtenen Bescheid weder eine primäre*

---

[407] So sieht z.B. § 50 Abs. 5 DSG eine Zuständigkeit der Datenschutzkommission als Berufungsbehörde zweiter Instanz zu.

[408] Vgl. §§ 65ff. FinStG.

[409] Vgl. *Thienel*, Das Verfahren der Verwaltungssenate, 1992, S. 201.

Freiheitsstrafe noch eine Geldstrafe von mehr als 10 000 Schilling verlangt wurde", entscheiden die UVS durch Einzelmitglieder. Diese Regelung gilt auch dann, wenn in einer Erledigung mehrere Strafen verhängt werden, die teilweise unter und teilweise über 10 000 Schilling liegen. In diesen Fällen ist je nach Höhe entweder die Kammer oder das Einzelmitglied zuständig, eine Zusammenlegung der Kompetenzen wegen des Zusammenhangs ist jedoch nicht vorgesehen. Eine Entscheidung durch die Kammer über alle zusammenhängenden Strafsachen würde nämlich gegen das Recht auf ein Verfahren vor dem gesetzlichen Richter verstoßen. Daß eine „Arrogation" der Zuständigkeit nicht möglich ist, stößt immer wieder auf Kritik"[410]. An der Entscheidung dürfen gemäß § 67 Abs. 1 AVG nur jene Mitglieder des UVS teilnehmen, die auch an der mündlichen Verhandlung teilgenommen haben.

4.2. Die Beschwerde wegen Ausübung unmittelbarer verwaltungsbehördlicher Befehls- und Zwangsgewalt

Gemäß Art. 129 a Abs. 1 Z 2 B-VG sind die UVS zuständig zur Entscheidung *„über Beschwerden von Personen, die behaupten , durch Ausübung unmittelbarer verwaltungsbehördlicher Befehls- und Zwangsgewalt in ihren Rechten verletzt geworden zu sein"*. Kommt ein administrativer Instanzenzug in Betracht, so kann eine sogenannte faktische Amtshandlung erst nach Erschöpfung dieses administrativen Instanzenzuges beim UVS bekämpft werden, falls der zuständige Gesetzgeber die Anfechtung dieses Bescheides nach Art. 129 a Abs. 1 Z 3 B-VG vorsieht[411]. Ausgenommen von der Zuständigkeit der UVS sind solche Befehls- und Zwangsakte, die im Zusammenhang mit Finanzstrafsachen des Bundes gesetzt werden. Eine solche Anfechtung hat bei den Finanzstrafbehörden des Bundes zu erfolgen[412]. Örtlich zuständig ist gemäß §67 c Abs. 1 AVG jener UVS, in dessen Sprengel der angefochtene Verwaltungsakt gesetzt wurde. Konkurrenzprobleme zwischen verschiedenen UVS können auftreten, wenn ein Akt im Sprengel mehrerer UVS gesetzt wurde. Aus Mangel einer Regelung in solchen Fällen ist anzunehmen, daß alle beteiligten UVS in der Sache selbständig vorgehen müssen[413]. Gemäß Art. 67 a Abs. 2 AVG entscheiden die UVS bei

---

[410] Vgl. *Thienel*, Fn. 406, S. 228.
[411] Vgl. *Walter/Mayer*, Grundriß, Fn. 388, Rz. 548/19.
[412] Gem. § 152 Abs. 1 FinStG idF BGBl 1990/465.
[413] Vgl. *Thienel*, Fn. 407, S. 144.

Maßnahmenbeschwerden *„durch eines ihrer Mitglieder"*, das im Falle einer mündlichen Verhandlung nur dann die Entscheidung treffen darf, wenn es als Einzelorgan die Verhandlung durchgeführt hat.

4.3. Sonstige Angelegenheiten

Gemäß Art. 129 a Abs. 1 Z 3 B-VG entscheiden die UVS *„in sonstigen Angelegenheiten"*, die ihnen durch die einzelne Gebiete der Verwaltung regelnden Bundes- oder Landesgesetze zugewiesen werden. Diese Kompetenz verfolgt das Ziel, durch einfache Gesetzgebung zu ermöglichen, daß in verwaltungsrechtlichen Angelegenheiten, die als *„civil rights"* im Sinne des Art. 6 Abs. 1 EMRK gelten könnten, eine konventionskonforme Vollziehung gewährleistet wird[414]. Dem UVS kommt auch die Zuständigkeit zur Entscheidung von verfahrensrechtlichen Bescheiden zu, die im Zusammenhang mit der ihnen zugewiesenen Materie stehen, sofern nicht besondere Regelungen bestehen, die die Zuständigkeit der UVS nicht ausdrücklich ausschließen[415]. In einer neueren Erkenntnis[416] hielt es der VfGH für verfassungsrechtlich zulässig, daß der Gesetzgeber im niederösterreichischen Vergabegesetz vorsieht, daß Entscheidungen von Staatsorganen, die nicht hoheitlich, sondern im Rahmen der Privatwirtschaftsverwaltung getroffen werden, der Kontrolle der UVS unterworfen sind. Anhand dieser Entscheidung sieht man, daß dem einfachen Gesetzgeber durch Art. 129 a Abs. 1 Z 3 B-VG ein sehr weites Feld an Angelegenheiten eröffnet worden ist, in dem er den UVS Kontrollaufgaben überantworten darf, wozu nun auch der Bereich der Privatwirtschaft zählt. Die Überlegungen des VfGH zeigen, daß die organisationsrechtliche Flucht des Staates ins Privatrecht durch die Betrauung der UVS mit der Kontrolle derart ausgegliederter Einrichtungen verfassungsrechtlich aufgefangen werden kann[417]. Aber nur ein Teil der Bundesländer hat die UVS zur nachprüfenden Kontrolle der Vergabe öffentlicher Aufträge berufen, einige andere Länder haben eigens Kontrollbehörden geschaffen, deren Unabhängigkeit auf Grund ihrer Nähe zum jeweiligen Amt der Landesregierung jedoch in Zweifel

---

[414] So *Walter/Mayer*, Grundriß, Fn. 388, Rz. 927/13.

[415] So z.B. § 19 Abs. 4 AVG: kein Rechtsmittel gegen Ladungsbescheide, § 36 Abs. 2 AVG: Berufung gegen Ordnungs- und Mutwillensstrafen an die vorgesetzte Behörde.

[416] VfGH vom 26. Juni 1997, G 270/96 u.a.

[417] So *Oberndorfer*, Verfassungsauftrag der UVS im Lichte der VfGH-Judikatur, ZUV 1998/2, 8.

gezogen wird[418]. Die örtliche Zuständigkeit richtet sich primär nach den Verwaltungsvorschriften; treffen diese jedoch keine Regelung, so verhält sie sich nach § 3 AVG, was jedoch im Hinblick auf das Recht vor dem gesetzlichen Richter verfassungsrechtlich problematisch ist[419].

4.4. Beschwerden wegen Verletzung der Entscheidungspflicht

Art. 129a Abs. 1 Z 4 B-VG ermöglicht die Anrufung der UVS wegen Säumnis der Verwaltungsbehörden, und zwar einerseits in den ihnen nach Z 3 übertragenen „sonstigen Angelegenheiten", und ferner in bestimmten Verwaltungsstrafsachen, nämlich im landesgesetzlichen Abgabestrafrecht und in Privatanklagesachen. Soweit es sich um Angelegenheiten handelt, die außerhalb des Verwaltungsstrafrechts liegen, ist ein Devolutionsantrag zulässig, wenn die jeweilige materielle Verwaltungsvorschrift den UVS als Berufungsbehörde vorsieht. Unter Privatanklagesachen versteht man jene Verwaltungsstrafsachen, die nur auf Antrag des Verletzten einzuleiten sind. Diese Formulierung knüpft an Art. 132 B-VG an, der weiterhin die Säumnisbeschwerde an den VfGH in Privatanklagesachen zuläßt. Mit der Einbeziehung des landesgesetzlichen Abgabenstrafrechts wollte man jene finanzrechtliche Angelegenheiten erfassen, die nicht Finanzstrafsachen des Bundes sind, das ist der Bereich, der gemäß § 254 Abs. 1 FinStG nach dem VStG zu vollziehen ist. Die örtliche Zuständigkeit bei „sonstigen Angelegenheiten" ergibt sich aus 73 Abs. 2 AVG. So ist der Devolutionsantrag an jenen UVS zu richten, der auch als Berufungsbehörde zuständig gewesen wäre. In Fällen von Privatanklagesachen ist, gemäß § 56 Abs. 3 VStG jener UVS anzurufen, in dessen Sprengel die erstinstanzliche Behörde ihren Sitz hat. Für das landesgesetzliche Abgabenrecht gilt nach § 254 Abs. 1 FinStG das VStG. Zuständig ist gemäß § 51 Abs 1 VStG wieder der UVS jenes Landes, in dem die Behörde ihren Sitz hat. Keine Regelung wurde getroffen, ob die UVS über Devolutionsanträge durch Kammern oder durch ein Einzelmitglied entscheiden. Jedoch wird man von einer Kammerzuständigkeit ausgehen müssen, da sowohl im AVG als auch im VStG die Kammerzuständigkeit der Regelfall ist und eine Kompetenz der Einzelmitglieder nicht ausdrücklich vorgesehen ist[420].

---

418 Vgl. *Elsner*, Österreich zehnfache Säumnis bei der Umsetzung von EU-Vergaberechte, Die Presse vom 19. Oktober 1998.

419 Vgl. *Thienel*, Fn. 406, S. 52.

420 *Walter/Mayer*, Verwaltungsverfahrensrecht, Fn. 388, Rz. 935/1.

5. Die rechtliche Stellung der UVS

Die Unabhängigkeit und die Unparteilichkeit bilden die Hauptkriterien für die Beurteilung der Tribunalqualität nach Art. 6 EMRK. Die beiden Begriffe sind sehr eng miteinander verbunden und werden deshalb auch oft in den Entscheidungen der Straßburger Instanzen gemeinsam verwendet[421]. Der Unterschied zwischen den beiden Begiffen besteht darin, daß die Unabhängigkeit den Richter vor äußerem Druck schützen soll, während die Unparteilichkeit vor allem die subjektive Einstellung des Richters betrifft. Zusammen werden sie oft verwendet, da sie in einem funktionalen Zusammenhang zueinander stehen, denn die Unabhängigkeit bildet die Voraussetzung für die Unparteilichkeit. Die Unabhängigkeit wird auch hier den Schwerpunkt bilden, jedoch wird auf die Besonderheiten und damit auf die Eigenständigkeit der Unparteilichkeit näher eingegangen. Letzte Etappe der Analyse wird der festen Geschäftsverteilung gewidmet, die einen besondereren Schutzmechanismus zur Gewährleistung der Unabhängigkeit der Rechtsprechung darstellt. Durch die Entscheidung des VfGH vom 10. Oktober 1997 über die Gesetzmäßigkeit der Geschäftsverteilung des Wiener UVS ist dieser Schutzmechanismus wieder in den Mittelpunkt geraten. Auch auf diese Entscheidung wird näher eingegangen werden.

5.1. Die Unabhängigkeit

Die Unabhängigkeit des Tribunals muß sowohl gegenüber der Exekutive als auch gegenüber den Parteien des Verfahrens gewährleistet werden. Diese Unabhängigkeit muß so ausgestattet sein, daß sie vom juristischen Laien erkannt werden kann. Der „äußere Anschein" ist also bei der Beurteilung der Unabhängigkeit ausschlaggebend. Es genügt nicht zu beweisen, daß eine Verletzung des Prinzips der Unabhängigkeit nicht stattgefunden hat, sondern, daß der einzelne Bürger dem äußeren Anschein nach auf die Unabhängigkeit des Tribunals vertrauen kann.

Die Straßburger Judikatur verlangt eine Mindestbestelldauer von drei Jahren[422], dieser Ansicht hat sich auch der VfGH angeschlossen[423]. Art.

---

[421] Vgl. *Miehsler/Vogler* in Karl/Miehsler, Internationaler Kommentar zur Europäischen Menschenrechtskonvention, 1986, Art. 6, Rz. 300.

[422] So EGMR vom 22. Oktober 1984, *Campbell und Fell*, EuGRZ 1985, 534.

[423] Vgl. VfSlg. 10.800/1986.

129b Abs. 1 B-VG verlangt, daß die Miglieder der UVS für mindestens sechs Jahre von der Landesregierung ernannt werden müssen. Die sechsjährige Amtsdauer ist eine Mindestdauer, es steht den Ländern also frei, eine längere Amtszeit vorzugeben. Flexible Lösungen sind allerdings unzulässig, d.h. es ist jede Regelung unzulässig, die der Landesregierung einen Einfluß auf die Amtszeit einzelner Mitglieder einräumt. Nur Oberösterreich hat sich für eine Ernennung auf unbestimmte Zeit entschieden[424], während in den anderen Ländern die Senatsmitglieder auf vorerst nur sechs Jahre beschränkt ernannt werden. In Salzburg war sogar die Wiederernennung befristet[425]. Mit Wirksamkeitsbeginn 1. April 1999 wurde § 3 Abs. 2 des UVS-Gesetzes geändert. Die Mitglieder des UVS Salzburg werden nun zunächst auf sechs Jahre ernannt, die Wiederernennung erfolgt auf unbestimmte Dauer. Über Antrag eines Mitgliedes ist eine Wiederernennung aber bereits nach drei Jahren ab Wirksamkeit der erstmaligen Ernennung zulässig. Damit ist gewährleistet, daß Senatsmitglieder nach einer dreijährigen „Erprobungsphase" auf bestimmte Zeit ernannt werden können. Die Landesregierung ist bei der Ernennung der Senatsmitglieder in ihrer Entscheidung völlig frei, d.h., sie ist nicht an die Vorschläge der Vollversammlung des UVS gebunden. Daß es dadurch zu großen Problemen kommen kann, liegt auf der Hand, da die Spruchpraxis der Senatsmitglieder für die Wiederbestellung mitausschlaggebend sein kann. Mit Ausnahme von Oberösterreich wird durch diese befristete Bestellung keine ausreichende persönliche Unabhängigkeit der Senatsmitglieder in den Ländern gewährleistet. Die Unzufriedenheit über die befristete Bestellung zeigt sich anhand der berechtigten Kritiken von Mitgliedern[426].

Die Ernennung zum Senatsmitglied umfaßt zugleich die Begründung eines Dienstverhältnisses zum Land, wobei es sich um ein öffentlichrechtliches Dienstverhältnis handelt. Durch Art. 129b Abs. 6 B-VG wird die Kompetenz zur Regelung des Dienstrechts der Senatsmitglieder dem Landesgesetzgeber übertragen. Während die Mehrzahl der Länder das Organisations- und Dienstrecht in einem Gesetz geregelt haben, wobei auf die dienstrechtlichen Regelungen der jeweiligen Landesbeamtendienstrechte verwiesen wird, haben Wien und Burgenland eigene

---

[424] Vgl. § 3 Abs. 3 oö LGBl idF LGBl 1991/30.

[425] Vgl. § 3 Abs. 2 sbg LGBl 1990/65.

[426] So *Hanschitz*, Keine Unabhängigkeit beim Verwaltungssenat Wien ?, ZUV 1993/3,3.

Gesetze erlassen[427]. Zur Sicherung der Unabhängigkeit der Senatsmitglieder haben Kärnten und Niederösterreich[428] ein eigenes Besoldungschema errichtet. In diesen Ländern ist vorgesehen, daß es zu keinen Beförderungen kommt, sondern daß die Mitglieder alle zwei Jahre automatisch vorrücken. In Salzburg, Steiermark und Vorarlberg wurde zwar an der Beförderung festgehalten, jedoch wollte man zugleich die Möglichkeit ausschließen, Beförderungen nach Ermessen vorzunehmen, indem man die nach den Beförderungsrichtlinien bestmögliche Beförderung garantiert. Im übrigen sind die Senatsmitglieder in das allgemeine Beamtenschema eingegliedert. Außerdem kann die Unabhängigkeit der betroffenen Senatsmitglieder dort, wo durch Ermessensentscheidungen auf die besoldungsrechtliche Stellung der Senatsmitglieder Einfluß genommen wird, bezweifelt werden.

Gemäß Art. 129b Abs. 2 B-VG sind die Mitglieder der UVS bei der Besorgung der ihnen zukommenden Aufgaben nach Art. 129a und Art. 129b an keine Weisungen gebunden. Weisungsfreiheit bedeutet vor allem die organisatorische Unabhängigkeit von Seiten der Exekutive. Diese Weisungsfreiheit umfaßt neben ihren Entscheidungsbefugnissen auch ihre Tätigkeit als Mitglieder der Vollversammlung nach Art. 129b Abs. 3 B-VG. Die Vollversammlung ist also auch im Falle der Amtsenthebung weisungsfrei. Der Vorsitzende besitzt bei den ihm zukommenden Tätigkeiten in der Vollversammlung und bei der Vollziehung der Geschäftsverteilung gemäß Art. 129b Abs. 2 B-VG Weisungsfreiheit. Bei der Leitung des Dienstbetriebs und der Dienstaufsicht, die er aufgrund sämtlicher Organisationsgesetze der Länder innehat, ist er jedoch nicht weisungsfrei gestellt, da diese ihm durch den einfachen Landesgesetzgeber zukommenden Aufgaben weder von Art. 129a noch von Art. 129b B-VG erfaßt sind. Dadurch ist der Vorsitzende bei der Leitung des inneren Dienstbetriebes und bei der Dienstaufsicht gemäß Art. 20 Abs. 1 B-VG an die Weisungen des ihm vorgesetzten Organs gebunden. Die UVS sind also insofern an die Weisungen der ihnen vorgesetzten Landesregierung als oberstes Organ der Landesverwaltung gebunden. Eine weitergehende Weisungsfreistellung ist in Salzburg [429] und in Tirol[430]bezeichnet. Diese beiden Länder haben von der

[427] Wr LGBl 1990/52 idF 1991/27, bgld LGBl 1991/19.
[428] Vgl. § 8 Abs. 4 krtn LGBl 1990/104, § 22 Abs. 3 nö LGBl 00 15-5.
[429] Vgl. § 5 sbg LGBl 1990/65.
[430] Vgl. § 5 tir LGBl 1900/78.

Möglichkeit Gebrauch gemacht, durch ein Landesverfassungsgesetz die Weisungsbindung einzuschränken. Diese Weisungsgebundenheit stellt jedoch die Unabhängigkeit der UVS nicht in Frage, denn die Justizverwaltung bei Zivil- und Strafgerichten stellt einen vergleichbaren Weisungszusammenhang dar. Gemäß Art. 87 Abs. 2 B-VG besteht im Bereich der Justizverwaltung, soweit sie nicht von Senaten oder von Kommissionen besorgt wird, Weisungsgebundenheit[431]. Die Unabhängigkeit der Gerichte ist deswegen nicht abzusprechen. Neuerlich ins Gespräch rückte die Weisungsfreiheit in Verbindung mit der Ansicht der Volksanwaltschaft, daß sie auch zur Kontrolle der UVS zuständig sei. Die Volksanwaltschaft stellte den Antrag an den VfGH, *„daß dieser feststellen möge, daß der UVS des Landes Steiermark gemäß Atz. 148a Abs. 1 und Abs. 2 iVm Art. 148j Abs. 1 B-VG und § 35 des Landes-Verfassungsgesetzes Steiermark uneingeschränkt in die Zuständigkeit zur Kontrolle durch die Volksanwaltschaft fällt“* [432], also auch hinsichtlich einer inhaltlichen Kontrolle. Diese wurden vom UVS Steiermark bestritten, da *„die Rechtssprechung der UVS als Behörden sui generis mit Tribunalcharakter nicht der Kontrolle der Volksanwaltschaft unterliegen und eine eventuell ausgesprochene Empfehlung einer Weisung gleichkomme“*. Diese Auffassung wurde auch von der Steiermärkischen Landesregierung vertreten. Sie stellte zwar klar, daß die UVS Verwaltungsbehörden sind, jedoch ist durch ihre *„systematische Einordnung in das VI. Hauptstück des B-VG*[433] *abzuleiten, daß die UVS als Organe der Rechtskontrolle eingerichtet sind“* und damit *„der Inhalt ihrer Entscheidungen nicht der volksanwaltschaftlichen Prüfung unterliegt, wohl aber das Umfeld der Entscheidungstätigkeit, wie etwa organisatorische Angelegenheiten“*. Der Antrag auf Feststellung der Zusständigkeit der Volksanwaltschaft wurde mangels eines konkreten Anlaßfalles vom VfGH zurückgewiesen. Zum neuerlichen Konflikt über die Prüfungsbefugnis ist es gekommen, als sowohl das Amt der Salzburger Landesregierung als auch das Bundeskanzleramt der Rechtsauffassung waren, daß die Prüfungsbefugnis der Volksanwaltschaft auch die Inhalte von Entscheidungen

---

[431] Vgl. *Rechberger/Simotta*, Grundriß des österreichischen Zivilprozeßrechts, 1994, Rz. 46.

[432] Vgl. VfSlg. 14.697/1996.

[433] Das VI. Hauptstück umfaßt die Garantien der Verfassung und Verwaltung, also die Gerichtshöfe des öffentlichen Rechts.

der UVS umfaßt. Diese Auffassung stieß wieder auf Kritik der Senatsmitglieder[434]. Es wurde argumentiert, daß den UVS die gleichen Befugnisse wie dem Verwaltungsgerichtshof eingeräumt werden müssen[435] und diese somit gleich wie die Volksanwaltschaft zur Mißstandskontrolle berufen sind. Es handelt sich dabei um eine eigenständige Kontrolle, die nicht der Kontrolle der Volksanwaltschaft unterliegt. Eine solche würde der Weisungsfreiheit und somit der Unabhängigkeit der UVS im Lichte des Art. 6 EMRK widersprechen. In einer Stellungnahme der Volksanwaltschaft wird wiederholt darauf hingewiesen, daß die UVS nicht, wie oft behauptet wird, außerhalb der Verwaltung stehen und somit eine Kontrolle durch die Volksanwaltschaft ausgeschlossen ist. Auch wendet man sich gegen die Auffassung, daß eine Empfehlung einer Weisung gleichkommt. Während eine Weisung eine zwingende und entsprechend sanktionierte Anordnung innerhalb der Verwaltung darstellt und in letzter Konsequenz der Durchsetzung des Leistungsanspruchs der Obersten Organe in der Verwaltung dient, ist die Empfehlung der Volksanwaltschaft eine Handlungsform einer parlamentarischen Kontrolleinrichtung, die beim Adressaten zwar gewisse in Art. 148c B-VG und § 6 VAG näher bezeichnete Rechtspflichten auslöst, ohne jedoch die einer Weisung vergleichbare Verbindlichkeit zu erzeugen[436].

5.2. Die Konformität an der EMRK

Die Auswirkungen der Unabhängigkeit lassen sich auch daran erkennen, daß sie auch vom juristischen Laien erfaßt werden können. Insofern wurde das englische Sprichwort: *„Justice must not be only done, it must also be seen to be done"* [437] zum Leitsatz der Straßburger Judikatur. So bestand nach Ansicht des EGMR im Fall *Belilos* [438] berechtigter Zweifel an der Unabhängigkeit des Mitgliedes einer unabhängigen Schweizer Polizeikommission und der Gerichtshof entschied, daß diese Kommission den Anforderungen des Art. 6 EMRK nicht genügte. In dieser Rs war die Kommission mit einem Juristen der Polizeidirektion

[434] Vgl. *Dollenz*, Konflikt um Prüfungsbefugnisse der Volksanwaltschaft, ZUV 1998/3,7.
[435] Vgl. Art. 129a Abs. 3 und Art. 135 Abs. 4 B-VG.
[436] Vgl. Stellungnahme der Volksanwaltschaft, ZUV 1999/2, 8.
[437] Vgl. *Kley-Struller*, Art. 6 EMRK als Rechtschutzgarantie gegen die öffentliche Gewalt, 1993, 62.
[438] Fall *Belilos*, EuGRZ 1989, 21.

besetzt, der zwar weisungsfrei gestellt und für die Dauer eines vierjährigen Mandates unabsetzbar war, jedoch hätte er nach Ablauf seines Mandates berufen sein können, erneut Aufgaben im Polizeidienst wahrzunehmen. Der EGMR begründete seine Entscheidung damit, *„daß die seiner Gerichtsbarkeit unterworfenen Personen versucht seien, in ihm ein Mitglied des Polizeidienstes zu sehen, das in dessen Hierarchie eingeordnet und mit seinen Kollegen solidarisch sei"*.

Diese Erkenntnis war Ausgangspunkt für den VfGH[439], als er die Unabhängigkeit eines Mitgliedes des UVS Wien zu beurteilen hatte. Hier wurde der Beschwerdeführer von Organen der Bundespolizeidirektion Wien ohne richterlichen Befehl festgenommen und für rund vier Stunden angehalten. Der Beschwerdeführer fühlte sich durch diese Ausübung unmittelbarer Befehls- und Zwangsgewalt in seinem verfassungsgesetzlichen Recht auf persönliche Freiheit gemäß Art. 1 PerFG verletzt und erhob dagegen gemäß Art. 129a B-VG Beschwerde beim UVS Wien. Gemäß Art. 6 PerFG hat eine unabhängige Behörde die Rechtmäßigkeit eines Freiheitsentzuges zu prüfen, diese unabhängige Behörde ist mit jenem des „Tribunals" im Sinne des Art. 6 EMRK gleichzusetzen[440]. Das bescheiderlassende Mitglied des UVS war ein auf Dauer seiner befristeten Zugehörigkeit zum UVS Wien karenzierter Beamter derselben Bundespolizeidirektion, deren Maßnahme er zu überprüfen hatte. Dieses Senatsmitglied wies die Beschwerde als unbegründet ab. Der Beschwerdeführer erhob dagegen eine Beschwerde gemäß Art. 144 B-VG an den VfGH. Dieser entschied, daß das Mitglied nicht allen Anforderungen an eine unabhängige Behörde im Sinn des Art. 6 PerFG entsprochen habe und so durch den bekämpften Bescheid in seinem verfassungsgesetzlichen Recht auf Freiheit und Sicherheit verletzt war. Die Begründung seiner Entscheidung bestand fast ausschließlich aus der Wiedergabe der oben genannten Zitate aus dem Urteil des EGMR im Fall *Belilos*. So stellte der VfGH fest, daß es sich beim Senatsmitglied um einen *„aus der Polizeidirektion hervorgegangen höheren Beamten handelt, der berufen sein kann, dort erneut andere Aufgaben wahrzunehmen und die seiner Gerichtsbarkeit unterworfenen Personen könnten versucht sein, in ihm ein Mitglied des Polizeidienstes zu sehen, das in dessen Hierarchie eingeordnet und mit*

439 VfGH vom 2. Oktober 1997, B 2434/95.
440 134 BlgNR 17, GP 6.

seinen Kollegen solidarisch ist". Der äußere Anschein der Unabhängigkeit des Senatsmitgliedes sei aufgrund dieser Sachlage beeinträchtigt. Der VfGH prüft die Frage der Unabhängigkeit eines Tribunals also dem EGMR folgend mit den Augen der betroffenen Verfahrenspartei. Vermeiden könnte man solche Fälle, indem die Geschäftsverteilung jene Mitglieder, die aus Berufsstellungen im Bund entnommen wurden, für Akte von Landesbehörden und jene Mitglieder, die aus Berufsstellungen im Land entnommen wurden, für Akte von Bundesbehörden zuständig macht[441]. Dieses Problem würde sich aber erst gar nicht stellen, wenn man dem UVS Oberösterreich und dem Unabhängigen Bundesasylsenat[442] folgend, die Mitglieder auf Lebenszeit bestellt. Eine solche Vorschrift ist nun als Reaktion auf die Erkenntnis des VfGH auch für den UVS Wien geplant[443].

5.3. Die Unparteilichkeit

Die Unabhängigkeit bildet die Voraussetzung für die Unparteilichkeit, jedoch bezeichnet die Judikatur die Unparteilichkeit als eigenes Kriterium[444]. Die Unparteilichkeit hat eine subjektive und eine objektive Seite[445]. Bei der subjektiven Seite wird geprüft, ob das Senatsmitglied in einem bestimmten Fall befangen war. Bei dieser Prüfung geht man kasuistisch vor, wie das die ständige Rechtsprechung der EMRK und des EGMR zeigt[446]. So gilt für die Senatsorgane die Vermutung der Unparteilichkeit, bis nicht das Gegenteil bewiesen worden ist. Die objektive Seite befaßt sich damit, ob das Senatsmitglied in Verbindung mit einer Partei steht, die berechtigte Zweifel an seiner Unparteilichkeit aufkommen läßt. Hier wird ersichtlich, daß die Unparteilichkeit eng mit der Unabhängigkeit verbunden ist. Denn wird das Senatsmitglied aufgrund des Gesetzes weitgehend von gerichtsfremden Einflüssen geschützt, kann er jene „quasi" richterliche Stellung ausüben, die es ihm

---

[441] So *Grabenwarter*, UVS Wien: Keine „unabhängige Behörde", JAP 1997/98, 182.
[442] Vgl. § 2 Abs. 4 UBASG.
[443] Vgl. *Kommenda*, Wiener Verwaltungssenat: Magistrat schlägt Bestellung auf Lebenszeit vor, Die Presse vom 2. März 1998.
[444] Vgl. *Thienel*, Verfassungsrechtliche Probleme der derzeitigen Ausgestaltung der Unabhängigen Verwaltungssenate, in: Pernthaler (Hrsg.), Unabhängige Verwaltungssenate und Verwaltungsgerichtbarkeit, 1993, 41.
[445] Vgl. *Miehsler/Vogel* in IntKommEMRK, 1986, Art. 6, Rz. 301.
[446] Vgl. EGMR 26. Oktober 1984, *De Cubber*, EuGRZ 1985, 407; EGMR 1. Oktober 1982, *Piersack*, EuGRZ 1985, 301.

erlaubt, über den Parteien zu stehen und seine Entscheidungen nach bestem Willen und Gewissen zu fällen, ohne auf die Parteien Bedacht nehmen zu müssen.

Gemäß Art. 129b Abs. 4 B-VG dürfen die Senatsmitglieder *„während der Dauer ihres Amtes keine Tätigkeit ausüben, die Zweifel an der Ausübung ihres Amtes hervorrufen könnte"*; es soll also eine Mischverwendung der Senatsmitglieder vermieden werden. Wie aus dem angeführten Artikel hervorgeht, ist ihnen nicht nur die Ausübung amtlicher, sondern schlichtweg die Ausübung sämtlicher Nebenbeschäftigungen untersagt, die berechtigten Zweifel an der Unparteilichkeit des Mitgliedes hervorrufen könnten. Die Inkompatibilität des Art. 129b Abs. 4 B-VG wurde in den Organistionsgesetzen der Länder näher ausgeführt. Während einige Landesgesetze die bundesverfassungsrechtliche Regelung wiedergeben, zählen einige darüber hinaus bestimmte Funktionen auf, die jedenfalls als unvereinbar anzusehen sind[447]. In Niederösterreich, Oberösterreich und in der Steiermark[448] ist ein Feststellungsverfahren vorgesehen, in dem die Unvereinbarkeit geklärt werden soll. Die Nebentätigkeiten eines Senatsmitgliedes sind zu melden, und die Vollversammlung hat bescheidmäßig darüber zu entscheiden, ob diese Nebentätigkeiten zulässig sind.

Wichtig für die Unparteilichkeit ist die Möglichkeit des Mitglieds, sich in einer Sache für befangen erklären zu können. Die gesetzlichen Verankerungen über die Befangenheit und den Ausschluß von Mitgliedern eines UVS finden sich im § 7 AVG. Dieser Artikel enthält vornehmlich objektive Befangenheitsgründe, die es dem Senatsmitglied ermöglichen, sich seines Amtes zu enthalten, jedoch besteht kein subjektives Recht der Parteien auf Ablehnung des in der Sache tätigwerdenden UVS Mitglieds. Der VfGH sieht darin keine Auswirkungen für die Beurteilung der Unparteilichkeit[449]. Daß das befangene Mitglied selbst über seine Befangenheit entscheiden kann und diese Entscheidung nicht einem anderen Organ übertragen ist, wie es z.B. die StPO vorsieht, kann zu Problemen führen, wie es sich 1997 in Tirol zeigte als sich alle Senatsmitglieder aus dem gleichen Grund für befangen erklärten und es dadurch zu keiner Entscheidung kam. In Tirol wurde 1997 beim

---

447 Vgl. z.B. § 4 sbg LGBl 1990/65.
448 Vgl. § 4 stmk LGBl 1990/78.
449 Vgl. VfSlg 7099/1973.

Strafamt des Stadtmagistrates Innsbruck ein Verwaltungsstrafverfahren durch die Anzeige des Arbeitsinspektorates gegen ein Mitglied der Tiroler Landesregierung anhängig gemacht. Das Verfahren wurde vom Strafamt eingestellt, wogegen das Arbeitsinspektorat Berufung beim UVS Tirol beantragte. Das nach der Geschäftsverteilung zur Erledigung zuständige Einzelmitglied erklärte sich für befangen. Seine Begründung lag darin, daß seine mit sechs Jahren befristete Bestellung am 30. Juni 1998 endete und über eine mögliche Weiterbestellung das betroffene Landesregierungsmitglied mitentschied[450]. Dadurch würde seine volle Unbefangenheit in diesem Fall nicht gegeben sein. In weiterer Folge erklärten sich alle Senatsmitglieder aus dem gleichen Grund für befangen. Dem Arbeitsinspektorat wurde mitgeteilt, daß es durch die Befangenheitserklärung sämtlicher Senatsmitglieder zu keiner Erledigung der Berufung kommen kann. Nun stellte man sich die Frage, ob es sich beim oben genannten Grund für die Befangenheitserklärung um einen „sonstigen wichtigen Grund" iS des § 7 Abs. 1 Z 4 AVG handelt. Während *Stolzlechner* die Befangenheitserklärungen sämtlicher Senatsmitglieder als gerechtfertigt ansieht[451], vertritt der Landeshauptmann von Tirol die Meinung, daß kein Befangenheitsgrund iS des § 7 Abs. 1 Z 4 AVG vorliegt und somit die Befangenheitserklärungen unzulässig waren[452]. Durch die Befangenheitserklärungen sämtlicher Mitglieder ist der UVS Tirol in der betreffenden Berufungssache funktionsunfähig geworden, was natürlich einem demokratischen Rechtsstaat mit einer festen Zuständigkeitsverteilung[453] widerspricht. *Stolzlechner* sah darin eine „echte" vom Verfahrensrechtsgesetzgeber nicht beabsichtigte („planwidrige") Regelungslücke, die am besten mit der analogen Anwendung der Bestimmungen über die Kammerzuständigkeit zu schließen wäre[454].

5.4. Die feste Geschäftsverteilung

---

[450] So *Stolzlechner*, Zur Befangenheit/Unbefangenheit befristet bestellter UVS-Mitglieder, ZUV, 1998/2, 22.
[451] Siehe Fn. 441, S. 25.
[452] Vgl. die schriftliche Beantwortung der Landtagsfrage betreffend „Bestellung der Mitglieder des unabhängigen Verwaltungssenates in Tirol" durch den LH von Tirol vom 2. Dezember 1997, Zl AL-91/5.
[453] Vgl. *Walter/Mayer*, Verwaltungsverfahrensrecht, Fn. 381, Rz. 81.
[454] Siehe Fn. 441, S. 29.

Bei der Geschäftsverteilung handelt es sich um einen Schutzmechanismus zur Gewährleistung der Unabhängigkeit der Rechtssprechung. Gemäß Art. 87 Abs. 3 B-VG müssen die Geschäfte unter die Richter eines Gerichtes im voraus verteilt werden. Der Grundsatz der festen Geschäftsverteilung setzt voraus, daß jeder Richter einem bestimmen Gericht zugeordnet ist, und nominiert dann, daß die richterlichen Agenden, die dem jeweiligen Gericht durch Bundesgesetze zugewiesen sind, unter den Richtern dieses Gerichtes für einen festen Zeitraum und im voraus zu verteilen sind[455]. Dadurch soll jegliche Möglichkeit zur Einflußnahme auf die Sachentscheidung über die Auswahl der Richter für Einzelfälle verhindert werden. Für die UVS bezeichnet Art. 129 Abs. 2 Satz 2 B-VG, daß *„die Geschäfte auf die Mitglieder der unabhängigen Verwaltungssenate für die landesgesetzlich bestimmte Zeit im voraus zu verteilen sind"*. Damit gibt es eine fixe Zuständigkeit für jedes Mitglied, für welche dem UVS anfallende Rs es zuständig ist. So soll sichergestellt werden, daß die Verwaltung keinen Einfluß auf die innerbehördliche Zuständigkeit eines Organwalters besitzt. Fraglich war die Rechtsnatur der Geschäftsverteilung. Der VfGH[456] vertritt die Ansicht, daß die Geschäftsverteilung als Akt einer Verwaltungsbehörde mit Außenwirkung als Verordnung anzusehen ist[457]. Eine Außenwirkung besitzt die Geschäftsverteilung, da die Verfahrensparteien ein Recht auf ihren gesetzlichen „Richter" haben. Unter Prinzipien der festen Geschäftsverteilung[458] werden jene Punkte verstanden, die vorhanden sein müssen, um von einer festen Geschäftsverteilung sprechen zu können. In der Geschäftsverteilung müssen *„die Einzelmitglieder sowie die personelle Zusammensetzung der einzelnen kollegialen Entscheidungsorgane sowie deren interne Kompetenzen präzise festgesetzt"*[459] werden. Das „Prinzip der vollständigen Verteilung in sachlicher Hinsicht" verlangt, daß gemäß Art. 129b Abs. 2 B-VG alle Geschäfte in voraus verteilt werden müssen. Unter Geschäfte versteht man alle Aufgaben, für die der UVS nach Art. 129a nd 129b B-VG und den dazugehörigen einfachgesetzlichen Ausführungsbestimmungen zur Besorgung zuständig ist. Das *„Prinzip der vollständigen Verteilung in personeller Hinsicht"* bein-

---

[455] Siehe Fn. 441, S. 29.

[456] Vgl. VfGH 10. Oktober 1997, V17/97 u.a.

[457] *Mayer*, B-VG Anm. I.2. zu Art. 129b B-VG.

[458] Vgl. *Piska*, Das Prinzip der festen Geschäftsverteilung in der ordentlichen Gerichtsbarkeit, 1995, 58 ff.

[459] So *Piska*, Die unabhängige Stellung der UVS und ihre Absicherung – aktuelle Probleme, ZUV 1998/3, 22.

haltet die Anforderung, daß die Verteilung der anfallenden Geschäfte unter allen Mitgliedern stattfinden muß, d.h., daß kein einziges Mitglied eines UVS von der Rechtsprechung ausgeschlossen werden darf. Diese Verteilung unter den Mitgliedern hat gleichmäßig zu erfolgen. So darf die Arbeitsbelastung zwischen den einzelnen Mitgliedern eines UVS aufgrund des Gleichmäßigkeitsprinzips nicht zu stark variieren. Weiter müssen die Geschäfte der UVS im voraus verteilt werden. Die Geschäftsverteilung muß also schon vor dem Anfall der zu verteilenden Rechtssachen feststehen. Für die Rechtssachen, die über das Geschäftsverteilungsjahr hinaus unerledigt bleiben, ist jene Geschäftsverteilung relevant, die zum Zeitpunkt des Anfalls in Geltung stand[460]. Die Geschäftsverteilung muß eine Vorsorge dafür treffen, daß es auch dann zu einer Sachentscheidung kommt, wenn das zugeteilte Senatsmitglied verhindert ist. So besitzt der Vorsitzende eine Ermächtigung, dem Mitglied die ihm zugewiesene Sache im Falle seiner Behinderung abzunehmen. Eine solche Vertretungsregelung muß für alle voraussehbaren, vorübergehenden Verhinderungen der einzelnen Mitglieder Vorkehrungen treffen. Diese Vertretungsregelung darf aber nicht soweit gehen, daß der Vorsitzende bestimmt, wann eine Behinderung eines Mitglieds vorliegt und somit eine Abnahme gerechtfertigt erscheint. Die Verfahrensparteien können eine Verletzung des Grundrechts auf den gesetzlichen „Richter“ im Rahmen einer Bescheidbeschwerde nach Art. 144 Abs. 1 B-VG vor dem VfGH durchsetzen. Ist die Geschäftsverteilung selbst fehlerhaft, kann die Verfahrenspartei gemäß Art. 144 Abs. 1 B-VG vorbringen, daß sie auf einer gesetzwidrigen Verordnung beruht. Außerdem können die einzelnen Senatsmitglieder ein Verordnungsprüfungsverfahren nach Art. 139 Abs. 1 B-VG beim VfGH initiieren. Eine Beschwerde vor dem VwGH nach Art. 130 Abs. 1 lit. A B-VG kann von der Verfahrenspartei geltend gemacht werden, falls Verfahrensvorschriften verletzt worden sind. Gemäß § 8a WrUVS-G ist der Geschäftsverteilungsausschuß für die Geschäftsverteilung des WrUVS zuständig und dieser hat seine Beschlüsse einstimmig zu fassen. Falls dieses Gremium sich bis zum Ende des jeweiligen Jahres auf keine neue Geschäftsverteilung einigt und auch kein Beschluß des Präsidenten von seiner Notkompetenz Gebrauch macht, geht die Kompetenz zur Erlassung der Geschäftsverteilung auf ihn über[461]. Von dieser Notkompetenz hatte der Präsident Gebrauch

---

[460] Vgl. *Piska*, Fn. 456, S. 162.
[461] VfGH 2. Oktober 1997, B 2434/95.

gemacht, zu Unrecht, nach Meinung der Senatsmitglieder, welche die Geschäftsverteilung wegen Gesetzwidrigkeit beim VfGH angefochten hatten. Zur Ausübung der Notkompetenz war es bis zum 31. Dezember 1996 zu keiner einstimmigen Beschlußfassung über die Geschäftsverteilung gekommen. Der Präsident, der auch der Vorsitzende des Geschäftsverteilungsausschusses ist, setzte eine dreitägige Nachfrist und kündigte an, daß er von seiner Notkompetenz Gebrauch machen werde, wenn diese Frist ungenützt verstreicht. Bei der am 3. Januar 1997 stattgefundenen Ausschußsitzung brachte der Präsident einen von ihm selbst erstellten Entwurf einer Geschäftsverteilung zur Abstimmung, der jedoch keine einzige Stimme des Gremiums erhielt. Über einen anderen Antrag eines weiteren Ausschußmitglieds, der von sechs der übrigen stimmberechtigten Ausschußmitglieder unterstützt wurde, ließ der Vorsitzende nicht abstimmen, sondern machte von seiner Notkompetenz Gebrauch und erhob seinen vorher abgelehnten Entwurf zur Geschäftsverteilung. In Erkenntnis von 10. Oktober 1997, V 17/97 u.a. stellte der VfGH fest, daß es sich bei der Geschäftsverteilung um eine generell abstrakte Norm einer Verwaltungsbehörde, also um eine Rechtsverordnung handelt. Auch vertritt der VfGH die Meinung, daß die Geschäftsverteilung nach außen Wirkung entfaltet, da die Garantie der festen Geschäftsverteilung *„auch das Recht auf eine Entscheidung durch den gemäß der Geschäftsverteilung zuständigen Organwalter“* umfaßt. Grundsätzlich müssen alle im Ausschuß gestellten sachbezogenen Anträge vom Vorsitzenden auch zur Abstimmung gebracht werden. Dies geht aus § 8a Abs. 5 Satz 2 WrUVS-G hervor[462]. Ansonsten könnte der Vorsitzende durch die Zulassung und Nichtzulassung von Anträgen Einfluß auf die Beschlußfassung nehmen und dadurch wären die stimmberechtigen Mitglieder des Ausschusses nicht mehr in der Lage, selbst über den Inhalt der Geschäftsverteilung zu beschließen. Der VfGH hob demzufolge die Geschäftsverteilung von 1997 des UVS Wien auf, da die Erlassung der Verordnung von einem unzuständigen Organ stammte. Unzuständig deswegen, weil die im WrUVS-G geforderten Voraussetzungen für die Ermächtigung des Präsidenten zur Erlassung der Geschäftsverteilung an Stelle des Geschäftsverteilungsausschusses nicht vorlagen.

„Organe von diesem umstrittenen Leichtgewicht in Art. 129 B-VG in einem Satz und Atemzug mit dem Verwaltungsgerichtshof – als „zur Si-

---

[462] Vgl. *Piska*, unabhängige Stellung, Fn. 456, S. 25.

cherung der Gesetzmäßigkeit der gesamten öffentlichen Verwaltung" berufen – zu nennen, ist ein Schlag in das Gesicht österreichischer Rechtskultur; eine Verhöhnung des unabhängigen Richters"[463]. Diese Aussage über die UVS stammt vom ehemaligen Präsidenten de VwGH Kobzina und, er steht mit seiner Kritik an der getroffenen Lösung zur konventionskonformen Vollziehung für gewisse Teile des Verwaltungsrechts nicht alleine da. Wie gezeigt wurde, wird zurecht die Unabhängigkeit der Mitglieder der UVS bezweifelt. Vor allem die mit Ausnahme von Oberösterreich begrenzte Bestellung und die Tatsache, daß die Ernennung durch die Landesregierung ohne rechtliche Bedingungen erfolgt, aber auch die mögliche Einflußnahme der Exekutive im Bereich des Dienst- und Besoldungsrechts verstärken diesen Zweifel. Auf dies bezogen stand auch im Wahrnehmungsbericht zur österreichischen Rechtspflege: *„In manchen Fällen zeigt sich die Neigung der Unabhängigen Verwaltungssenate, das erstinstanzliche Verwaltungsgeschehen zu bestätigen, statt – wie aufgetragen - richterlich zu wirken. Bei Gestaltung der künftigen Landesverwaltungsgerichtbarkeit wird deswegen darauf zu achten sein, daß die verwaltungsrechtliche Rechtsprechung, die der Rechtsprechung der Gerichte selbstverständliche Qualität erreicht"*[464]. Aus diesen Gründen fordern viele die Weiterentwicklung der UVS zu echten Verwaltungsgerichten. So setzt sich Verwaltungsrichter *Steiner* für die Schaffung einer mehrstufigen Verwaltungsgerichtbarkeit in Österreich ein. Aus den derzeitigen Senatsmitgliedern müßten seiner Ansicht nach der Verwaltungsrichter ausgestattet werden, mit allen verfassungsrechtlichen Garantien der richterlichen Unabhängigkeit. Zusätzlich fordert er ein bundesweit einheitliches, eigenständiges Dienst- und Besoldungsrecht, um jede Einflußnahme auszuschließen[465]. Auch *Bechtold* fordert die Umwandlung der UVS in Landesverwaltungsgerichte, weist jedoch auf mögliche Probleme hin, die durch diesen Schritt auftreten könnten, ohne auf mögliche Lösungen einzugehen. So stellt sich im Zusammenhang mit der Entscheidungsbefugnis die Frage, ob die Landesverwaltungsgerichte wie die VwGH bloß kassatorisch oder in der Sache selbst, wie die UVS derzeit meriotorisch entscheiden sollen, oder diese nur befugt sein

---

[463] Vgl. *Kobzina*, Verwaltungsgerichte und Verwaltungssenate, ÖJZ 1990, S. 71.

[464] Vgl. ÖRAK Tag. Wahrnehmungsbericht zur österreichischen Rechtspflege für das Jahr 1993, Verwaltungssenate, 8ff.

[465] Vgl. *Steiner*, Erfahrungen und Erwartungen eines Verwaltungsrichers in der Praxis, ZUV 1993/1, 4ff.

sollten, die Ermessensentscheidung zu kontrollieren. Auch bei der Gestaltung des Instanzenzuges treten Fragen auf, so z.B., unter welchen Voraussetzungen der VwGH gegen Entscheidungen des Landesverwaltungsgerichtes angerufen werden könnte. Berchtold ist der Auffassung, daß, angesichts des Schwergewichts der Verwaltungsgerichtsbarkeit, die neuen Gerichte verlagert werden sollten, um eine Entlassung des VwGH zu gewährleisten und hält deswegen die im § 33a VwGG enthaltene Regelung für weiterhin annehmbar[466].

Die Regelungen des Art. 129a und 129b B-VG sind nicht in dem Sinne konventionswidrig, daß sie eine den Anforderungen aus Art. 6 EMRK genügende Organisation dieser Behörden schlechthin unmöglich machen würden. Jedoch garantieren diese Regelungen allein aber keineswegs die Einhaltung all jener institutionellen Anforderungen, die die Grundlage für das Vertrauen in eine unabbhängige und unparteiliche Rechtsprechung iS der Straßburger Judikatur bilden. Nicht zu unrecht zögert man daher bis heute, jenen Schritt zu setzen, der durch die Schaffung der UVS ermöglicht werden sollte, nämlich die Zurückziehung des österreichischen Vorbehalts zu Art. 5 EMRK. So stellt *Kobzina* fest, der sich vehement für echte Landesverwaltungsgerichte einsetzt: *„Heute trennt uns auf dem Parcours mit dem Ziel einer wahrhaft menschenrechtskonformen Verwaltungsrechtspflege nur noch ein einziges Hindernis: Der Sprung über den eigenen Schatten"*[467].

Zur komplementären Analyse steht die Reformbedürftigkeit der französischen Gerichtsbarkeit, welche durch eine umstrittene gerichtliche Organisation charakterisiert ist und insbesondere durch den angefochtenen französischen *Conseil d'Etat,* welcher die wichtigste politischrechtliche Institution im Zentralstaat ist und die Implementierung des Europarechts regelt.

---

[466] Vgl. *Berchtold,* Landesverwaltungsgerichte als Forderung der Zukunft, ZUV 1994/5, 7ff.

[467] Vgl. *Kobzina,* Verwaltungsgerichte, Fn. 460, S. 73.

Drittes Kapitel: Zur Reformbedürftigkeit der französischen Gerichtsbarkeiten

Im Vergleich zur österreichischen Rechtslage, bleibt Frankreich reformbedürftiger. Die Gerichtsbarkeiten sind im Verhältnis zum Europarecht umstritten, da sie zum Teil rechtswidrige Institutionen sind. Außerdem ist der Vorbehalt nationaler Traditionen im Verfahrensprozeßrecht ein Beispiel einer innerstaatlichen Rechtsposition gegen den Einfluß europäischer Rechtsnormen. Das Gleichgewicht zwischen gerichtlichem Rechtsschutz und europäischen Voraussetzungen des fairen Prozesses ist in Frage gestellt.

1. Die umstrittene gerichtliche Organisation

Die Verwaltungsgerichtsbarkeit unterscheidet sich organisatorisch in Frankreich nicht unerheblich von den Zivilgerichten. Der *Conseil d'Etat* ist zwar das höchste Verwaltungsgericht, nimmt indes eine Vielzahl von weiteren Aufgaben wahr. Hinzu kommen zahlreiche Sondergerichte, wie z.B. die *Cour des Comptes* und die berufsständischen Disziplinargerichte, die der Kontrolle des *Conseil d'Etat* unterliegen, so daß die Organisation nicht leicht zu überblicken ist[468]. Zum 1. Januar 1989 ist die Verwaltungsgerichtsverfassung reformiert worden[469]. Die Verwatungsgerichtsbarkeit ist nun dreistufig aufgebaut: die *Tribunaux administratifs*, die neuen *Cours administratives d'appel* und der *Conseil d'Etat*. Er entschied bisher über sämtliche Berufungen gegen die Urteile der Verwaltungsgerichte und war dementsprechend überlastet. Auch bei den *Tribunaux administratifs* liegt die durchnittliche Verfahrensdauer bei ca. 2 ½ Jahren, was gegen die Voraussetzung der „möglichst kurzen Frist" des Art. 6 Abs. 3 EMRK verstößt.

Die erste Instanz des verwaltungsgerichtlichen Rechtszuges bilden die *Tribunaux administratifs*, die aus den *Conseils de Préfecture* der Revolutionszeit hervorgegangen sind. Aufgrund dieser historischen Wurzeln übt das *Tribunal administratif* auch Konsultativfunktionen für den

---

[468] Zur Verwaltungsgerichtsorganisation: *Gabolde*, La seconde réforme du contentieux administratif, D. 1988 chr. 51; ders., Le nouveau code des tribunaux administratifs et des cours administratives d'appel, D. 1990, chr. 11; *Tedeschi*, J.C.P. 1988 I, 3342; *Fromont*, ZaöRV 1989, 487ff.; vgl. ferner *Schlette*, Die verwaltungsgerichtliche Kontrolle von Ermessensakten in Frankreich, 1991, S. 23ff.

[469] *Karwiese*, DÖV 1989, 713; *Hospach*, NVwZ 1990, 133; *Müller*, DriZ 1989, 218.

Präfekten aus. In einigen, allerdings sehr seltenen Fällen, ist das *Tribunal administratif* sogar gezwungen, sich an Entscheidungen des Präfekten zu beteiligen. In erster Linie ist das *Tribunal administratif* ein Gericht, vor dem der überwiegende Teil verwaltungsgerichtlicher Verfahren erstinstanzlich ausgetragen wird. Durch das Dekret vom 30. Juli 1953 wurden die Verwaltungsgerichte für das Verwaltungsstreitverfahren allgemein zuständig, soweit Streitigkeiten nicht ausdrücklich anderen Spruchkörpern übertragen sind[470]. Die örtliche Zuständigkeit erstreckt sich in der Regel auf mehrere *Départements*.

Durch das Gesetz vom 31. Dezember 1987 wurden die *Cours administratives d'appel* neu geschaffen, die den *Conseil d'Etat* von Berufungen gegen Entscheidungen der *Tribunaux administratifs*, der erstinstanzlichen Verwaltungsgerichte, entlasten sollen. Vor dieser Reform behandelten etwa 73 % aller Entscheidungen des *Conseil d'Etat* Berufungen gegen die Urteile der *Tribunaux administratifs*. Nunmehr sollen die fünf *Cours administratives d'appel*[471] die Berufungsentscheidungen im wesentlichen übernehmen. Da die Zuständigkeit für die Berufungen im Parlament jedoch sehr umstritten war, bleibt der *Conseil d'Etat* Berufungsgericht für Entscheidungen der *Tribunaux administratifs*, die einen *recours pour excès de pouvoir* gegen Rechtsverordnungen betreffen. Urteile der *Cours administratives d'appel* unterliegen der zulassungspflichtigen Revision durch den *Conseil d'Etat*. Der *Conseil d'Etat* hat damit die Möglichkeit, einen Rechtsstreit endgültig ohne einen *renvoi* selbst zu entscheiden.

Es sind Verfahrensprinzipien, die, dem österreichischen Prozeßrecht vergleichbar, im wesentlichen Garantien für den Rechtssuchenden darstellen. Diese Prinzipien gelten für alle Rechtswege. In erster Linie ist das Prinzip der *„neutralité du juge"* zu nennen. Dieser Begriff umschreibt die richterliche Unabhängigkeit und Unparteilichkeit in der französischen Rechtsordnung. Aus der Unparteilichkeit folgt, daß der Richter nicht von sich aus tätig werden und nur eine positive oder negative Entscheidung innerhalb des Klagebegehrens (*ne ultra petita*)

---

[470] *Tourdias*, Le tribunal administratif, juge de droit commun en matière administrative depuis 1945, J.C.P. 1960 I, 1580.

[471] Die Präsidenten der neuen fünf *Cours administratives d'appel* (Bordeaux, Nancy, Nantes, Lyon, Paris) gehören gleichzeitig auch dem *Conseil d'Etat* an. Mittlerweile wurden neun Gerichte gegründet.

fällen darf, aber auch fällen muß (*ne infra petita*)[472]. Die richterliche Unabhängigkeit bedeutet, daß sich die Exekutive jedes Übergriffs auf die Jurisdiktionsgewalt enthalten muß. Beide Prinzipien gelten in dieser Form nur für die Richterschaft / *magistrats du siège*, während sie für die Staatsanwaltschaft / *magistrats du parquet* insbesondere durch die Weisunggebundenheit gegenüber dem Justizminister / *Garde des Sceaux* stark eingeschränkt sind. Eine vergleichende Analyse führt zur kritischen Bewertung der staatlichen Prozeßordnung, die von der Straßburger Judikatur immer wieder als rechtswidrig erklärt wurde.

2. Die immerwährenden rechtswidrigen Institutionen

Die Institution des *Conseil d'Etat* wurde am Staßburger Gericht für Menschenrechte angefochten, wegen der Verstöße gegen die Unbefangenheit des Richters und der Zurkenntnisnahme der Schlußakte / *Conclusions* sowohl im Mitgliedstaat Luxemburg als auch in Frankreich. Es sind Elemente der umstrittenen Verfahrenspraxis im innerstaatlichen Verwaltungsprozeß.

2.1. Der angefochtene französische *Conseil d'Etat*

Urspünglich, in der Verfassung des An VIII[473], war der *Conseil d'Etat* ein Organ, das als Staatsrat - Berater der Regierung - in die Gesetzgebungstätigkeit eingeschaltet war. In der Folgezeit entsprach es jedoch bald ministerieller Übung, den Verlautbarungen des *Conseil d'Etat* zu folgen, und zwar insbesondere bei Beschwerden von Privatpersonen gegen die Verwaltung. So entwickelte er sich zur echten Gerichtsbarkeit. Noch heute übt der *Conseil d'Etat* beide umstrittenen Funktionen aus: die eines Gerichts und die eines Konsultationsorgans. Nach seinem heutigen Status[474] besteht er aus fünf Abteilungen / *Sections*, von denen vier beratende Aufgaben haben: Finanzen, Öffentliche Arbeiten, Inneres, Soziales. Der *Conseil d'Etat* muß bei Gesetzesentwürfen nach Art. 39 der Verfassung hinzugezogen werden, soweit die Projekte nicht aus

---

[472] Vgl. auch Art. 5 des *Code Civil.*

[473] *Curand*, Etudes sur le Conseil d'Etat napoléonien V, 1949.

[474] Dekret vom 31. Juli 1945; Dekret vom 30. Juli 1963; vgl. ferner *Drago*, La réforme du Conseil d'Etat, AJDA 1963, S. 524; *Mazères*, JCP 1964 I, S. 181; diese Reform folgte auf der Rechtsache *Canal* vom 19. Oktober 1962, AJDA 1962, S. 612 in welcher der Gerichtshof auf Klage eines zum Tode Verurteilten die *ordonnance* vom 1. Juni 1962, die den Militärgerichtshof geschaffen hatte, für nichtig erklärte.

dem Kreise der Parlamentarier hervorgehen. Darüber hinaus ist eine Beteiligung vorgesehen bei der Verabschiedung von Dekreten / *Décrets* und Rechtsverordnungen / *Règlements d'administration publique*, welche nach seiner Anhörung beschlossen werden. Darüber hinaus hat die Regierung die Möglichkeit, jederzeit zu jeder juristischen Frage eine Beratung durch den *Conseil d'Etat* zu verlangen, was durchaus die Unabhängigkeit des Gerichtshofs direkt in Frage stellt. Die fünfte Abteilung ist die streitentscheidende / *Section contentieuse*, die sich ihrerseits in zehn Unterabteilungen / *Sous Sections* gliedert. Entsprechend üben die Mitglieder des *Conseil d'Etat* (u.a. die *Conseillers, Maîtres des requêtes, auditeurs*) nicht nur richterliche Funktionen aus. Zu den „*Grands Corps de l'Etat*" zählend, nehmen die Mitglieder nach Abordnung oft Schlüsselpositionen in der Verwaltung ein, was wiederum die Unparteilichkeit dieser Verwaltungsgerichtshofsmitglieder fraglich macht, insbesondere bei ihrer Wiedereinsetzung von der Verwaltung in der Verwaltungsgerichtsbarkeit.

Bei streitentscheidenden Angelegenheiten werden *Maîtres des requêtes* und *Auditeurs* mit der Rolle des *Commissaire du Gouvernement* betraut[475]. Diese im französischen Verwaltungsrecht sehr wichtige Position[476] hat aber entgegen dem Namen nicht die Vertretung der Regierungsinteressen zur Aufgabe, sondern die Erstellung eines „unparteilichen" ausführlichen Berichts über den Sach- und Streitstand, der mit einem Entscheidungsvorschlag / *Conclusions* endet[477]. Trotzdem gilt er als eine der umstrittenen Institutionen des französischen Prozessualverfahrens, die anschließend an die Problematik der Unbefangenheit des Verwaltungsrichters untersucht werden wird.

2.2. Die Problematik der Unbefangenheit / *Impartialité* des Richters

Der materielle Anwendungsbereich des Art. 6 EMRK führt zur Behandlung der neuesten Entwicklungen der Straßburger Rechtsprechung zur Problematik der Unbefangenheit des Richters in den europäischen Mitgliedstaaten der internationalen Konvention. Die Anforderungen aus Art. 6 EMRK lassen sich im wesentlichen sowohl in Anforderungen an

---

475 Vgl. *Guillin*, RDP 1958, S. 281.

476 In der Praxis sehr viel wichtiger als der deutscher Vertreter des öffentlichen Interesses.

477 Ähnlich der *Avocat Général* bei der *Cour de Cassation*.

das Gericht als auch an das Urteil aufteilen. Sie zählen als Verfahrensgarantien, die sehr früh schon – und bis auf den heutigen Tag – vom EGMR verhältnismäßig weit ausgelegt worden sind, mit der Folge, daß die betreffenden Garantien gegenwärtig für eine breite Palette von Verfahrensarten gelten können; entscheidend ist nur der Verfahrensgegenstand. Sowohl die Unabhängigkeit als auch die Unparteilichkeit der französischen Verwaltungsrichter werden im Lichte des Europarechts umstritten. Es stellt sich weiterhinaus die schwierige Frage nach den Kriterien zur Beurteilung der Unbefangenheit / *Impartialité* des Verwaltungsrichters.

Die Beeinträchtigung der richterlichen Unabhängigkeit sahen schon die Europäische Kommission für Menschenrechte und der Gerichtshof selbst in einer gegen Frankreich gerichteten Beschwerdesache darin, daß der *Conseil d'Etat* hinsichtlich der von ihm zu tätigenden Auslegung eines entscheidungserheblichen, zwischenstaatlichen Abkommens eine als verbindlich angesehene Stellungnahme des Ministeriums für Auswärtige Angelegenheiten einholte, obwohl das Ministerium die im streitgegenständlichen Verfahren beklagte Partei war[478]. Im Jahr 1974 hatten Frankreich und Marokko ein Abkommen / *Protocole d'accord* zur Entschädigung derjenigen französischen Bürger geschlossen, die Opfer der 1973 in Marokko vorgenommenen Verstaatlichung von in ausländischer Hand befindlichen Agrarböden geworden waren. Darin war vereinbart worden, daß die marokkanische Regierung eine globale und pauschale Entschädigung / *Indemnité globale et forfaitaire* an die französische Regierung zahlen würde, die ihrerseits diese Summe unter die Berechtigten verteilen würde. Gegenstand der Straßburger Beschwerde war nun die Konformität des verwaltungsgerichtlichen Verteilungsverfahrens mit Art. 6 EMRK. Eigentlich ließen sich aus dem genannten Abkommen keine individuellen Entschädigungsansprüche ableiten: die Geschädigten waren mangels Völkerrechtssubjektivität keine Vertragsparteien und im Abkommen lediglich in ihrer Globalität bedacht worden. Dennoch hat der EGMR einen Anspruch i.S. der internationalen Konvention zugunsten der Beschwerdeführer der Familie *Beaumartin* bejaht.

---

[478] EGMR vom 24. November 1994, Série A Nr. 296-B.

Die aktuelle Rechtsprechung *Procola*[479] zum Obersten Luxemburgischen Verwaltungsgericht / *Conseil d'Etat, comité du contentieux* ist ein anderer Schwerpunkt dieser vergleichenden Arbeit, da die Ähnlichkeiten der Aufgaben und der Zusammenstellung dieser Judikatur mit dem französischen Verwaltungsgerichtshof / *Conseil d'Etat* relevant sind, so daß diese Rs zur wesentlichen Entwicklung des französischen Verwaltungsprozeßrechts führen kann. Trotz der Kritik eines Teiles der Dogmatiker[480], stellt sich die Frage der Entwicklung des Staatsrates im Lichte der europäischen Voraussetzungen zum Rechtsschutz des Bürgers. Diese spezifische Problematik betrifft die Unbefangenheit der Richter, insbesondere wird die Frage der Unabhängigkeit und der Unparteilichkeit mit Klarheit gestellt. In dieser Judikatur stand zur Debatte ein Verfahren vor dem Obersten Luxemburgischen Verwaltungsgericht / *Conseil d'Etat, comité du contentieux* zur Behandlung einer Nichtigkeitsklage / *Requête en annulation* gegen rückwirkende Verordnungen der Regierung. Sowohl die Luxemburger Regierung als auch die Europäische Kommission für Menschenrechte hatten die Anwendbarkeit von Art. 6 EMRK mit der Begründung verneint, daß nicht etwa subjektive Ansprüche, sondern eine Art abstrakte Normenkontrolle Gegenstand des gerügten Verfahrens gewesen seien. Dennoch erkannte auch hier der EGMR einen Anspruch im Sinne der Konvention, mit Rücksicht unter anderem auf die vermögensrechtlichen Folgen des Verfahrens für die Beschwerdeführerin. Im Widerspruch lag die Zusammensetzung der Verwaltungskammer / *Comité du contentieux*, die aus fünf Richtern bestand. Aufgrund der dualistischen Tätigkeit dieser Institution, haben vier der Richter die Funktion als Staatsräte und als Verwaltungsrichter im selben Verwaltungsverfahren übernommen. Diese vier von fünf Mitgliedern der Verwaltungskammer / *Comité du contentieux* des Staatsrates / *Conseil d'Etat Luxembourgeois* hatten als oberste Verwaltungsrichter über die Rechtmäßigkeit von Verordnungen entschieden, an deren Ausarbeitung sie zuvor als Mitglieder eben dieses Staatsrates

---

479 EGMR vom 28. September 1995, Série A Nr. 326.

480 Vgl. *Bonichot*, RFDA Nr. 12 von November u. Dezember 1996, S. 1199. Der Autor fundiert seine Kritik über die europäische Judikatur aufgrund der französischen Rechtstraditionen insbesondere dadurch,daß der französische *Conseil d'Etat* der Ausdruck der französischen Konzeption der Gewaltenteilung ist, und daß die Dualität seiner Befugnisse ihm ein großes Gewicht gegenüber dem Staat gibt. Außerdem berkräftigt der Autor seine Position, indem er betont, daß der *Conseil d'Etat* niemals in derselben Zusammensetzung eine beratende oder eine richterliche Funktion ausübt.

beteiligt gewesen waren. Insofern war die Unparteilichkeit dieser Verwaltungshofmitglieder umstritten. Schließlich ist es für den EGMR wichtig, die Voraussetzungen zur Unabhängigkeit der Gerichtsbarkeiten zu kontrollieren und weiterhinaus zu gewährleisten. Infolgedessen stellte die europäische Gerichtsbarkeit fest, daß es eine Unklarheit zwischen beratender und richterlicher Funktion gab. Aufgrund der Position des luxemburgischen *Conseil d'Etat* widerspricht die Tatsache, daß einige Personen, die hintereinander - und insbesondere in denselben Rs – beide Funktionen ausüben, von Natur aus der Unparteilichkeit der sogenannten Institution. Es hatten einige der zur Sachentscheidung berufene Richter zuvor eine gutachtliche Stellungnahme zu dem Entwurf der anwendbaren gesetzlichen Regelung gegeben. Es wurde deshalb legitim befürchtet, daß die Mitglieder des *Comité du contentieux* sich an ein bei ihr zuvor entstandenes Gutachten gebunden fühlten. Dieser einfache Zweifel genügte, um die Unparteilichkeit der Gerichtsbarkeit in Frage zu stellen, so der EGMR.

Insofern schien bisher die Prüfung, ob die Unabhängigkeit eines „tribunals" gegeben ist, nach bisheriger Rechtsprechung des Gerichtshofes insbesondere von Kriterien abhängig zu sein, wie die Art und Weise der Ernennung und Dauer der Amtszeit der Mitglieder, das Vorhandensein von Garantien gegen äußere Beeinflussungen, und letztlich – nach der Maxime *„justice must not only be done it must be seen to be done"* davon, ob das „tribunal" nach dem äußeren Erscheinungsbild als unabhängig anzusehen ist. Die Tatsache allein, daß Mitglieder eines Gerichts von einem Exekutivorgan ernannt werden, stellt ihre Unabhängigkeit nicht in Frage, solange die Ernannten ihr richterliches Amt in ihrer individuellen Kapazität ausüben und solange gesetzlich festgelegt ist, daß sie insofern keinen Weisungen unterliegen[481].

In der Rechtsprechung zu dieser Frage hat der EGMR einen sehr strengen und hohen Maßstab angelegt, indem er ihn im wesentlichen auf die ausgeübten Funktionen abgestellt hat. Von entscheidender Bedeutung ist die Trennung der Ermittlung, der Beratungs- und der Gutachtensfunktion einerseits und der Entscheidungsfindung, ungeachtet der Art und Weise, wie die jeweiligen Funktionen im Einzelfall konkret ausgeübt worden waren. Diese Position schien in der Sorge um das Vertrauen der Bürger in die Justiz und in den konkreten Rechtsschutz

[481] EGMR *Campbell und Fell*, EuGRZ 1985, S. 534.

begründet[482]. Daher war auch der Anschein der Objektivität und der Unparteilichkeit, der in dieser formalen Trennung der Funktionen zum Ausdruck kommt, unbedingt zu wahren. Dies war weiterhinaus eine Anregung zur Reform der französischen Rechtstradition der Staatsverwaltung.

2.3. Der Vorbehalt nationaler Verfahrenstraditionen

Auf europäischer Ebene sind Verfahrenstraditionen Gegenstand der Kritik geworden, wenn sie die universell definierten Verfahrensgarantien insbesondere die im Prozeß erwähnten Grundprinzipien nicht berücksichtigen. Dazu zählt die französische Rechtsordnung, in der jedes Verwaltungsgericht neben dem Vorsitzenden mehrere Richter besitzt, von denen einer die Rolle des *Commissaire de gouvernement* wahrnimmt. Diese spezifische Funktion wird auf Europaebene insofern kritisch beurteilt, indem sie gegen das Prinzip der loyalen Prozeßführung verstößt, da der kontradiktorische Charakter / *Procédure contradictoire* und die Rechte der Verteidigung / *Droits de la défense* im Verwaltungsprozeß nicht bewahrt werden. Außerdem folgt aus dem kontradiktorischen Charakter das Recht auf Akteneinsicht, der Anspruch auf rechtliches Gehör, welche zum Teil, in der öffentlichen Prozeßführung am *Conseil d'Etat,* nicht angewendet werden.

2.3.1. Die Ablehnung der Kenntnisnahme der Schlußakte / *Conclusion*

„Die mündlichen Conclusions des Commissaire du gouvernement vor dem Tribunal administratif sind nicht den Parteien zu vermitteln". Aufgrund dieser lakonischen Begründung hatte dreißig Jahre zuvor der *Conseil d'Etat* einen Rechtsgrund abgelehnt, der auf der Unregelmäßigkeit des gerichtlichen Verfahrens fundierte. In der Gerichtssitzung konnte der Kläger die *Conclusions* des *Commissaire du gouvernement* vor ihrer Verkündigung nicht zur Kenntnis nehmen[483]. Der *Conseil d'Etat* hat einem analogen Rechtsgrund dasselbe Schicksal im Fall

---

482 *„Il y va de la confiance que les tribunaux se doivent d'inspirer aux justiciables dans une société démocratique"* so der EGMR vom 1. Oktober 1982, Série A Nr. 53, Ziff. 30, *Piersack / Belgien.*

483 CE vom 9. Dezember 1970, *Dame veuve James*, Leb., S. 739; siehe auch CAA Paris vom 17. Oktober 1991, *SA Hellot*, Leb., S. 569.

Esclatine[484] vorbehalten. Zum ersten Mal sollte sich der *Conseil d'Etat* mit der Rechtmäßigkeit dieser Phase des gerichtlichen Prozesses gegenüber den Voraussetzungen des Art. 6 EMRK befassen. Wie in der Rechtsprechung betont wurde, hat sich die Argumentation der Straßburger Gerichtsbarkeit in seinen vergangenen Entscheidungen auf andere europäische Gerichte[485] bezogen, um festzustellen, daß die Modalitäten der Intervention jeweiliger Staatsanwaltschaften und anderer Vertreter des öffentlichen Interesses gegen die Voraussetzungen des billigen und des angemessenen Prozesses verstoßen. Insofern versteht sich die Bedeutung einer kritischen Erklärung dieser Rechtssache, welche die Verweigerung der Unterstellung des *Conseil d'Etat* gegenüber der europäischen Gerichtsbarkeit aufdeckt. Sowohl die juristische Argumentation des *Conseil d'Etat* als auch die Folgen des offenen Konfliktes mit dem EGMR sollen untersucht werden.

Die Entscheidung des *Conseil d'Etat* fundiert auf drei Rechtsgründen von unterschiedlicher Wichtigkeit, damit der Kläger sowohl die *Conclusion* des *Commissaire du gouvernement* zur Kenntnis nimmt als auch jene, die zur kontradiktorischen Debatte führen. Der erste Grund stützt sich auf die Unabhängigkeit und die Unparteilichkeit des *Commissaire du gouvernement.* Der zweite Grund basiert auf dem Unterschied im gerichtlichen Prozeß zwischen dem kontradiktorischen Vorverfahren und der richterlichen Entscheidungsphase, welche die *Conclusion* des *Commissaire du gouvernement* einschließt. Der dritte Grund unterstreicht den mündlichen Charakter der *Conclusions,* die wie oben ein Hindernis für die Bekanntmachung darstellen.

2.3.1.1. Die Unabhängigkeit und die Unparteilichkeit des *Commissaire du gouvernement*

Vor den Verwaltungsgerichten kann die Institution des *Commissaire du gouvernement* zwei verschiedene Rollen haben. Vor den ordentlichen Verwaltungsgerichten hat er *„die juristischen Fragen vorzutragen, die im Rahmen eines Streitverfahrens gestellt sind und seine unparteiliche*

---

[484] CE vom 29. Juli 1998, *Mme. Esclatine*, JCP La semaine juridique, Nr. 45-46 vom 4. November 1998, S. 1953.

[485] Es handelt sich sowohl um die Oberste Portugiesische Gerichtsbarkeit als auch um den Kassationsgerichtshofs in Belgien, EGMR vom 20. Februar 1996, *Lobo Machado / Portugal* und *Verneulen / Belgien*, in: Les petites affiches vom 2. Oktober 1996, Bericht von *Sabete*: AJDA 1996, S. 1013, auch *Flauss*.

Beurteilung des Sachverhaltes, der möglichen Anwendung der Rechtsnormen und seine Meinung über die Lösungen des Rechtstreites durch die Bekanntmachung seiner Conclusions". Dies ist die Begründung des kommentierten Rechtsstreits, die von der Rs *Gervaise*[486] im Jahre 1957 übernommen wurde. Diese Unabhängigkeit und Unparteilichkeit ist durch eine spezifische Rechtsordnung geschützt. So, z. B., wird der *Commissaire du gouvernement* nicht disziplinarrechtlich besorgt, weil er die These der Verwaltung nicht unterstützt oder vertreten hat (dazu Fall *Gervaise*). Er darf sich weder in der Öffentlichkeit über die Rs äußern bevor er die *Conclusions* vorgetragen hat, noch irgendwie mit der angefochtenen Entscheidung assoziiert werden[487].

Vor den Gerichten mit Sonderzuständigkeiten[488] hingegen ist der *Commissaire du gouvernement* weder unabhängig noch unparteilich, da er zum Auftrag hat, die Verwaltung zu repräsentieren, Beispiel der Rechtsstreit um die Kriegsrente / *Pensions militaires* und die Invalidenrente / *Pension d'invalidité*[489]. In solchen Fällen hat der Vertreter des Öffentlichen Interesses / *Ministère public* die aktive Prozeßfähigkeit, die Parteifähigkeit. Deswegen haben sich sowohl die Gründungstexte dieser Gerichtsbarkeiten als auch die Rechtsprechung des *Conseil d'Etat* zur Antwort der Parteien auf die *Conclusions* geäußert, um die Rechte der Verteidigung / *Droits de la défense* zu gewährleisten.

Schließlich muß man die besondere Lage des Staatsanwalts / *Parquet général* des Rechnungshofs / *Cour des comptes* erwähnen, der in Verbindung mit der untersuchten Rechtssache entweder als ein unabhängiger Richter oder als ein Vertreter des Öffentlichen Interesses und als parteifähig zu betrachten ist. In diesem Fall hat er nicht das letzte Wort und außerdem können seine *Conclusions* beantwortet werden[490].

---

486 CE vom 10. Juli 1957, *Gervaise*, Leb. S. 466; AJDA 1957, S. 394.

487 Vgl. *Pacteau*, Contentieux administratif, PUF, 4. Auflage, 1997, Nr. 248, S. 252.

488 Wie der Rechnungshof / *Cour des Comptes*, der oberster Richterrat / *Conseil supérieur de la Magistrature*, der Rechnungshof auf der Regionebene / *Chambre régionale des comptes*.

489 Insbesondere vor der Tatsacheninstanz und vor der Kassationskommission / *Commission spéciale de cassation au Conseil d'Etat*.

490 Es ist der Fall, wenn sich der Rechnungshof auf Geldstrafen äußert, die den illegalen Rechnungsführer / *Comptable de fait* treffen, vgl. dazu *Descheemaeker*, Gestion des fait, JCP administratif, Nr. 156.

Im Lichte des dualistischen Charakters der Institution des *Commissaire du gouvernement* vor den Verwaltungsgerichten, ermessen wir die notwendige Erinnerung an die Unabhängigkeit und Unparteilichkeit dieser Institution vor dem *Conseil d'Etat* in der kommentierten Entscheidung zum Fall *Esclatine.* Wenn der *Commissaire du gouvernement* eine Partei im Prozeß wäre, hätten seine *Conclusions* einer kontradiktorischen Debatte unterstellt werden müssen. Dies ist nur die erste Etappe der umstrittenen Beweisführung des *Conseil d'Etat.* Weiterhinaus wird er begründen, daß der *Commissaire du gouvernement* als unabhängiger Richter an der Entscheidungsfunktion beteiligt ist, welche im Gegensatz zum Vorverfahren und zur Untersuchungsphase nicht kontradiktorisch sein soll.

2.3.1.2. Die Einbeziehung der Schlußakte / *Conclusions* in die Entscheidungsfunktion

Um zu zeigen, daß der *Commissaire du gouvernement* an der Entscheidungsfunktion teilnimmt, stützt der *Conseil d'Etat* seine Begründung auf zwei Kriterien. Ein organisches, indem der *Commissaire du gouvernement* zur Gerichtbarkeit gehört, weil die Sache eingeleitet wurde, und ein chronologisches, indem der *Commissaire du gouvernement* am Ende des Vorverfahrens seine *Conclusions* vorträgt. Der *Conseil d'Etat* schließt deshalb eine kontradiktorische Debatte der Parteien aus. Trotzdem scheinen die beiden Begründungen nicht überzeugend zu sein. Man kann vermuten, daß der *Conseil d'Etat* seine Entscheidung nicht klar rechtfertigen wollte, um einen direkten Konflikt mit dem EGMR zu vermeiden.

In der Tat, aus der Teilnahme des *Commissaire du gouvernement* am Gericht, dem der Fall unterliegt, folgt nicht, daß er zur Entscheidungsfunktion in der Rs einbezogen ist. *Stricto sensu* gehört die Entscheidungsfunktion weder der Gerichtsbarkeit noch ihren Mitgliedern an, sondern dem Entscheidungsorgan / *Formation de jugement,* in dem die Klageerhebung stattgefunden hat[491]. Es sei denn, kein Text, der die Zusammensetzung des Entscheidungsorgans vor dem Tatrichter oder vor dem *Conseil d'Etat* festlegt, erwähnt den *Commissaire du gouvernement*

[491] Vgl. dazu *Chapus*, Droit du contentieux administratif, Montchrestien, 6. Aufl. 1996, Nr. 834; CE vom 25. November 1988, *Gordien*, Leb., S. 42.

als Mitglied[492]. Die Eigenschaft des Mitglieds der Gerichtbarkeit beweist die Unabhängigkeit des *Commissaire du gouvernement* aber keineswegs die Rechtsnatur seiner Funktion. Diese schwierige Identifikation hat zwei eminente Dogmatiker und Mitglieder des *Conseil d'Etat*[493] dazu geführt, den *Commissaire du gouvernement* als Mitglied der Gerichtbarkeit einerseits und des Entscheidungsorgans andererseits zu betrachten, da er in diesem Fall die Schlußakte zusammenfaßt. Trotz der realistischen Analyse der Arbeitsmethoden des *Conseil d'Etat*, bleibt diese Interpretation im Widerspruch zu den erwähnten Texten zur Zusammensetzung des gerichtlichen Entscheidungsorgans.

Dagegen setzt das chronologische Kriterium im Fall *Esclatine* den Eingriff des *Commissaire du gouvernement* auf den Zeitpunkt des Urteils, es sei denn, nur das Vorverfahren ist dem Prinzip der kontradiktorischen Debatte unterworfen. Dieses Kriterium kann auch ernsthafte Kritik auslösen. Einerseits ist festzustellen, daß die Zeit des Vorverfahrens keinesfalls in ihrer Allgemeinheit dem Prinzip der kontradiktorischen Debatte unterworfen ist. Insbesondere werden die Arbeiten des Berichterstatters (Abfassung von Berichten, von amtlichen Beglaubigungen und Entscheidungsentwürfen) und der Unterabteilung zum Vorverfahren / *Sous-section siégeant en formation d'instruction*[494] ohne kontradiktorische Debatte vorbereitet, auch wenn sie vor dem *Conseil d'Etat* stattfinden, zu einem Zeitpunkt, wo das Vorverfahren nicht beendet ist, da der Abschluß der Voruntersuchung bei dieser höheren Gerichtbarkeit in der öffentlichen Sitzung stattfindet[495]. Andererseits und auch symetrisch scheint dagegen die Entscheidungsphase einen kontradiktorischen Charakter zu haben. Die Ausführungen der Parteien oder ihrer Vertreter in der öffentlichen Verhandlung sollen dieses Prinzip respektieren. Der *Conseil d'Etat* hat sich vor kurzem dazu geäußert und weiterhinaus ein Urteil rechtswidrig erklärt, welches dieses Verfahren nicht beachtet hatte[496]. Daß an dem Kriterium, im Fall

---

[492] Siehe dazu sowohl Art. 40 und 41 des Dekrets vom 30. Juli 1963 zur Zusammensetzung der Entscheidungskammer des *Conseil d'Etat*, als auch Art. R. 17 und R. 27 des Gesetzbuchs des Verwaltungsrecht.

[493] *Bonichot / Abraham*, Le commissaire du gouvernement dans la juridiction administrative et la Convention européenne des droits de l'Homme, JCP 1998. I. 176.

[494] Formel des Art. 35 des Dekrets vom 30. Juli 1963.

[495] Vgl. *N. Rainaud*, Le commissaire du gouvernement près le Conseil d'Etat, LGDJ, 1996, S. 34.

[496] CE vom 1. Dezember 1993, *Commune de Saint Cyprien*, Leb. S. 333.

Esclatine, festgehalten wurde und was das kontradiktorische Prinzip im Vorverfahren an die Akteneinsichtgewährung und das Einsichtsrecht begrenzt, übersieht diesen Teil der kontradiktorischen Debatte in der Gerichtsitzung. Außerdem sind die *Conclusion du Commissaire du gouvernement* wegen ihrer Öffentlichkeit keinesfalls ein Beratungsgeheimnis. Insofern ist eine Gleichstellung der *Conclusions du Commissaire du gouvernement* mit dem Bericht oder dem Entscheidungsentwurf des Bericherstatters juristisch nicht vertretbar[497].

Es wäre durchaus möglich gewesen, im Lichte der staatlichen Rechtslage, die Übertragbarkeit der *Conclusion du Commissaire du gouvernement* anders zu deuten. Statt einen Unterschied zu machen zwischen den Begriffen des Vorverfahrens einerseits und des Urteils andererseits wäre es effizienter gewesen, die Entscheidungsfunktion des *Commissaire du gouvernement* im Rahmen seiner Eigenschaft als Rechtspflegeorgan in der gesamten Aktendurchsichtsphase zu beweisen. Diese Funktion steht nicht in den Texten, die den *Conseil d'Etat* verwalten, sie besteht aber aus einer standhaften Praxis, die außerdem von Präsident *Odent* beschrieben wurde[498]. Bevor der *Commissaire du gouvernement* Akten zugeteilt bekommt, nimmt er an dem Vorverfahren teil, indem die Unterabteilung einen Vorentscheidungsentwurf macht, der später in der Beschlußphase an die Entscheidungskammer übertragen wird. Sobald er die Akten zugeteilt bekommen hat, ergibt sich ein Dialog zwischen ihm und der Unterabteilung des *Conseil d'Etat*, insbesondere im Falle einer Uneinigkeit mit dem angenommenen Entwurf. In so einem Fall kann die Unterabteilung seine Position ändern und sich dem *Commissaire du gouvernement* anschließen. Gegebenenfalls kann sie ihre Position beibehalten, so daß der *Commissaire du gouvernement* seine Sicht ändert. Nach der öffentlichen Sitzung ist die Rolle des *Commissaire du gouvernement* nicht beendet, da er an der Beschlußphase teilnimmt[499]. Auch wenn er nicht wählen darf, nimmt er an der Debatte teil, indem er bestimmte Fragen zu beantworten hat[500].

---

[497] Vgl. dazu *Gohin*, La contradiction dans la procédure administrative contentieuse, Thèse, LGDJ, 1988, S. 333.

[498] Vgl. *Odent*, Contentieux administratif, Les cours de droit, 1976-1981, insbesondere S. 1219 und 1224.

[499] Es ist Brauch, daß er sich mit Moderation ausdrückt.

[500] Vgl. *Stirn*, Le Conseil d'Etat, son rôle sa jurisprudence, Hachette, 1991, S. 54.

Der *Commissaire du gouvernement* ist mehr als nur der Autor der *Conclusions.* Die Schlußakte, die in der öffentlichen Sitzung gelesen werden, sind vor allem eine der wesentlichen Schlüsselinstitutionen, die zur Ausarbeitung der richterlichen Entscheidung des Urteils führt. Insofern nimmt er in der Tat an der Entscheidungsfunktion teil. Da die *Conclusions* in den kontradiktorischen Bereich eingeschlossen werden, versteht man, daß der freie Dialog mit der Unterabteilung verletzt und deswegen an die richterliche Entscheidung des *Conseil d'Etat* angeschlossen wird. Um diese Schlußfolgerung zu behalten, hätte der *Conseil d'Etat* eine Begründung gebraucht, die seine Position gegenüber Art. 6 EMRK im wesentlichen zerbrechlicher gemacht hätte.

Der letzte Grund, der die *Conclusions* von der kontradiktorischen Debatte ausschließt, fundiert auf ihrer unmöglich schriftlichen Natur. Diese Begründung ist nicht determinierend, wie es die Formel „außerdem" / *d'ailleurs* in der Entscheidung *Escaline* zeigt[501]. Trotz dieses Vorbehaltes ist der Grund nicht überzeugend. Wenn die *Conclusions* schriftlich wären, sollten sie systematisch geschrieben werden, aber ihre mündliche Vorführung wäre gemäß der kontradiktorischen Debatte rechtswidrig. Anders gesagt zeigt dieses Argument eine gegenwärtige Praxis, aber bildet umsoweniger eine Rechtfertigung für die Klageabweisung.

Trotz der vielfältigen Argumente, die man innerstaatlich geltend machen will, steht fest, daß dies zu einer juristischen Lösung führt, welche gegen die Position der europäischen Gerichtsbarkeit verstößt.

2.4. Der Konflikt zwischen *Conseil d'Etat* und EGMR

Um den Geltungsbereich des Konfliktes zwischen dem *Conseil d'Etat* und dem Gericht für Menschenrechte zu bemessen, ist eine Zurückrufung der materiell-rechtlichen Substanz erforderlich.

---

[501] Dieser Ausdruck „außerdem" / *d'ailleurs*, der am Beginn eines Grundes in der Entscheidung steht, versteht sich, als hätte der Vorschlag des Richters eine ergänzende Rolle, um die Beweisführung zu bekräftigen, ohne einen determinierenden Charakter zu haben.

2.4.1. Der Vertreter öffentlicher Interessen in der europäischen Judikatur

Die Judikatur der EGMR hat sich in dieser Problematik auf interessante Weise entwickelt. Zuerst hat das Straßburger Gericht die Konformität des unabhängigen Vertreters Öffentlicher Interessen mit den Vorschriften des Art. 6 EMRK angenommen. In einer zweiten Etappe hat die Gerichtsbarkeit diese Konformität verweigert. Letztendlich ohne seine Position zu ändern, hat der EGMR sowohl seine Begründung als auch den Geltungsbereich ergänzt.

Die Straßburger Gerichtsbarkeit hat sich seit der Rs *Delcourt*[502] dieser Problematik gewidmet. Die Begründung dieser Entscheidung fundiert auf zwei wichtigen Ideen. Zuerst betrachtetet der EGMR den Vertreter öffentlicher Interessen vor dem belgischen Kassationsgerichtshof nicht als eine Prozeßpartei, im Gegensatz zum Vertreter Öffentlicher Interessen vor den unterstehenden Gerichtsbarkeiten. Infolgedessen verletzen die Konditionen seiner Intervention keinesfalls das Prinzip der Gleichberechtigung der Verteidigung / *Egalité des armes*, da sich dieser Grundsatz nur an die Prozeßparteien wendet[503]. Weiterhinaus sucht der EGMR, ob die Modalitäten der Intervention des Vertreters öffentlicher Interessen den fairen Prozeß (*largo sensu*) verletzen. Die Straßburger Gerichtsbarkeit hat dieses Argument insofern ausgeschlossen, als sie der Meinung ist, daß der Vertreter öffentlicher Interessen, trotz seiner Stellungnahme gegen einen Kläger, diesem gegenüber kein Gegner sondern ein Rechtspflegeorgan und ein Gerichtsberater mit parajudikativer Funktion ist. Deshalb werden weder seine Unparteilichkeit noch seine Unabhängigkeit in Frage gestellt[504].

Zwanzig Jahre galt diese Entscheidung, bis ein hartnäckiger Kläger, Herr *Borges*, dem EGMR dieselbe Frage stellte, in Bezug auf den strafrechtlichen Charakter eines Rechtsstreits[505]. Dieser Schritt hatte Erfolg,

---

502 CEDH vom 17. Januar 1970, *Delcourt / Belgique*, Serie A, Nr. 11.

503 Das Prinzip des Gleichgewichts der Verteidigung / *Egalité des armes* wurde zwei Jahre früher von dem EGMR am 27. Juni 1968 im Fall *Neumeister* definiert. AFDI 1969, S. 276. Der europäische Gerichtshof hat bekräftigt, daß sich das Prinzip nur zwischen den Prozeßparteien anwendet.

504 Diese Begründung wurde im Fall *Escaline* übernommen.

505 Der Fall *Delcourt* konzentrierte sich auf zivilrechtliche Ansprüche und Verpflichtungen.

da der EGMR seine Rechtssprechung änderte und den Vertreter Öffentlicher Interessen, trotz seiner Unabhängigkeit, als eine Beeinträchtigung für den fairen Prozeß betrachtete, weil er in den öffentlichen Verhandlungen als letzter seine Stellungnahme bekannt gibt. Außerdem nimmt er am Urteilspruch teil. Auch wenn er keine entscheidende Stimme hat, wurde dies als eine Verletzung der fairen Verhandlungen dargestellt[506].

Diese Entscheidung beruht auf zwei Elementen. Aufgrund des *„allgemeinen Gefühls"* über die Formen der Justiz, die den gerechten und fairen Charakter des Verfahrens beweisen, ist der EGMR berechtigt, seine Judikatur zu ändern[507]. Die Gerichtsbarkeit erinnert infolgedessen an den englischen Spruch *„Justice must not only be done; it must seen to be done"*. Weiterhinaus erklärt sie die juristischen Folgen, die sich an die Entwicklung anschließen: die Meinungen des Vertreters Öffentlicher Interessen können von den Prozeßparteien nicht neutral betrachtet werden, weil er entweder ihr Alliierter oder ihr objektiver Gegner wird. Insofern integriert er den Geltungsbereich des Prinzips der Gleichberechtigung der Verteidigungsrechte, welcher im Fall *Delcourt* ausgeschlossen wurde. Im Gegenteil, die Funktion des Rechtspflegeorgans sowie des Gerichtsberaters wurden vom europäischen Gericht nicht mehr erwähnt.

Die Rs *Borgers* vom 30. Oktober 1991 entscheidet, daß der unabhängige Vertreter Öffentlicher Interessen im obersten Gerichtshof einer Partei gleichgestellt werden soll, ohne das letzte Wort zu haben und in der Entscheidungsphase an den Beratungen teilzunehmen. Der Entscheidung *Borgers* folgten vielen andere Fälle, was die Ausbreitung ihres Geltungsbereichs verursacht hat. Diese Entwicklung fundiert sowohl auf

---

[506] EGMR vom 30. Oktober 1991, *Borgers / Belgien*, Serie A, Nr. 214-B; vgl. dazu *Berger*, La jurisprudence de la Cour européenne des droits de l'Homme, Sirey Vlg., 5. Auflage 1996, Nr. 553.

[507] Das ist eine der klassischen Berechtigungen zur Änderung der Judikatur, vgl. dazu für den *Conseil d'Etat* den Ausdruck von *P. Laroque* über die Hierarchie der Entscheidungen des *Conseil d'Etat*, FS René Chapus, Montchrestien, 1992, S. 248: *„in der Rechtsprechung des Verwaltungsrechts gibt es den festen Willen, eine juristische Argumentation aufzubauen, in Verbindung mit verwaltungsrechtlichen und menschlichen Tatsachen, alten Wegen zu folgen, aber auch zweifelsohne diese zu verlassen, wenn die Gründe, die dazu geführt haben, verschwunden sind oder überholt wurden"*.

der Analyse der Rechtsmaterien vor den staatlichen Gerichtsbarkeiten[508] als auch der Verletzungsbegründungen der Voraussetzungen des Art. 6 EMRK. In diesem Zusammenhang ist die Erläuterung der Rechtssache *Reinhardt* vom 31. März 1998 zum französischen Kassationsgerichtshof / *Cour de Cassation* von Bedeutung[509]. Der EGMR scheint die Kontradiktion zwischen den Prozeßparteien zu erkennen, welche die Möglichkeit ergreifen, Anträge und Bemerkungen zur Urteilsabstimmung zu machen[510]. Andererseits begründet der EGMR den Zugang des Vertreters Öffentlicher Interessen an die Akten und an den Entscheidungsentwurf des Berichterstatters als Verletzung des Art. 6 EMRK, wegen der ungleichen rechtlichen Folgen. Dieser Anschuldigungspunkt im Lichte des Art. 6 EMRK hat wichtige Konsequenzen auf die Organisation des Verfahrens vor den französischen Verwaltungsgerichten[511].

Weiterhinaus ist bemerkenswert, daß der EGMR aufgeschlossen war für die abweichenden Meinungen der Entscheidung *Borgers*. Unter ihrem Einfluß änderte die Straßburger Gerichtsbarkeit die Begründung ihrer Entscheidungen, indem sie den Begriff des objektiven Gegners verschwinden läßt zugunsten von einer neutralen Formulierung. Ebenso ist die Erwähnung des *„allgemeinen Gefühls zur Wahrnehmung der Gerechtigkeit"* umgangen. Der europäische Gerichtshof nimmt Abstand von allgemeinen Begriffen, insbesondere im obengenannten Fall *Reinhardt*. Seine rechtliche Würdigung fundiert nur noch auf der Suche

---

508 EGMR vom 20. Februar 1996, *Lobo Machado / Portugal* und *Vermeulen / Belgien* zur Anwendung der Rechtslösung an den Zivilgerichtsbarkeiten.

509 EGMR vom 31. März 1998, *Reinhardt u. Slimane-Kaid / Frankreich*, Informationsblatt des Kassationsgerichtshofs / *Cour de Cassation* 1998, Nr. 786. Der EGMR betrachtet, daß die Kenntnisnahme durch die Staatsanwaltschaft der gesamten Akten des Berichterstatters seines Entscheidungsentwurfes, gegen den kontradiktorischen Grundsatz verstößt, da die Parteien dazu keinen Zugang haben.

510 Diese Lösung kann nur dem *Conseil d'Etat* übertragen werden, weil sich die oberste Gerichtsbarkeit nur mit rein juristischen Fragen befaßt, ohne Faktenanalyse.

511 Der EGMR erwähnt außerdem, daß sowohl der Bericht als auch der Entscheidungsentwurf den Prozeßparteien nicht übertragen werden kann, da sie legitimerweise von dem Beschlußgeheimnis gedeckt sind. Die einfache Möglichkeit, das angeforderte Gleichgewicht herzustellen, wäre die Ausschließung des Vertreters Öffentlicher Interessen von der Entscheidungsvorbereitungsphase, welche den Grund und die Position dieser Institution in Frage stellt.

des *„billigen Charakters"* im allgemeinen Verfahren[512]. Schließlich zeugt diese Entwicklung der Rechtsprechung von Wirkungs- und Geltungsanliegen gegenüber der vielfältigen Kritik zur Entscheidung *Borgers,* statt eines Anspruchs auf materiell-rechtliche Entwicklung, da seitens der europäischen Gerichtsbarkeit kein alternativer Grundsatz in dieser Rs angeboten wurde.

2.4.2. Die Verweigerung des *Conseil d'Etat*

Die Problemlösungen des *Conseil d'Etat* in der Rs *Esclatine* und *Delcourt* sind sehr ähnlich, insbesondere in ihrer Formulierung. In der Tat wird dieselbe Idee erarbeitet, die die unabhängigen Vertreter Öffentlicher Interessen zu einem Rechtspflegeorgan der Gerichtsbarkeit macht, weil er weder dem Prinzip der Gleichstellung der Verteidigungsrechte noch dem Prinzip der kontradiktorischen Debatte unterworfen ist.

Im Gegensatz dazu erklärt sich der *Conseil d'Etat* in seiner neuen Rechtsprechung gegen die Regel des EGMR. Trotzdem haben sich einige Dogmatiker für eine mögliche Änderung dieses Rechtsstreites zwischen dem *Conseil d'Etat* und den EGMR geäußert. Im Lichte der Begründung der Entscheidung *Reinhardt* und aufgrund eines im Jahre 1994 veröffentlichen Berichts der Kommission für Menschenrechte zu zwei anderen Fällen[513], meint *Serge Guinchard*, daß die Kontradiktion sichergestellt werden kann, wenn die Parteien dem Vertreter Öffentlicher Interessen durch die Einreichung ihrer Berichte vor der Entscheidungsphase antworten[514]. Aber diese Analyse scheint nicht relevant zu sein. Der EGMR hat nicht nur das letzte Wort des Vertreters öffentlicher Interessen angefochten, sondern sowohl die Kenntnisnahme der gesamten Verfahrensakten als auch des Entscheidungsentwurfs des Berichterstatters. Es ist deswegen fraglich, wie eine einfache Antwort der Parteien im Entscheidungsprozeß ein Gleichgewicht zwischen

512 Dieselbe Schwäche der Begründung befindet sich in der Rechtfertigung der Feststellung der Verletzung des Art. 6 EMRK. Insofern hat sich im Fall *Reinhardt* der EGMR darauf beschränkt, das fehlende Gleichgewicht zwischen einer Prozeßpartei und dem Staatsanwalt am Kassationsgerichthof / *Cour de Cassation* festzustellen.

513 EKMR vom 10. Oktober 1994, *Lassauzet und Guillot / Frankreich*, AJDA 1996, S. 385.

514 Vgl. *Guinchard*, Le procès équitable: droit fondamental ?, AJDA 1998, Spezialausgabe „Les droits fondamentaux", S. 191, insbesondere S. 203.

Kläger und Vertreter öffentlicher Interessen wiederherstellen kann[515]. Insofern ist die Verletzung des Art. 6 EMRK zur Rechtslage vor der *Cour de Cassation* auf den *Conseil d'Etat* und die anderen Verwaltungsgerichtsbarkeiten übertragbar[516]. Infolgedessen ist der juristische Konflik zwischen dem *Conseil d'Etat* und dem EGMR wirklich frontal und unauflösbar[517].

An dieser Stelle der Analyse ist der Kommentator gezwungen entweder Partei für diese Interpretationen zu ergreifen oder andere Lösungen zu erfinden, um von diesem Widerspruch Abstand zu nehmen. Es ist durchaus möglich, eine Typologie der verschiedenen Rechtslagen des unabhängigen Vertreters Öffentlicher Interessen in der Rechtsprechung und der Dogmatik vorzustellen, um zu zeigen, daß es einen Status gibt, der zu einem Kompromiß führen kann. Dazu könnte man zwei maximalistische Meinungen erwähnen. Die erste betrachtet den Vertreter öffentlicher Interessen als eine Partei *stricto sensu*, mit derselben Stellung im Prozeß. Aber diese Auffassung stößt gegen die Wirklichkeit und der EGMR hätte niemals seine Argumentation soweit führen können. Die zweite maximalistische Analyse wird von *Jean-Claude Bonichot* und *Ronny Abraham* vorgebracht [518]. Beide Autoren gehen davon aus, daß der unabhängige Vertreter Öffentlicher Interessen[519] zur

[515] Außerdem ist es fraglich, wie man ein Gleichgewicht herstellen kann, da die Parteien weiterhin nicht in die Richterliche Beratung miteinbezogen werden.

[516] Die Lage der Verwaltungsrichter sowohl an den *Tribunaux administratifs* als auch an den *Cours administratives d'appel* ist insofern schwieriger, da die Parteien nicht unbedingt von so spezialisierten Rechtsanwälten vertreten sind, daß nur materiell-rechtlichen Fragen analysiert werden. Es ist deswegen nicht annehmbar, daß eine Antwort der Parteien das Gleichgewicht mit den *Conclusion* des *Commissaire du gouvernement* herstellen kann.

[517] In der Entscheidung *Esclatine* hat der *Conseil d'Etat* den Geltungsbereich des Konfliktes so ermessen, daß weder der Bericht noch der Entwurf des Berichterstatters in die Kontradiktion integriert. Es ist eine deutliche Analogie zur obengenannten Entscheidung *Reinhardt*.

[518] Vgl. *Jean-Claude Bonichot* und *Ronny Abraham*, Fn. 490.

[519] Die Autoren rechtfertigen ihre Analyse für den *Commissaire du gouvernement* am *Conseil d'Etat*. Andere Vertreter öffentlicher Interessen werden nicht in die Analyse eingeschlossen. Die Begründung fundiert auf der Tatsache, daß der *Commissaire du gouvernement* demselben Korps anderer Mitglieder der Gerichtsbarkeit angehört und deshalb einer spezifischen Hierarchie nicht unterliegt. Trotzdem ist diese Argumentation nicht überzeugend. Auch wenn die Staatsanwaltschaft an der *Cour de Cassation* z.B. einer eigenen Hierarchie unterworfen ist und außerdem als Berater an

Entscheidungskammer gehört, anders gesehen, als Richter bei den anderen Richtern einbezogen ist und deswegen dem Prinzip der kontradiktorischen Debatte nicht unterworfen ist. Diese Behauptung stößt aber gegen die Gründungstexte der Entscheidungskammer in der Verwaltungsgerichtsbarkeit. Sie wird weiterhinaus von der Dogmatik entkräftet[520].

Zwischen den beiden maximalistischen Interpretationen integrieren sich zwei mittlere Analysen, die schließlich den beiden Lösungen der europäischen Gerichtsbarkeit entsprechen. Die erste stellt die gegenwärtige Position vor, die den Vertreter Öffentlicher Interessen trotz seiner Unabhängigkeit in den Rechtsstreit einschließt, so daß er weder ein Vorrecht hat, die Informationen des Berichterstatters zu erhalten, noch andererseits sein letztes Wort der Kontradiktion auszuschließen. Der EGMR gibt ihm also einen ähnlichen Status wie den Experten[521], den *amicus curiae*[522]. Dies führt zur zweiten möglichen medianen Analyse. Die gegenwärtige Rechtsprechung des EGMR verschweigt ein breites Feld von Charakteristika des Vertreters Öffentlicher Interessen, die besser in der Rs *Delcourt* zum Ausdruck gekommen sind. Sie haben die Eigenschaft der Richter, sind teilweise Mitglieder der Gerichtsbarkeit oder zumindest an diese eng angeschlossen und spielen eine wesentliche Rolle in der Ausarbeitung der gerichtlichen Entscheidungen. Die Überlegung, im Fall *Esclatine*, aufgrund der sie an der Entscheidungsfunktion teilnehmen, scheint richtig zu sein und hat zur Folge, daß ihr dieselbe juristischen Eigenschaft übertragen wird, wie die der Experten oder der *amici curiae*. Sie bleiben insofern außerhalb der Gerichtsbarkeit und geben keine Garantie für die Unabhängigkeit des Richters. Die Annahme dieser letzten Analyse bedeutet eine neue Wende in der Rechtsprechung des EGMR. Diese bedeutet aber keinesfalls den Beweis eines Mißerfolgs: die Lösungen, die auf der Rechtssache *Borges* und den folgenden Entscheidungen beruhen, waren ein Versuch, den Begriff des unabhängigen Vertreters Öffentlicher Interessen näher zu bestimmen

---

der *Cour de Cassation* nicht anerkannt wird, hat es sowohl für ihre Funktion als auch für ihre Unabhängigkeit wenig Bedeutung. Diese Unterschiede entstammen mehr der institutionseigenen Kultur.

520 Vgl. dazu z.B. *Chapus*, Droit du contentieux administratif, Nr. 835, S. 747.

521 EGMR vom 18. März 1997, *Mantovanelli / Frankreich*, Verfahrenszeitschrift / *Revue générale des procédures* 1998, Nr. 2, S. 238.

522 Wie es ausdrücklich in den Debatten an der Straßburger Gerichtbarkeit im Fall *Reinhardt* besprochen wurde.

und weiterhinaus seinen Geltungsbereich festzusetzen. Sie haben einen Fortschritt erlaubt in der Überlegung zu den Rechten und Pflichten des fairen Prozesses. Weiterhinaus hat sich die europäische Gerichtsbarkeit mit wesentlichen Unterschieden innerstaatlicher Rechtstraditionen im Prozeßrecht befaßt, um eine Harmonisierung der Rechtsgarantien zu gewährleisten.

Zusätzlich ist, im Lichte der Rechtsprechungspolitik zu bemerken, daß die gegenwärtige Rechtsprechung des EGMR den Staaten die Versuchung geben kann, die Bestimmungen bezüglich der unabhängigen Vertreter Öffentlicher Interessen so zu ändern, daß sie Mitglieder der Entscheidungskammer werden, vor der sie eine Zusammenfassung gemacht haben. Eine solche Änderung hätte zur Folge, daß diese Institutionen der Entscheidung *Borgers* entgehen. Sie könnte einen gefährlichen Präzedentfall bilden, indem sie weiterhinaus zeigen, wie Mitgliedstaaten der EMKR die Rechtsprechung der europäischen Gerichtsbarkeit in Schach halten, da diese einen Änderungsversuch der staatlichen Rechtsordnung anstreben, die bisher ein allgemeines Einverständnis genießt[523]. Es scheint möglich und unentbehrlich, eine Lösung zu finden, die sowohl die Voraussetzungen des fairen Gerichts als auch die Fundamente der staatlichen Rechtsordnungen schützt. Dies ist der aus der Anwendung des Europarechts im innerstaatlichen Bereich folgende Kompromiß.

[523] Es ist keine hypothetische Vermutung. Die Analyse von *Jean-Claude Bonichot* und *Ronny Abraham* zeigt die starke Verweigerung der Position des EGMR bei den Mitgliedern des *Conseil d'Etat*. Dieses Verhalten kann der Anfang einer dogmatischen Basis sein zur Änderung der Organisation im *Conseil d'Etat*.

Französische Zusammenfassung / Résumé en français

L'application du droit communautaire en droit administratif interne des Etats membres. Analyse de droit comparé : Autriche - France.

Présentation

Le présent travail traite de l'application du droit communautaire en droit public interne et analyse, dans une perspective comparatiste, ses conséquences juridiques pour l'Autriche et la France, pays membres de l'Union. Alors même qu'il existe des publications qui évoquent cette problématique de façon isolée en Autriche comme en France, il semble toutefois significatif d'aborder ce sujet sous l'angle du droit comparé et ce, selon différents aspects juridiques, alors même que l'intérêt pour les ordres juridiques étrangers est de plus en plus croissant. On ne peut sous-estimer l'actualité de cette question, à la lumière notamment des développements jurisprudentiels de la Cour de Justice qui s'inspire des traditions culturelles communes aux Etats membres pour la résolution des litiges qui lui sont soumis (cf. par exemple l'ordonnance de la Cour du 4 février 2000, dans l'affaire C-17/98, non encore publiée au Recueil).

Dans ce sens, la comparaison entre ces deux Etats saisit le lecteur en ce qu'ils constituent deux ordres juridiques distincts, l'Etat fédéral, d'une part, et l'Etat central, d'autre part, notamment à la lumière de l'application du droit communautaire en droit interne. L'application et, par conséquent, la réception du droit communautaire conservera un caractère nécessairement circonstancié. Ces différents thèmes sont donc abordés sous l'angle du droit comparé, afin de souligner les ressemblances, les nuances et les différences des deux ordres juridiques nationaux et ce, à la lumière du droit communautaire et de ses impératifs.

Cette analyse ne se limite toutefois pas à une simple présentation parallèle des situations nationales, mais se concentre, par delà, dans son aspect comparatiste sur un *tertium comparationis*, à savoir, la primauté et l'application directe du droit communautaire et la protection juridique des administrés qui en découle.

Cette problématique se situe ainsi dans la transposition et également dans l'exécution des normes supra-nationales qui impliquent des adaptations structurelles et également procédurales dans les ordres juridiques respectifs. Dans ce sens, une partie de l'étude est dédiée aux incidences et aux adaptations structurelles et matérielles, notamment dans leurs aspects constitutionnels, administratifs et procéduraux alors que les Etats membres sont liés par la transposition du droit communautaire en vertu de l'article 10 du Traité de l'Union (TUE).

La question relative à la reconnaissance et la prise en compte des principes fondamentaux de la Convention européenne de Sauvegarde des Droits de l'Homme et des principes fondamentaux (CEDH) dans le système communautaire a été réactualisée avec l'adoption du Traité d'Amsterdam le 2 octobre 1997. Dès lors, la thèse évoque également la problématique des mesures d'adaptation nécessaires, notamment en ce qui concerne le droit des contentieux avec le respect des dispositions de l'article 6 de la CEDH. Le droit européen est donc pris dans sa forme *largo sensu* depuis l'imbrication de l'ordre juridique international de la CEDH avec l'ordre juridique communautaire. Dans ce sens, il est d'un intérêt singulier d'étudier dans un sens comparatif comment l'ensemble du droit communautaire est appliqué en France et en Autriche, dans une période plus ou moins courte, puisque l'Autriche n'est membre de l'Union que depuis 1995.

Le Traité d'Amsterdam constitue une nouvelle étape dans la protection du citoyen communautaire devant les juridictions nationales, dans la mesure où les garanties procédurales du système européen et la nature juridique du droit communautaire consacrent le standard démocratique pour les nouvelles démocraties. Ceci correspond aux propos énoncés par M. GENSCHER, a. Ministre fédéral des Affaires étrangères, qui rappelait la vocation d'une coopération plus étroite des ordres juridiques en Europe dans le souci de répondre aux impératifs de protection juridictionnelle des citoyens européens sur le plan national et également sur le plan communautaire (conférence donnée dans la salle d'honneur de l'Université européenne Viadrina de Francfort sur l'Oder, le 4 mai 1999).

Dans ce sens, force est de constater que l'Autriche bénéficie d'une protection juridique reconnue de ses administrés dans la réforme de ses juridictions administratives, mais surtout en raison du principe de subsidiarité qui gouverne le système constitutionnel. Son application qui semble encore incertaine à la lumière des exigences du droit européen - notamment dans le domaine des marchés publics - ne permet pas d'éviter la condamnation de l'Autriche par la Cour de Justice de Luxembourg qui intervient finalement pour redéfinir la répartition des compétences entre l'Etat fédéral et les Länder. En ce sens, si l'Autriche dispose d'une tradition juridique favorable à l'intégration européenne, il n'en demeure pas moins que son système administratif et juridictionnel doit encore se parfaire pour être en conformité avec les normes européennes. De son côté, le système juridique français, qui demeure une référence dans la définition des droits fondamentaux et dans la conceptualisation du système contentieux communautaire, doit également s'adapter à l'acquis communautaire et aux normes de Bruxelles et de Strasbourg.

De nombreuses questions demeurent donc encore ouvertes, notamment dans les domaines structurels (constitutionnels et administratifs) et procéduraux (devant les juridictions), en France comme en Autriche, car les cultures juridiques et leurs particularismes respectifs demeurent préservés dans un ordre juridique communautaire harmonisé. Ainsi, la recherche juridique française et autrichienne semble ne s'être prononcée que timidement quant à cette approche, ce qui permet à cette étude de présenter quelques pistes de réflexions constructives.

Cette analyse scientifique se distingue toutefois des autres études, dans la mesure où elle repose sur la pratique administrative pour procéder à une approche critique des publications évoquées en présentant les fondements des ordres administratifs et juridictionnels des deux Etats européens.

Avant d'avancer quelques hypothèses pour tenter de répondre à des questions, il faut faire état de quelques précisions liminaires. Dans ce sens, le *Titre Premier* rappelle les objectifs fondamentaux du droit communautaire et pose la problématique de la transposition en droit national. Le *Titre Second* se concentre principalement sur la différence entre l'Autriche et la France, sous leurs aspects constitutionnels et administratifs. Le *Titre Troisième* présente des exemples concrets de résolution des contentieux nationaux autrichiens et français sous un angle contraste. L'étude est, dans sa globalité, un exercice de compréhension des développements et des adaptations du droit communautaire en droit interne, du niveau régional vers le niveau communautaire. Elle constitue également un essai de dépassement des obstacles juridiques issus de l'application du droit communautaire en droit interne pour présenter, au-delà, une réflexion juridique dans un dialogue constructif.

Ce voyage juridique permet de visiter une *terra incognita* située aux deux extrêmes de l'Union européenne, le droit communautaire et le droit comparé, et de découvrir ainsi deux cultures, certes différentes, mais complémentaires et qui ne demandent qu'à mieux se connaître. Or, il est essentiel de consacrer une étude à cette application particulière du droit communautaire. Le sujet nous plonge aux origines du droit communautaire et nous permet de mieux appréhender les méthodes de transposition en droit interne. L'étude du droit communautaire sous l'angle du droit comparé fait apparaître l'ordre juridique comme l'un des observatoires de l'évolution des droits nationaux.

Titre premier : Nature et objectifs du droit européen

Le Titre Premier traite de la nature du droit communautaire et également de ses objectifs principaux assurés par la recherche d'une protection juridique efficace des administrés. Dans ce sens, il s'agit de la présentation du contexte d'analyse. Au delà, ce Titre introduit la problématique relative à l'application du droit communautaire par les structures nationales et évoque les adaptations nécessaires.

La nature du droit communautaire repose sur les fondements de l'unité et de l'autonomie **(Chapitre premier)**. Dans ce sens, le droit communautaire constitue une nouvelle catégorie juridique qui repose sur des éléments de droit international public et des éléments de droit national, ce qui lui confère une place particulière entre les deux ordres juridiques. Ainsi, bien qu'hétérogène dans sa structure, il constitue, par sa création et son existence réelle, un ordre juridique autonome. Le droit communautaire se distingue donc dans ses sources, dans son origine et également par son domaine d'application **(Paragraphe premier)**.

Cette hétérogénéité du droit communautaire explique pourquoi existent des normes et des dispositions aussi variées, qui se distinguent en raison de leurs destinataires mais également en raison de leur substance et de leur portée juridique. Dans ce sens, certaines normes s'appliquent directement, telles que les directives par exemple, d'autres au contraire, font l'objet d'une matérialisation nationale pour être efficace ensuite. La jurisprudence de la Cour de Justice a précisé la vocation du droit communautaire dans son arrêt *Costa/ENEL* (affaire 6/64, Costa/ENEL du 17 juillet 1964, Recueil 1964, p. 1251), en ce qu'il s'applique directement en droit interne et permet ainsi de garantir une protection accrue des droits des administrés **(Paragraphe deuxième)**. De par sa nature, le droit communautaire s'imbrique avec le droit national pour initier une réciprocité entre les deux ordres juridiques. De cette interaction entre ces deux formes de droit, il résulte une nécessité d'adaptation des structures nationales qui touchent l'Autriche et la France, dans des formes différentes mais de manière complémentaire. Le droit communautaire détermine ainsi l'avenir des droits et des obligations sur le plan national, car il s'applique de façon directe et primaire **(Paragraphe troisième)**.

Par son unité et son autonomie, le droit communautaire présente la protection efficace des administrés comme une *causa prima* **(Chapitre deuxième)**. En se basant sur cette problématique, la thèse essaie de déterminer le lien scientifique entre le droit communautaire et les droits fondamentaux énoncés par la CEDH, dès lors que la protection du citoyen est désormais devenue cette *causa prima* d'une Union européenne démocratique d'Etats de droit.

Dans ce sens, les juridictions communautaires et nationales ont une fonction complémentaire pour préserver cette effectivité **(Paragraphe premier)**. Dans la mesure où la Communauté Européenne n'a pas défini un catalogue de droits fondamentaux dans ses Traités constitutifs, la vocation des juridictions communautaires est de consacrer cette protection juridictionnelle des administrés comme expression première de l'Etat de droit. La thèse présente ici une analyse systématique de la jurisprudence *Stauder/Stadt Ulm* (affaire 29/69, Recueil 1969, p. 419), *Nold* (affaire 4/73, Recueil 1974, p. 491), *Johnson* (affaire 222/84, Recueil 1986, p. 1651), *Bosman* (affaire C-415/93, recueil 1995, I-4921) et également *X/Commission* (T-13/90, Recueil 1992, I-II-2195) afin de cerner plus précisément la notion de droits fondamentaux en évolution. Sur le plan national, l'étude évoque le débat lancé depuis la décision de la Cour constitutionnelle fédérale allemande / *Bundesverfassungsgericht*, Solange I du 29 mai 1974, relatif à la protection insuffisante des droits fondamentaux en droit communautaire, et également du revirement de cette jurisprudence par la décision Solange II du 22 octobre 1986. Cette évolution jurisprudentielle est d'autant plus évocatrice qu'elle permet de comprendre l'influence d'une telle réflexion autour de la protection juridictionnelle dans les ordres juridiques nationaux et communautaire, et également, des incidences entre ces deux ordres juridiques qui s'affrontent.

La protection des citoyens communautaires s'est, en ce sens, concrétisée depuis le Traité de Maastricht (du 7 février 1992), puis le Traité d'Amsterdam (du 2 octobre 1997) lequel a intégré désormais dans son article 6 les fondements juridiques de la CEDH, comme référence pour le droit communautaire **(Paragraphe deuxième)**. Indépendamment de la nature distincte des deux ordres juridiques – le droit de la CEDH reposant sur des principes de droit international public, la signature de la CEDH et la ratification de celle-ci en droit interne – ces références juridiques valent désormais principalement en droit interne. Ainsi elles constituent des garanties constitutionnelles, administratives et procédurales pour les citoyens européens, ce qui renforce le standard démocratique des Etats.

Le droit communautaire et le droit national impliquent des adaptations structurelles nécessaires, dans la mesure où les Etats membres sont liés par l'exécution des normes communautaires. Dans ce sens, le **Chapitre troisième** pose la problématique principale énoncée par la thèse, en ce que cette application du droit communautaire est obligatoire, malgré les différenciations des concepts étatiques. L'analyse comparée évoque la nécessité d'appliquer le droit communautaire par les structures constitutionnelles, législatives et juridictionnelles nationales **(Paragraphe premier)**. L'exécution du droit communautaire est évidente pour une directive, au sens de l'article 249, alinéa 3, TUE, dans la mesure où chaque Etat membre destinataire est lié par le résultat à atteindre, résultat qui est préalablement défini, tout en bénéficiant d'une liberté réelle de moyens. Toutefois, l'implication du pouvoir législatif dans l'application du droit communautaire a des conséquences eu égard au comportement des administrations nationales. Les domaines d'application directe des normes communautaires (notamment en droit de la concurrence ou en ce qui concerne les aides étatiques) sont l'expression du rôle primordial de la Commission qui initie les administrations nationales dans une procédure d'exécution des dispositions. Cette administration des tâches communautaires proche des citoyens est l'expression la plus concrète des effets du principe de subsidiarité évoqué ci-dessous, notamment dans son contexte constitutionnel et administratif. Ces dispositions d'exécution communautaire relèvent des autorités nationales elles-mêmes et non des autorités communautaires. Dans ce sens, les juridictions nationales autrichiennes et françaises sont impliquées au plus haut point, en ce qu'elles ont pour mission de veiller à l'application adéquate du droit communautaire et par conséquent de son usage uniforme. Ainsi, la saisine de la juridiction communautaire par le biais de la procédure de la question préjudicielle (article 234 TUE) devient un mécanisme nécessaire et particulièrement recommandé pour l'application et l'exécution du droit communautaire.

Des adaptations structurelles sont nécessaires comme conséquence de l'exécution nationale du droit communautaire **(Paragraphe deuxième)**. Indépendamment de la distinction entre le système fédéral et centraliste, l'exécution du droit communautaire se heurte à des obstacles administratifs qui demeurent à surmonter. Dans ce sens, l'article 5 TUE rappelle l'obligation d'exécution des dispositions du droit communautaire. Elle se réalise par le jeu du droit communautaire dérivé, dans le souci de procéder à une application harmonisée des normes. Ce processus d'application met également en lumière les distinctions entre les systèmes juridiques autrichien et français d'interprétation de la subsidiarité et, par conséquent, le rôle des administrations régionales respectives (*die Länder* ou les Régions). Ainsi, le processus d'intégration européenne a des conséquences directes sur la structure constitutionnelle de l'Autriche et de la France. Dans un sens inverse et complémentaire, les administrations locales désirent une participation croissante au processus décisionnel communautaire et ce, pour que le citoyen se rapproche des centres décisionnels dans la Communauté. De surcroît, l'obligation d'exécution du droit communautaire implique une organisation des administrations en concordance avec le respect des libertés fondamentales. Aussi, elles doivent témoigner de leur capacité d'appliquer le droit communautaire dans une forme unique et effective. Dans ce sens, l'étude rappelle que la Commission ne dispose d'aucun pouvoir d'injonction à l'égard des autorités nationales. Il ne faut toutefois pas négliger la pluralité des mesures d'influence concrètes possibles, notamment en ce qui concerne la préparation des décisions à caractère financier. A la lumière du principe de non-discrimination, l'étude présente à cet effet les lacunes existantes dans les ordres juridiques autrichien et français. La protection équitable des citoyens constitue le fondement de ce principe. La thèse met en lumière les situations nationales autrichienne et française qui confirment l'existence de différences entre les deux Etats. Dans ce sens, l'accent est mis sur l'effectivité des comportements nationaux soucieux d'appliquer le droit communautaire. Une attention particulière est portée sur la volonté de réduire des divergences dans l'application du droit communautaire. Ainsi, le respect des conditions d'application du droit, voué à préserver l'équilibre d'exécution des normes communautaires, est d'importance. Une infraction à ces règles de comportement implique l'obligation de revenir à une situation légale, ce qui nécessite parfois des réformes administratives en droit national. Un exemple concret est apporté par la réforme des sénats administratifs autrichiens / *die Unabhängigen Verwaltungssenate* (UVS) et par l'évocation des critiques relatives aux règles processuelles en droit administratif français. Ainsi, la place du Commissaire du gouvernement, qui prend également ses fonctions dans une formation de jugement, alors qu'il a préalablement procédé au conseil des magistrats dans le cadre du litige traité en juridiction, est analysée à la lumière du droit européen et également du droit communautaire.

Bien au delà encore, cette analyse se veut comparatiste dans la mesure où les deux Etats connaissent des difficultés de nature juridique variées dans l'application du droit communautaire, d'une part, et des droits fondamentaux de la CEDH, d'autre part.

Titre deuxième : Différences structurelles et constitutionnelles dans l'application du droit communautaire

La mise en œuvre du droit communautaire est une question capitale en vue d'assurer une efficacité uniforme de l'ordre juridique communautaire dans tous les Etats membres. La pratique juridique montre que l'application de normes supra-nationales emprunte des chemins variés selon la structure constitutionnelle et administrative des Etats membres de l'Union. Notons que ce point soulève des questions de nature constitutionnelle et administrative. Dans ce sens et sous l'angle du droit constitutionnel, la thèse montre combien l'Etat fédéral se différencie de l'Etat central dans sa structure organique.

Les principales différences d'organisation de l'Etat entre l'Autriche et la France reposent sur des structures administratives nationales distinctes. A la lumière du *tertium comparationis*, le fédéralisme semble intégrer le droit communautaire de manière simplifiée. Le pluralisme qui caractérise l'ordre juridique autrichien facilite l'exécution du droit communautaire et a permis aux Etats fédérés de renforcer leur rôle au sein de l'Union européenne. Le centralisme français intègre le droit communautaire de façon différenciée, dans la mesure où la séparation des pouvoirs joue en faveur d'un exécutif plus fort au sein de la Vème République. Enfin, l'administration et les juridictions nationales adoptent le droit communautaire désormais dans un contexte apaisé.

Depuis 1995, l'application du droit communautaire semble faire preuve d'une intégration facilitée en République fédérale d'Autriche **(Chapitre premier)**. Le fédéralisme se révèle être un facteur structurel favorable à l'intégration du droit communautaire, notamment parce que les *Länder* / Régions autrichiennes participent activement à l'application des normes supra-nationales, tant au niveau de la création d'un cadre approprié d'application, qu'au niveau de l'application purement administrative, indépendamment du risque encouru par la divergence d'interprétation possible du droit communautaire par les *Länder*. La complexité politique et juridique du système fédéral constitue un modèle de coopération politique interdépendante. Dans ce sens, il est à relever que les *Länder* peuvent s'immiscer dans de nombreuses missions étatiques, dans le souci de faciliter la résolution des tâches fédérales. Ainsi, la répartition des compétences et la position du fédéralisme autrichien demeurent au devant du processus d'intégration communautaire de l'Union européenne. Cette organisation étatique se rapproche du citoyen et lui permet ainsi de faire valoir plus aisément ses droits directs. Alors même que le fédéralisme autrichien demeure inchangé depuis l'adhésion de la République fédérale aux Communautés Européennes, il exprime ainsi l'équilibre juridique recherché entre les intérêts régionaux et communautaires.

Cette partie de l'analyse rappelle les fondements constitutionnels de l'Autriche, en mettant l'accent sur les principes organisationnels de l'Etat **(Paragraphe premier)** tels que le fédéralisme, d'une part, et le pluralisme juridique, d'autre part, hérité des traditions juridiques de la monarchie danubienne. Ce dernier caractérise à la fois l'identité passée et contemporaine de l'Autriche, ce qui prédispose ce pays au processus d'intégration communautaire. Ce maintien du pluralisme autrichien à travers les évolutions constitutionnelles du pays est l'essence même de la continuité de l'Etat autrichien sous des formes d'organisation étatiques variées. D'un point de vue strictement juridique, ce pluralisme trouve son fondement dans le fédéralisme qui constitue une forme particulière d'intégration des souverainetés fédérées. Il est, également, l'expression du principe de subsidiarité selon lequel les responsabilités doivent être prises au niveau le plus proche des citoyens.

L'analyse montre également dans quelle mesure le fédéralisme constitue en quelque sorte un moteur pour la consécration du principe de subsidiarité et, par conséquent, de l'intégration communautaire **(Paragraphe deuxième)**. Dans ce sens, l'attitude constructive de l'Etat fédéral vis-à-vis du principe de subsidiarité place les *Länder* au cœur du processus d'intégration vers l'extérieur, devant la juridiction communautaire, et également vers l'intérieur, au regard de la répartition des compétences entre Etat fédéral et Etat fédéré. Dans ce sens, la subsidiarité interprétée sous cette forme, garantit une protection juridique des autorités locales vis-à-vis des influences fédérales, dans des domaines aussi variés que précis (économie locale, transports, agriculture, environnement et politique régionale). Inversement, la subsidiarité implique également que ces mêmes autorités adoptent des mesures d'application des tâches supra-nationales. Il semble particulièrement intéressant de comprendre l'application du principe de subsidiarité comme norme juridique et ligne directrice politique. Cette analyse peut également servir d'éclaircissement dans la réflexion autour des adaptations constitutionnelles et administratives nécessaires pour la recherche d'une protection accrue des administrés. Dans ce sens, l'épanouissement du principe de subsidiarité est garanti par la Cour de Justice des Communautés Européennes. La juridiction indépendante est la représentante de la justice communautaire et la protectrice de ce principe. Ainsi, les infractions contre le principe de subsidiarité peuvent faire l'objet d'un recours juridictionnel au sens de l'article 230 TUE. Une attention particulière est attribuée à l'étude régionale de l'application du droit communautaire en droit interne, dans la mesure où la position constitutionnelle des *Länder* et des communes a été redéfinie depuis l'adhésion du pays à l'Union européenne. La thèse procède, ici, à une analyse systématique de l'évolution de la législation autrichienne en 1994 qui concerne l'élargissement des droits des administrations locales (cf. article 23d de la Constitution fédérale autrichienne). Originairement sujets du droit communautaire, elles en deviennent désormais destinataires, dans le respect d'une interprétation et d'une application uniforme des dispositions. Au titre des exemples concrets étudiés, il est fait référence à la problématique soulevée par la répartition des compétences entre l'Etat fédéral et les Etats fédérés, à la lumière de l'application litigieuse de la directive 89/552 Télévision sans frontières du 3 octobre 1989 n° 89/552 (JOCE n° C 340 du 18 décembre 1995). Cette étude s'attache également à la décision de la Cour constitutionnelle fédérale allemande / *Bundesverfassungsgericht* du 22 mars 1995, et ses incidences en Autriche. Cet exemple évoque la volonté des Etats fédérés (dans le cas d'espèce, la Bavière) de participer activement à la politique communautaire des médias et de l'information. Cette participation s'effectue dans le respect de la répartition des compétences entre les Etats et la Communauté européenne qui, de surcroît, devient ainsi l'organe de coordination entre les *Länder*. Toutefois, cet exemple montre combien les *Länder* essayèrent de faire respecter leurs compétences culturelles, en refusant de transposer la directive mentionnée. Sous l'angle contentieux, la thèse analyse aussi la place particulière des *Länder* devant la Cour de Justice des Communautés Européennes, alors même que ceux-ci se plaignent d'une atténuation de leur pouvoir législatif et de leurs compétences administratives. Le droit d'ester en justice, qui a aussi été reconnu aux autorités régionales est le point de départ d'une analyse qui met en relief les intérêts communautaires et nationaux divergents traités devant la Cour. Un rappel des fonctions des principaux recours (recours en carence, en annulation par exemple) étoffe cette problématique à la lumière des questions constitutionnelles posées.

Ce Chapitre s'achève sur une analyse des conséquences juridiques d'une approche aussi complexe que constructive de l'application du droit communautaire en Autriche, dont l'application des normes n'est pas contestée **(Paragraphe troisième)**. Dans la mesure où le droit communautaire relève également du droit économique, comme tel, il découvre en Autriche un terrain d'application familier, en raison de l'antériorité de l'expérience autrichienne de gestion des activités économiques et commerciales issues du *Zollverein*.

Le **Chapitre deuxième** traite de la nature juridique constitutionnelle de la France, dans son positionnement par rapport au droit communautaire à appliquer. Cette nature juridique de l'Etat français se comprend à la lumière de la Constitution de la Vème République du 4 octobre 1958. Ainsi, la thèse étudie de manière systématique et comparative les principes organisationnels de la République **(Paragraphe premier)**. Le centralisme est l'expression de la réalité socio-politique française qui s'est développée avec le concept de l'Etat nation. L'étude fait ici référence à l'évolution historique et constitutionnelle de cette forme d'administration de l'Etat, dont la continuité se caractérise par une adaptation aux impératifs de décentralisation initiée par l'ordre juridique communautaire. Dans ce sens, il est fait référence à la distinction entre pouvoir hiérarchique et contrôle de tutelle dans la comparaison entre la décentralisation en France, Etat central, et la déconcentration en Autriche, Etat fédéral. Enfin, il est mis l'accent sur les objectifs recherchés par le processus de décentralisation en France qui départage les intérêts prioritaires des représentants de l'administration gouvernementale, et ceux des élus du peuple.

Cette introduction au système juridique français permet d'analyser dans quelle mesure le droit communautaire s'est diffusé et s'applique en France **(Paragraphe second)**. Une attention particulière est portée préalablement sur l'appréciation en France du principe de subsidiarité en soulevant également les divergences d'interprétations avec l'évolution en Autriche. Un accent est mis sur la spécificité des prérogatives de puissance publique en France, dans l'application du droit.

La thèse traite également, dans une perspective comparatiste, de la séparation des pouvoirs en France. Pour étayer cette approche, le travail se réfère principalement aux différences constitutionnelles des deux Etats. Elle montre ainsi, la primauté de l'exécutif sur le pouvoir législatif dans l'application du droit communautaire, alors que la spécificité de l'action administrative en Autriche se fonde sur le principe de légalité/*Legalitätsprinzip*, au sens de l'article 18, paragraphe 1 et 2 de la Constitution fédérale. Dans ce sens, chaque acte ou chaque décision administrative dispose d'une base légale, en étant entériné par le Parlement/*Nationalrat*. Aussi, l'analyse porte également sur la structure organique du pouvoir exécutif en France, lequel joue un rôle spécifique dans l'application du droit communautaire en droit administratif interne. L'étude traite ainsi, de la coordination spécifique entre des administrations de l'Elysée, de Matignon et du Quai d'Orsay (Ministère des Affaires européennes), en matière de conseil, de réception et d'application des normes communautaires. Cette coopération au sein des différents services centraux permet, d'une part, d'être informé de manière précise de la législation communautaire, d'apporter une réaction rapide et adéquate aux orientations qui peuvent être prises et, d'autre part, d'en tenir compte de manière prospective tant dans le cadre des fonctions consultatives que contentieuses devant le Conseil d'Etat. De surcroît, le travail mesure le rôle des administrations locales dans leurs relations avec leurs partenaires communautaires. La France est une République indivisible, ce qui implique que les expressions régionales se fondent dans une approche globale, nationale des questions. L'absence de pouvoirs normatifs des régions exclut leur intervention dans l'application normative du droit communautaire. Le respect du droit communautaire s'impose à elles dans l'exercice de leurs diverses compétences, comme il s'impose aux autres collectivités locales et à l'ensemble des pouvoirs publics, en vertu même de la jurisprudence du Conseil constitutionnel (décision du Conseil Constitutionnel n° 82-137 du 25 février 1982, Lois de décentralisation, RJC I-117) relative à l'article 55 de la Constitution, sous le contrôle du juge administratif. Ainsi, la position de l'Etat français est claire en ce qui concerne l'application uniforme du droit communautaire sur l'ensemble du territoire national. A la lumière de l'exemple pris en ce qui concerne la directive Télévision sans frontières (précitée), l'étude montre les différences d'appréciation en France et apporte ainsi un complément aux interprétations faites dans l'Etat fédéral en ce qui concerne la transposition de ses dispositions. Dans ce sens, il a été opportun de situer la nature et le rôle des autorités administratives indépendantes, comme le Conseil supérieur de l'audiovisuel, dans sa mission de veille et de vigie permanente dans l'application des dispositions européennes du droit de l'audiovisuel et des médias. Dans ce sens, l'accent est mis sur l'analyse comparée de l'application de la directive Télévision sans frontières 89/552 en Autriche et en France. Ainsi, l'Etat fédéral semble avoir une attitude différente quant au respect de la politique culturelle européenne.

Au demeurant, l'évolution de ces dernières années, le développement de la Communauté européenne avec l'Acte unique, le Traité de Maastricht et le Traité d'Amsterdam ainsi que les nouveaux arrêts de la Cour de justice des Communautés Européennes ont contribué à recentrer l'examen relatif à la mise en œuvre du droit communautaire en droit interne. La thèse s'intéresse ainsi aux changements d'organisation et de concepts induits par le droit communautaire. Les incidences de la construction européenne ont leurs effets sur les grands chapitres du droit administratif français et autrichien. Ainsi, le droit communautaire s'insère dans l'ordre juridique national, et sa mise en œuvre par le juge se fait désormais dans un contexte apaisé **(Paragraphe troisième)**. Les techniques juridiques par lesquelles le droit communautaire s'applique dans l'ordre juridique national français n'ont pas changé, mais l'usage qui en a été fait a évolué. Le juge administratif français met « la technique au service des Traités » selon l'expression du Président Odent. Dans ce sens, l'analyse montre, dans une perspective comparée, l'empreinte du droit communautaire dans la censure d'actes pris en méconnaissance des normes européennes. L'étude montre également les ressemblances existantes entre l'Autriche et la France, dans l'application du droit communautaire. Ainsi, le droit communautaire contribue fortement à changer la position institutionnelle du juge national, dans la mesure où la Cour de Justice a joué un rôle central dans le développement du droit communautaire et qu'elle a fait des juges nationaux des acteurs essentiels de ce développement. La thèse montre que ce système structuré par le juge communautaire repose entièrement sur le principe de coopération juridictionnelle. Ainsi, la thèse aborde dans un dernier titre les questions concernant l'organisation juridictionnelle nationale et le fonctionnement des juridictions qui sont soumises, de plus en plus fréquemment, à la Cour de Justice, dans le souci de sauvegarder les droits des particuliers au sens de la *causa prima* (dans le sens de l'arrêt 26/62 *Van Gend en Loos*, Recueil 1963, p.1). Le climat que crée le droit communautaire conduit le juge national à se rapprocher de la norme juridique, dans le sens de la primauté du droit, avant même d'être les juges d'un litige. L'étude se concentre sur l'adaptation, voire l'influence du droit communautaire sur le droit administratif. Elle analyse notamment la notion de Service public propre au système juridique français, que le droit communautaire, comme d'ailleurs le droit autrichien, ne connaissent pas. Ils l'évoquent seulement sous l'angle du droit de la concurrence communautaire. Malgré les difficultés rencontrées, la thèse montre combien le droit communautaire crée un contexte favorable à l'évolution du droit administratif en Autriche et en France.

La jurisprudence de la Cour de Luxembourg, et également de la Cour de Strasbourg, oblige le juge administratif autrichien ainsi que le juge administratif français à utiliser vis-à-vis de l'administration des pouvoirs plus larges, telles que les mesures d'injonctions par exemple. Cette hypothèse est confirmée, en aval, par la pratique des juridictions nationales qui semblent d'ailleurs se tourner de plus en plus fréquemment vers la juridiction communautaire en amont (par le biais de la procédure des questions préjudicielles) pour résoudre le contentieux. Dans ce sens, l'étude fait remarquer que la République fédérale d'Autriche a introduit près de 130 questions préjudicielles près la Cour de Justice des Communautés Européennes depuis son adhésion aux Communautés européennes, alors que la France ne saisit que timidement la juridiction communautaire avec 75 questions posées entre 1996 et juin 2000. Les juridictions françaises semblent, de leur côté, vouloir interpréter elles-mêmes les textes juridiques communautaires.

Dans son ensemble, la jurisprudence en Autriche comme en France conduit à reconsidérer le type de contrôle exercé sur les actes administratifs quand ils sont dans le champ du droit communautaire. Cela modifie les conditions d'accès aux juges et les conditions même du débat juridictionnel **(Titre troisième)**. Pour conclure, l'analyse montre que les juridictions nationales traiteront à l'avenir de façon plus systématique les questions relatives à l'application du droit communautaire et des droits fondamentaux de la Convention européenne des Droits de l'Homme, dans un souci de répondre aux exigences d'une protection concrète et efficiente des citoyens communautaires.

Excursus

Afin de confronter la problématique structurelle franco-autrichienne aux réalités communautaires, il a semblé opportun d'élargir le point de vue de l'analyse aux situations en évolution, telles que celles dans des secteurs transfrontaliers similaires où coopèrent Etat central et Etat fédéral. Dans ce sens, la distance géographique qui touche les Régions européennes n'entrave en rien les ressemblances politiques, juridiques et administratives existantes avec l'Autriche ou la France. Aussi, la présentation de l'Eurorégion Pro Europa Viadrina permet de saisir l'approche complexe d'une administration unique, voire commune, d'une région caractérisée par son particularisme culturel et administratif. Cet exemple a pour objectif d'expliciter la gestion d'une nouvelle forme de la coopération juridique en Europe. Ainsi, l'Eurorégion Pro Europa Viadrina constitue un exemple à sa manière dans l'application du droit communautaire et des droits fondamentaux, à la lumière de la coopération germano-polonaise, qui constitue, depuis la réunification allemande, une nouvelle forme d'administration légitime (**Paragraphes premier et deuxième**).

Avec la présentation de la vocation de l'Université européenne de la Viadrina de Francfort sur l'Oder et du Collegium Polonicum du Slubice, cette digression montre combien la science transfrontalière bénéficie d'une fonction d'implantation et de diffusion du droit communautaire vers l'Est en préparant ainsi la Pologne au processus d'élargissement de l'Union européenne. Malgré sa situation périphérique, la Région Viadrina dispose d'une « fonction tremplin » depuis la République fédérale d'Allemagne, un Etat fédéral, et la Pologne, un Etat central, entre l'Union européenne à l'Ouest et les nouvelles démocraties parlementaires à l'Est qui intègreront prochainement l'Union européenne (**Paragraphe troisième**). Ainsi, l'espace eurorégional sera déterminé sur le plan européen par un objectif communautaire supérieur d'intégration interétatique. La science, et également l'administration, sous leurs aspects transfrontaliers, constituent un point d'ancrage du processus démocratique qui s'est établi en Pologne depuis la réunification allemande, notamment par l'affirmation des principes d'Etat de droit.

L'application du droit et des politiques communautaires a tout particulièrement été efficace dans le domaine des projets de coopération transfrontalière **(Paragraphe quatrième)**. L'affirmation de la CEDH initie des impulsions et des débats en faveur de l'application de l'Etat de droit en Europe. Ainsi, il en résulte un processus global d'harmonisation de la protection juridique et juridictionnelle sur le continent européen, défini et initié par la CEDH, et modéré ensuite dans son application complémentaire du droit communautaire en droit administratif interne.

Titre troisième : L'intégration processuelle du droit communautaire devant les juridictions nationales et leurs difficultés procédurales

La recherche prioritaire de l'effectivité et de la protection juridictionnelle conduit à une mutation profonde des conditions d'exercice de la fonction juridictionnelle, en particulier, en ce qui concerne le juge administratif autrichien et français.

La thèse montre également comment le contexte communautaire fait appel, de façon plus fréquente, à la CEDH, notamment sous ses aspects procéduraux. En effet, les droits fondamentaux font partie intégrante des principes généraux du droit dont la Cour de Justice assure le respect. A cet effet, la Cour s'inspire des traditions constitutionnelles communes aux Etats membres ainsi que des indications fournies par les instruments internationaux concernant la protection des droits de l'Homme auxquels les Etats membres de l'Union ont coopéré ou adhéré. La CEDH, à laquelle se réfère, au demeurant, l'article 6, paragraphe 2, du TUE, revêt, à cet égard, une signification particulière. Dans ce contexte, le **Chapitre premier** de l'étude s'attache ici aux aspects procéduraux relatifs à l'application du droit européen, entendu *largo sensu*, devant les juridictions nationales et évoque les problèmes contentieux posés, dans la mesure où l'accès à la justice constitue une condition d'intégration européenne primaire.

En allant au delà, la thèse montre combien cet accès à la justice constitue un exemple même de constitutionnalité des systèmes juridictionnels **(Paragraphe premier)**. Dans cette partie, le point de départ sont les conditions universelles lancées par l'article 6 CEDH relatives au droit garanti à toute personne que sa cause soit, dans une procédure contradictoire, entendue équitablement. Il présente, de surcroît, la condition de "Tribunal", en mettant également l'accent sur son indépendance et son impartialité **(Paragraphe deuxième)**. Ces conditions ne sont pas uniquement à considérer comme normes de références de comportement dans le traitement de situations juridiques par les juridictions mais également comme garantes de la protection juridictionnelle des administrés.

Le cœur de la thèse traite de la comparaison entre l'Autriche et la France, deux Etats qui ne se distinguent pas uniquement dans leur organisation mais également dans leurs traditions juridiques respectives. Le droit national de la procédure est l'expression de la constitutionnalité des Etats. Cette dernière étape complète et achève cette analyse juridique, en ce qu'elle présente des situations concrètes relevant du droit procédural et également du droit processuel. Dans ce sens, l'analyse de droit comparé montre les différentes réformes engagées en Autriche et en France. Elle permet d'enrichir la réflexion autour de l'application du droit européen en matière procédurale, dans le souci de protéger les citoyens devant les juridictions.

De son côté, l'Autriche a rapidement réformé son régime juridictionnel dans un souci de protection des garanties juridictionnelles des administrés. Le **Chapitre deuxième** présente, en ce sens, les sénats administratifs autrichiens UVS qui ont adapté leur statut à la lumière des impératifs européens de bonne administration de la justice. Dans cette perspective, la problématique relative aux réformes et aux adaptations nécessaires des juridictions administratives autrichiennes est présentée dans un premier temps **(Paragraphe premier)**. Il est mis l'accent sur la nécessité de modifier le statut des UVS, demeurées jusqu'alors de simples autorités administratives régionales et non des juridictions au sens des exigences de la CEDH en matière pénale, telles que les articles 5 et 6 le définissent.

Ainsi, la notion extensive de droits civils, au sens de la juridiction strasbourgeoise, a rendu nécessaire d'adapter la protection juridictionnelle des administrés, en droit administratif autrichien **(Paragraphe deuxième)** La thèse présente ici les interprétations des notions de « civil rights » et également de « criminal charge », en Autriche, à l'origine du débat sur la reforme des « juridictions » nationales. Une analyse systématique de la législation autrichienne relate les différentes étapes des reformes structurelles. Le travail se penche sur la qualification juridique des UVS **(Paragraphe troisième)**. Leur nature indépendante et impartiale se heurte à une interprétation litigieuse de leur qualification purement administrative. Dans une étape suivante, le travail rappelle les différentes compétences des UVS dans leurs fonctions administratives ainsi que leurs pouvoirs juridictionnels **(Paragraphe quatrième)**.

Pour répondre à la problématique soulevée par le statut des UVS au regard des impératifs imposés par la CEDH, qui figurent désormais dans le patrimoine communautaire, la thèse analyse, dans une dernière étape, les perspectives apportées par la décision de la Cour constitutionnelle autrichienne du 10 octobre 1997, relativement à la répartition des compétences de l'UVS viennois et de sa composition comme juridiction. Cette jurisprudence s'inscrit dans le souci de préserver la nature juridictionnelle des UVS, à travers, notamment, l'indépendance et l'impartialité de leurs membres, garantie par les dispositions de l'article 129b, alinéa 4, de la Constitution fédérale. A l'appui d'exemples variés dans ce domaine, le travail illustre une jurisprudence bien établie sur l'ensemble du territoire fédéral. Enfin, en invoquant les dispositions de l'article 87, alinéa 3, de la Constitution fédérale, il est fait référence aux garanties qui touchent la répartition des tâches sous la tutelle des magistrats **(Paragraphe cinquième)**. Dans son ensemble, ce chapitre s'inscrit dans la perspective d'une étude des réformes des systèmes juridictionnels en Autriche comme en France, pour se conformer aux exigences contentieuses européennes et communautaires.

En allant au delà, le **Chapitre troisième** évoque un risque de fragilisation de la confiance légitime vis-à-vis du système juridictionnel administratif français dont les règles de procédures demeurent affectées par les impératifs européens cités. A la lumière d'une analyse comparatiste, il présente le système juridictionnel français **(Paragraphe premier)**, distinct du système établi en Autriche qui méconnaît l'existence de trois degrés de juridiction. En effet, les litiges administratifs autrichiens sont donc traités au niveau des UVS dans leur phase initiale, et font l'objet d'un recours devant la Cour administrative fédérale / *Verwaltungsgericht*. Ainsi, l'accent est mis sur une approche systématique du contentieux administratif français. Après avoir présenté le contexte d'analyse, la thèse met en lumière l'équivoque autour du Conseil d'Etat. Dans ce sens, l'analyse présente le débat autour des fonctions juridictionnelles et étatiques (comme conseil du gouvernement) qui se confondent au sein d'une même structure organique. Après avoir présenté l'institution elle-même, dans sa nature et sa composition, l'analyse met en avant la problématique relative à l'impartialité des membres de la juridiction administrative **(Paragraphe deuxième)**. Cette question fut également abordée devant les instances de Strasbourg au travers de l'exemple luxembourgeois (cf. affaire *Procola* du 28 septembre 1995, Serie A n° 326), notamment en ce qui concerne le comité du contentieux. En effet, il a été critiqué que les membres de cette formation contentieuse exerçaient également des fonctions de conseil, ce qui rendait difficile la distinction entre les deux tâches. Dans ce sens, cette pratique porterait atteinte aux exigences de « Tribunal » énoncées par l'article 6 de ladite Convention, dont la seule apparence faisait, dans le cas d'espèce, défaut. Cet exemple jurisprudentiel qui a initié le débat, demeure actuel, autour du respect des traditions juridiques françaises, au sein de la plus haute juridiction administrative. Ainsi, la place du Commissaire du gouvernement a souvent fait l'objet de critiques, notamment au regard du respect du contradictoire et, plus spécifiquement, des droits de la défense. Il est d'un intérêt croissant de constater que la question relative aux conclusions de cette autorité est aujourd'hui débattue, dans un sens similaire, en ce qui concerne l'Avocat général devant la juridiction communautaire. Cet exemple se comprend comme faisant appel à l'application du droit européen de la CEDH, dans le système communautaire. Inutile de souligner que les principes fondamentaux, qui commandent le procès équitable, répondent aux exigences de protection optimale des justiciables, au sens de la *causa prima* évoquée. Dès lors, ces fondements sont abordés selon des traditions juridiques distinctes depuis Strasbourg, vers Luxembourg. A l'appui d'une étude exhaustive de la jurisprudence et également de la doctrine française relative à cette question, la thèse met en relief les arguments qui remettent en question le rôle du ministère public, de la sphère nationale, vers la sphère communautaire. Dans ce sens, l'ordonnance de procédure rendue par la Cour de Justice des Communautés européennes, le 4 février 2000 (précitée) devait avoir une portée dépassant le cas de l'Avocat général devant cette Cour. Par conséquent, elle s'insère dans le débat de la Cour européenne des droits de l'Homme, au delà des condamnations qu'elle a prononcées à ce sujet contre plusieurs Etats. On notera en ce sens, les arrêts *Vermeulen c/ Belgique*, du 20 février 1996 (Recueil des arrêts et décisions 1996-I, p. 224) ; *Lobo Machado c/ Portugal*, du 20 février 1996 (Recueil des arrêts et décisions 1996-I, p. 195, paragraphe 28 a 31) ; *K.D.B. c/ Pays-Bas*, du 27 mars 1998 (Recueil des arrêts et décisions 1998-II, p. 621, paragraphe 43 s.) et également l'arrêt *Slimane-Kaid* et *Reinhardt c/ France*, JCP, 1999.II.10079, qui condamne la France pour violation du droit au procès équitable. Cette condamnation résulterait notamment de l'impossibilité pour les parties de répondre aux conclusions du Commis-saire du gouvernement. Dans ce sens, le Conseil d'Etat n'avait pas atten-du pour faire part de sa réponse dans son arrêt *Esclatine* du 29 juillet 1998 (D.1999.85), en rappelant la primauté des traditions juridiques françaises sur une interprétation différente des fonctions exercées au sein d'une juridiction nationale. Ainsi, le travail fait état des conflits émanant des juridictions européennes et partant de la complexité de l'application des normes européennes en droit national.

L'approche comparatiste de l'application du droit communautaire en droit interne fait apparaître les différentes traditions juridiques nationales. En effet, il est à croire que le cloisonnement des ordres juridiques nationaux forme un obstacle à l'interprétation du droit communautaire dans sa spécificité. Dans ce sens, la circulation du droit communautaire, sous ses impératifs de primauté et d'application directe en droit interne, met également en relief les différents ordres juridictionnels des Etats membres. L'exemple d'une étude de droit comparé dans l'application du droit communautaire est l'expression de son caractère adapté et harmonisé au sein de l'Union européenne. Ainsi, la thèse conclut au caractère nécessairement circonstancié de la réception du droit communautaire dans l'ordre juridique autrichien ou français. Cela explique également en retour que le droit comparé, ici à l'exemple des ressemblances et des dissemblances entre l'Autriche et la France, alimente la réflexion en amont, à savoir, au niveau de la conception même du droit communautaire. La Cour de Luxembourg fait également de plus en plus référence au droit comparé pour la résolution des litiges qui lui sont soumis (voir par exemple l'article de Y. Galmot intitulé « Réflexions sur le recours au droit comparé par la Cour de justice des Communautés Européennes », RFDA, mars-avril 1990, p. 255). Ainsi, dans une approche dynamique et comparante, la thèse démontre que le droit communautaire repose en définitive, dans son processus de création même, sur les ordres juridiques nationaux, les deux niveaux étant entraînés dans un véritable processus d'interaction juridique. Ce travail permet, en somme, de prendre connaissance des situations voisines et également des comportements administratifs en Autriche et en France, pour mesurer les influences qu'ils exercent en retour sur la formation du droit communautaire. Dans son ensemble, la thèse a pour vocation de relancer l'intérêt porté à l'analyse croisée entre le droit communautaire et les droits nationaux, aussi différents et complémentaires soient-ils. Cette étude essaie enfin de mesurer l'évolution de chaque droit national, à la lumière des exigences de droit communautaire.

Bibliographie

Alter (Karen), The European Court and National Courts Doctrine and Jurisprudence: Legal Chance in the Social Context, EUI Working Paper RSC No. 95/27

Alter (Karen), The European Court's Political Power, in West European politics, Vol. 19, No.3, July 1996, S. 458

Amselek (Patrick), Le Service public et la Puissance publique, AJDA, 1968

Antoniolli (Walter)/Koja (Friedrich), Allgemeines Verwaltungsrecht, 3. Auflage, 1986

Arto (Andrew), Civil Society Against the State, Poland 1980-1981, Telos,1981

Avril (Pierre)/Gicquel (Jean), Droit constitutionnel, Lexique juridique, PUF, Paris, 1989

Banaszak (Bogulsaw), Das Rechtssystem Polens im Wandel; in: Recht in Ost und West. Jg. 39, Heft 6, 1995

Bardong (Otto), Die Einheitlich Europäische Akte und die Länder der Bundesrepublik Deutschland – ein föderalistisches Problem, in: Stefan Huber, Peter Pernthaler (Hrsg.), Föderalismus und Regionalismus in europäischer Perspektive, Schriftenreihe des Instituts für Föderalismusforschung Bd. 44, 1988

Bastid (Paul), Le référendum est une procédure non conforme à la Constitution. L'Aurore, 13.-14. Oktober 1962

Baumhof (Christoph), Die deutschen Bundesländer im Europäischen Einigungsprozeß – unter besonderer Berücksichtigung der Mitwirkung der Länder an EWG-Vorhaben, München, 1991

Berchtold (Klaus), Die Verhandlungen zum Förderungsprogramm der Bundesländer seit 1956, 1988

Berchtold (Klaus), Landesverwaltungsgerichte als Forderung der Zukunft, ZUV 1994/5

Berlia (Georges), Le problème de la constitutionnalité du référendum du 28 octobre 1962, RDP 1962

Bernard (Michel), Le renouveau de la fonction consultative du Conseil d'Etat sous la Vème République, in EDCE, 1994

Bernhardt (Rudolf), Probleme eines Beitritts der EG zur EMRK, in FS Everling, 1995

Bieber (Robert), Die Verwaltungsorganisation der Europäischen Gemeinschaften, in: Schweitzer Hg.), Europäisches Verwaltungsrecht, Wien 1991

Blumenwitz (Dieter), Lokale grenzüberschreitende Zusammenarbeit auf der Grundlage des deutsch-polnischen Vertragswerkes, Bonn, 1994

Bontempi (Rinaldo), L´adhésion de la Communauté européenne à la Convention européenne des droits de l'Homme, in Bieber et a., Au nom des peuples européens, Baden-Baden, Namos, 1996

Bonichot (Jean-Claude), La mise en oeuvre du droit communautaire dans le droit administratif français, Il foro administrativo, Anno LXXIII, Fasc. 5 – 1997

Bonichot (Jean-Claude), Quelle Europe pour les droits de l'Homme ?, Paul Tavernier Verlag, Bruylant, 1996

Bonichot (Jean-Claude), Le juge administratif français et la Convention Européenne des Droits de l'Homme par les juridictions nationales par l'intermédiaire de la Cour de Justice des Communautés Européennes, in R.U.D.H. vom 30. September 1991, III, Nr. 7 – 9

Bonichot (Jean-Claude)/ Abraham (Ronny), Le commissaire du gouvernement dans la juridiction administrative et la Convention européenne des droits de l'Homme, JCP 1998. I. 176

Boulouis (Jean), Droit institutionnel de l'Union Européenne, 1995

Boulouis (Jean), Une nouvelle conception institutionnelle d´administration territoriale, AJDA, 1982

Brenner (Michael), Der Gestaltungsauftrag der Verwaltung in der Europäischen Union, Tübingen, 1996

Brückner (Hans-Joachim), Der Europa Ploetz, Basiswissen über das Europa von heute, Freiburg, 1993

Budischowsky (Jens), Schadenersatz wegen Nichtumsetzung von Richtlinien der EG und Amtshaftung, ÖZW Heft 1, 1998

Burley (Anne-Marie)/Mattli (Walter), Europe Bevor the Court: A Political Theory of Legal Integration in International Organization 47, No. 1, S. 41-76

Butt (Philip), L´application des règlements CEE „Heures de conduite" et „Tachygraphe" in Siedentopf/Ziller, L'Europe des Administrations? La mise en oeuvre de la législation communautaire dans les Etats Membres, Volume 1, Synthèses comparatives, Brüssel, 1988

Cadiet (Loic), Les marchés publics devant le juge civil, RFDA 1993

Chaltiel (Florence), L'Union européenne doit-elle adhérer à la Convention européenne des droits de l'Homme, Revue du Marché Commun de l'U.E., Nr. 404, 1997

Chapus (René), Le Service public et la Puissance publique, RDP 1968

Chapus (René), Droit du contentieux administratif, Montchrestien, 6. Aufl. 1996, Nr. 834

Clerel de Tocqueville (Alexis), L'Ancien Régime et la Révolution, oeuvres complètes (t. 2), Gallimard Verlag (NRF), 1953, 1. Auflage

Cohen-Jonathan (Gerard), L'adhésion de la Communauté européenne à la Convention européenne des droits de l'Homme, JT Dr eur, Nr. 17, 1995

Conac (Gérard)/Luchaire (François) (Hrsg.), La Constitution française I, 1979

Constantinesco (Vlad), France: synthèse nationale, in: L'application du droit communautaire par les Etats membres, Maastricht, 1985

Constantinesco (Vlad) /Jacqué (Jean-Paul), L'application du droit international et communautaire au regard de la Constitution, in: Koerning u. Rufneuds (Verlag)

Couzinet (Jean-François), Les nouveaux pouvoirs du juge en matière de passation des marchés publics et des conventions de délégation de service public: derniers développements, Marchés publics, Nr. 269, 1993

Curand (Christophe), Etudes sur le Conseil d'Etat napoléonien V, 1949

Czaplinski (Wladyslaw), Die neuen polnisch-deutschen Verträge und der Wandel in der politischen Struktur Europas, in: Schade (Hrsg.): Die Mühlen der Ebene – Ein Jahr nach den Verträgen. 4. Deutsch-Polnisches Gespräch, Düsseldorf, 1993

Debbasch (Charles), Le juge administratif et l'injonction: La fin d'un tabou, La Semaine Juridique, JCP, Nr. 16

Debène (Marc)/Raymundie (Olivier), Sur le service universel, renouveau du service public ou nouvelle mystification ?, AJDA 1996

Demmke (Christoph), Europäische Umweltpolitik und nationale Verwaltungen: Rolle und Aufgaben nationaler Verwaltungen im Entscheidungsprozeß, Maastricht, 1998

Descheemaeker (Christian), Gestion des faits, JCP administratif, Nr. 156

Denoix de Saint Marc (Renaud), Bericht über die Leistungsverwaltung, La documentation française, coll. Les rapports officiels, 1996

Dossi (Harald), EG und Gesetzgebung aus der Sicht eines Beitrittswerbers. Das Beispiel Österreichs, in Schäffler, Europäische Integration und Gesetzgebung, 1992

Douin (Claude Sophie), Le fédéralisme autrichien, LGDJ, Paris, 1977

Drago (Roland), La réforme du Conseil d'Etat, AJDA 1963

Duguit (Léon), Traité de droit constitutionnel, 2. Band, 3. Auflage, 1928

Duguit (Léon) Les transformations du droit public, 1913

Dupuis (Georges), Guédon (Marie-José), Chrétien (Patrice), Droit administratif, Vlg. Armand Colin, 1998

Ehlers (Dirk), Die Abhängigkeit des Verwaltungsrechts vom Recht der Europäischen Gemeinschaft und vom Verfassungsrecht, in: Erichsen/Martens (Hg.), Allgemeines Verwaltungsrecht, 1992

Eissen (Marc-André), „Le droit à un tribunal" dans la jurisprudence de la Commission, FS Ganshof van der Meersch I, 1972

Elsner (Bernt), Österreichs zehnfache Säumnis bei der Umsetzung von EU-Vergaberecht, Die Presse vom 19. Oktober 1998

Erichsen (Hans-Uwe), Sekundäres Gemeinschaftsrecht und Grundrechte, Bundesverfassungsgericht und Gemeinschaftsgewalt, in: VerwArch 66, 1975

Ermacora (Felix), Zum Neutralitätsvorbehalt, FS Kirschläger, 1990

Ermacora (Felix), Der österreichische Föderalismus. Vom patrimonialen zum kooperativen Bundesstaat, 1976

Euroreport 4/1998, Hrsg. Euroregion Pro Europa Viadrina, Frankfurt (Oder), 1998

Everling (Ulrich), Europäisches Gemeinschaftsrecht und nationales Recht in der praktischen Rechtsanwendung, in: NJW 1967

Falkner (Gerda)/Müller (Wolfgang), Österreichische Politik im europäischen Mehrebenensystem in Falkner/Müller (Hrsg.), Österreich im europäischen Mehrebenensystem – Konsequenzen der EU-Mitgliedschaft für Politiknetzwerke und Entscheidungsprozesse, Wien 1998

Favret (Jean-Marc), Droit et pratique de l'Union Européenne, 1996

Fischer (Peter) /Köck (Heribert Franz), Allgemeines Völkerrecht, 4.Auflage, 1994

Fischer (Peter) /Köck (Heribert Franz), Europarecht, 1995

Flogatis (Spyridon), La notion de décentralisation en France, en Allemagne et en Italie, 1979

Fuhrmann-Mittlmeier (Doris), Die deutschen Länder im Prozeß der Europäischen Einigung, 1991

Fürst (Dietrich), Regionen in Europa – Herausforderung für die kommunale Zusammenarbeit, in: Beate Kohler- Koch (Hrsg.): Staat und Demokratie in Europa. Opladen, 1992

Gabolde (Christian), Le juge administratif va-t-il nous gouverner ?, Editions du Juris-Classeur, Droit administratif, November 1995

Gabolde (Christian), La seconde réforme du contentieux administratif, Dalloz, 1988

Gabolde (Christian), Le nouveau code des tribunaux administratifs et des cours administratives d'appel, Dalloz, 1990

Gamerith (Helmut), Das nationale Privatrecht in der Europäischen Union – Harmonisierung durch Schaffung von Gemeinschafts-privatrecht, ÖJZ 1997, S. 165

Gaudemet (Yves), Le juge administratif, futur administrateur ?, in Le juge administratif à l'aube du XXIe siècle, Presses universitaires de Grenoble, 1995

Galmot (Yves), Réflexions sur le recours au droit comparé par la Cour de Justice des Communautés Européennes, in RFDA, 1990

Gazier (Bernard)/Canac (Gérard), Bericht der Studienabteilung des *Conseil d'Etat*, Les Autorités administratives indépendantes, EDCE 1983-1984

Gentot (Michel), Les Autorités administratives indépendantes, 2. Ausgabe, 1994

Gerlich (Peter), Regierungspolitik und Europäische Union, in: Gerlich/Neisser (Hrsg.), Europa als Herausforderung: Wandlungsimpulse für das politische System Österreichs, Wien 1994, S. 19

Gicquel (Jean), Droit constitutionnel et institutions politiques, 1998

Goguel (François), Le référendum du 28 octobre et les élections des 18-25 novembre 1962, RFSP 1963

Goguel (François), Les méthodes de travail parlementaire, RFSP 1954

Gohin (Olivier), La contradiction dans la procédure administrative contentieuse, Thèse, LGDJ, 1988

Götz (Volkmar), Probleme des Verwaltungsrechts auf dem Gebiet des gemeinsamen Agrarmarktes, in: EuR 1986

Grabenwarter (Christoph), UVS Wien: Keine „unabhängige Behörde", JAP 1997/98

Gréciano (Gertrud), "France – Autriche : contacts linguistiques, idées nomades", Etudes Danubiennes, Strasbourg, 1996

Gréciano (Philippe), Diplomarbeit: Le pluralisme autrichien et le Parlement européen, Universität Metz, 1997

Gréciano (Philippe), Le contentieux européen et les droits de l'Homme: complémentarité ou dualisme juridictionnel ?, wiss. Arbeit, DEA, Metz, 1998

Gréciano (Philippe)/Lipp (Laurent), La neutralité de l'Autriche: "mythe ou réalité"?, in: La revue de l'IHEDN - Jeunes, Ecole Militaire, Nr. 9, 1999

Gréciano (Philippe)/Lipp (Laurent), Le mythe de la neutralité à l'épreuve de la politique de défense autrichienne, in: La revue de l'IHEDN - Jeunes, Ecole Militaire, Nr. 12, 1999

Grevisse (François)/Bonichot (Jean-Claude), Les incidences du droit communautaire sur l'organisation et l'exercice de la fonction juridictionnelle dans les Etats membres, l'Europe et le droit, FS für Boulouis, 1991

Griller (Stefan), Wird Österreich das dreizehnte EG-Mitglied ?, EuZW 1991

Griller (Stefan), Verfassungsfragen der EU-Mitgliedschaft, ZfRV 1995

Griller (Stefan), Vom Wandel der immerwährenden Neutralität, 75 Jahre BVG, 1995

Griller (Stefan), Verfassungsfragen der österreichischen EU-Mitgliedschaft, 1995

Griller (Stefan), Grundrechtsschutz in der EU und in Österreich, Referat am 12. Österreichischen Juristen-Tag, Bd I/2, 1994

Griller (Stefan)/Maislinger (Franz)/Reindl (Andreas), Fundamentale Rechtsgrundlagen einer EG-Mitgliedschaft, Wien 1991

Grussmann (Wolf-Dietrich), Auswirkungen eines EG-Beitritts auf die österreichische Verfassungsgerichtsbarkeit, in: ZfV 1990

Guédon (Marie-José), Les Autorités administratives indépendantes, LGDJ, 1991

Guglielmi (Gilles), La notion d'administration publique dans la théorie juridique française. De la Révolution à l'arrêt Cadot (1789-1889), LGDJ, Bibl. de droit public, 157. Band, 1990

Guinchard (Serge), Vivre ensemble, Bericht, La Documentation française, 1976

Guinchard (Serge), Le procès équitable: droit fondamental ?, AJDA 1998, Spezialausgabe „Les droits fondamentaux", S. 191

Gutknecht (Brigitte), Das Subsidiaritätsprinzip als Grundsatz des Europarechts, in: Für Staat und Recht, FS für Schambeck, hrsg. V. Hengstschläger u.a., 1994

Hatje (Armin), Europäische Rechtseinheit durch einheitliche Rechtsdurchsetzung, in EuR-Beiheft 1- 1998, S. 7

Hayek (Friedrich August), Die Verfassung der Freiheit, 1991

Hayek (Friedrich August), Recht, Gesetzgebung und Freiheit, Bd. I, 1981, Bd. III, 1981

Hecht (Michael), Derogation von österreichischem Recht durch Gemeinschaftsrecht?, ecolex 1996, S. 494

Hengstschläger (Markus), Totaländerung der Verfassung durch Gesetzessanierung? FS Walter, 1991

Hilf (Meinhard)/Stein (Torsten)/Schweitzer (Michael) /Schindler (Dietrich), Europäische Union: Gefahr oder Chance für den Föderalismus in Deutschland, Österreich und der Schweiz, Veröffentlichungen der Deutschen Staatsrechtler, Heft 53, Berlin – New-York

Hilf (Meinhard), Möglichkeiten und Grenzen des Rückgriffes auf nationale verwaltungsrechtliche Regeln bei der Durchführung von Gemeinschafsrecht, in: Schwartze (Hg.), Europäisches Verwaltungsrecht im Werden, 1982

Holzinger (Gerhard), Zu den Auswirkungen der österreichischen Mitgliedschaft auf das Rechtsschutzsystem der Bundesverfassung, in: Haller / Kopetzki / Novak / Paulson / Raschauer / Ress / Wiederin (Hrsg.), Staat und Recht – FS Winkler, 1997, S. 351

Holzinger (Gerhard), Die Auswirkungen der österreichischen EU-Mitgliedschaft auf das österreichische Verfassungsrecht, ÖJZ 1996, S. 264

Holzinger (Gerhard), Gravierende verfassungsrechtliche Änderungen in Zusammenhang mit einem österreichischen EG-Beitritt, JBl 1993

Huber (Ernst Rudolf), Das Kaiserreich als Epoche verfassungsstaatlicher Entwicklung, in: Handbuch des Staatsrechts der Bundesrepublik Deutschland, Hrsg. von Isensee und Kirschhof, Band I., 1987

Hübner (Ülrich) / Constantinesco (Vlad), Einführung in das französische Recht, 3. Auflage, Beck Verlag., 1994

Hummer (Waldemar), Der Beitritt der Europäischen Gemeinschaft zur Europäischen Menschenrechtskonvention aus der Sicht der EMRK, in Hummer (Hrsg.), Österreich und das Recht der Europäischen Union, 1996

Iliopoulos-Strangas (Julia), (Hrsg), Grundrechtsschutz im europäischen Raum. Der Beitritt der EG zur EMRK, 1993

Jabloner (Clemens), Die Mitwirkung der Bundesregierung an der Landesgesetzgebung, 1989

Jacqué (Jean-Paul), Communauté européenne et Convention européenne des droits de l'Homme, dans Pettiti et a., La Convention européenne des droits de l'Homme, commentaire article par article, Economica, 1995

Jarass (Hans D.), EG-Kompetenzen und das Prinzip der Subsidiarität nach Schaffung der Europäischen Union, in: 21 EuGRZ, 1994

Jeanneau (Benoît), Les principes généraux du droit dans la jurisprudence administrative, Sirey, 1954

Jeanneau (Benoît), La théorie des principes généraux du droit à l'épreuve du temps, EDCE, Nr. 33, 1981 – 1982

Kiefer (Andreas), Salzburgs Mitwirkung in europäischen Regionalinstitutionen, in: Floiman (Hrsg.), Die Regionale Außenpolitik des Landes Salzburg, Schriftenreihe des Landespressebüros, Serie Salzburg Dokumentationen, Nr. 108, 1993

Kley-Struller (Andreas), Art. 6 EMRK als Rechtschutzgarantie gegen die öffentliche Gewalt, 1993

Knill (Christoph), Implementing European policies: The Impact of National Administrative Traditions, EUI Working Paper RSC No. 97/56, Badia Fiesolana, San Domenico (FI)

Kobzina (Alfred), Verwaltungsgerichte und Verwaltungssenate, ÖJZ 1990

Kohlegger (Ehrhard), Aktuelle Entwicklungen im Vorabentscheidungsverfahren, ZfRV, 1998, S.89

Kohlegger (Ehrhard), Einwirkungen des Vorabentscheidungsverfahrens auf das österreichische Zivilverfahren, ÖJZ 1995, S. 761

Koja (Friedrich), Neutralität und Landesverteidigung, in: Geistige Landesverteidigung, 1984

Koja (Friedrich), Der Bundesstaat als Rechtsbegriff, in: Theorie und Praxis des Bundesstaates, 1974

Kommenda (Benedikt), Wiener Verwaltungssenat: Magistrat schlägt Bestellung auf Lebenszeit vor, Die Presse vom 2. März 1998

Konow (Gerhard), Zum Subsidiaritätsprinzip des Vertrages von Maastricht, in: 46 DÖV, 1993

Korinek (Karl), Von der Aktualität der Gewaltenteilungslehre, JRP 1995

Korinek (Karl), Interessenvertretungen im Wandel, in: Gerlich/Neisser (Hrsg.), Europa als Herausforderung: Wandlungsimpulse für das politische System Österreichs, Wien, 1994, S.133

Korte (Joest), Primus inter Pares: The European Court and National Courts, The Follow-up by National Courts of Premilinary Rulings ex Art. 177 of the Treaty of Rome: A Report on the Situation in the Nederlands, Baden-Baden, 1991

Kovar (Robert), Le Conseil d'Etat et le droit communautaire: des progrès mais peut mieux faire, Dalloz, 1992

Köck (Heribert Franz) / Stadlmeier (Sigmar), Die Europäische Menschenrechtskonvention als Teil des Rechts der Europäischen Union, JAP 2- 1996/97

Körner (Theodor), Das EU-Begleit-Bundesverfassungsgesetz- die Mitwirkung der Parlamente von Bund und Ländern bei der Schaffung von neuem EU-Recht, in: Kohl, Ofner, Stirnemann (Hrsg.), Österreichisches Jahrbuch für Politik 1994, 1995

Krätke (Stefan), Regional integration or fragmentation ? The German-Polish Border Region in a New Europe, Vortragsmanuskript, September 1997

Kreuzer (Karl)/Scheuing (Dieter H.)/Sieber (Ulrich), (Hrsg.), Die Europäisierung der mitgliedstaatlichen Rechtsordnungen in der EU, Baden-Baden, 1997

Krogsgaard (Lars Bender), Fundamental Rights in the European Community after Maastricht, LIEI 1/93

La Lettre du Conseil supérieur de l'audiovisuel, Nr. 52, La création audiovisuelle en France en 1992, Januar 1994

Labayle (Henri), L'effectivité de la protection juridictionnelle des particuliers, in RFDA, 1992

Ladeur (Karl-Heinz), Supra- und transnationale Tendenzen in der Europäisierung des Verwaltungsrechts – ein Skizze, in EuR-Heft 3-1995, S. 227

Laroque (Pierre), Sur la hiérarchie des décisions du Conseil d'Etat, FS René Chapus, Montchrestien, 1992

de Laubadère (Jean)/Venezia (Jean-Claude)/Gaudemet (Yves), Manuel de droit administratif, 1991

de Laubadère (Jean), Traité de droit administratif I, 11. Aufl. 1990, Nr. 51

Lefebvre (François), Le principe de subsidiarité et l'Union européenne, Tagung des Europäischen Zentrums für Föderalismus-Forschung in Zusammenarbeit mit dem Staatsministerium Baden-Würtemberg, 18.-20. Mai 1995, Schloß Bebenhausen/Tübingen

Lenz (Carl Otto), Der europäische Grundrechtsstandard in der Rechtssprechung des Europäischen Gerichtshofs, EuGRZ 1993

Lippert (Barbara), Der Europarat und Osteuropa: Brücken bilden für Gesamteuropa, in: Vierzig Jahre Europarat: Renaissance in gesamteuropäischer Perspektive? Hrsg. Otto Schmuck, Europäische Schriften des Instituts für Europäische Politik, Bonn, 1990

Lippold (Dietmar), Strukturfragen der Verfassung am Beispiel der immerwährenden Neutralität Österreichs und der Schweiz, 1987

Madner (Verena), Rechtsstaatliche Anforderungen für die Umsetzung von Richtlinien und die Anpassung nationalen Rechts am europarechtliche Vorschriften in der Judikatur des EuGH, in: Griller/Rill (Hrsg.), Verfassungsrechtliche Grundfragen der EU-Mitgliedschaft, 1997, S. 105

Maher (Imelda), Community Law in the National Legal Order: A Systems Analysis, Journal of Common Market Studies, Vol. 36, No. 2, June 1998

Mathieu (Sandrine), L'adhésion de la Communauté à la Convention européenne, Revue du Marché commun de l'Union européenne, Nr. 414, 1998

Mathijsen (Petrus), A Guide to European Union Law, 6. Aufl. London 1995

Matscher (Franz), Der Gerichtsbegriff der EMRK, in Baumgärtel-FS, 1990

Matscher (Franz), Anforderungen der EMRK an eine Landesverwaltungsgerichtsbarkeit in Österreich, ZUV 1998/2

Mattheews (Martin), Injonctions, interim relief and proceedings against Crown servants, Oxford Journal of Studies, 1988

Mayer (Heinz), Merkel zu den Baugesetzen des Bundes-Verfassungsgesetz 1920, in: Walter (Hrsg.), Adolf J. Merkel. Werk und Wirksamkeit, 1990

Mayer (Heinz), Die unabhängigen Verwaltungssenate im Rechtsschutzsystem (Teil 1), ÖJZ 1991

Mayer-Maly (Theo), Der liberale Gedanke und das Recht, FS Merkel, 1970

Meckel (Markus), Der deutsch-polnische Nachbarschaftsvertrag – Bilanz nach fünf Jahren, zitiert aus einem Vortrag mit gleichlautendem Titel auf einer wissenschaftlichen Tagung in der Europa-Universität *Viadrina* Frankfurt (Oder) zum Thema „Der deutsch-polnische Nachbarschaftsvertrag – Bilanz nach fünf Jahren" vom 1. bis 4. September 1997

Mendès France (Pierre), Regard sur la IVème République, FS Léo Hamon, 1982

Miehsler/Vogler, in Karl/Miehsler, Internationaler Kommentar zur Europäischen Menschenrechtskonvention, 1986

Moderne (Franck), Sur le nouveau pouvoir d'injonction du juge administratif, RFDA, Nr. 12, Jänner – Februar 1996

Morass (Michael), Die Praxis der Bund-Länderkoordination in der EU-Politik, in: Studigl/Fischler (Hrsg.), Die Teilnahme der

Bundesländer am europäischen Integrationsprozeß, Wien 1996, S. 85

Morass (Michael), Österreich im Entscheidungsprozeß der EU, in: Tálos/Falkner, EU-Mitglied Österreich: Gegenwart und Perspektiven: eine Zwischenbilanz, 1996

Morass (Michael), Regionale Interessen auf dem Weg in die Europäische Union, Schriftenreihe des Instituts für Föderalismusforschung Bd. 60, 1994

Mulert (Martin), Die deutschen Bundesländer vor dem Europäischen Gerichtshof, Duncker und Humblot Vlg., Berlin, 1996

Neisser (Heinrich), Parlamentsreform und EU-Beitritt, in: Gerlich, Neisser (Hrsg.), Europa als Herausforderung: Wandlungsimpulse für das politische System Österreichs, 1994

Neisser (Heinrich), Das politische System der EG, 1993

Neisser (Heinrich), Verfassungsreform im Lichte des EU-Beitritts, in: Grundfragen und aktuelle Probleme des öffentlichen Rechts, FS für Heinz Peter Rill zum 60. Geburtstag

Noll (Alfred), Vom Festhalten an der Neutralität zum EU-Beitritt?, in: Tálos/Falkner, EU-Mitglied Österreich: Gegenwart und Perspektiven: eine Zwischenbilanz, Wien, 1996

Oberndorfer (Peter), Verfassungsauftrag der UVS im Lichte der VfGH-Judikatur, ZUV 1998/2

Obwexer (Walter), Die Rechte und Pflichten der Unionsbürger aus der Unionsbürgerschaft, Diss Innsbruck, 1998

Oschatz (Georg-Berndt), EG-Rechtsetzung und deutscher Föderalismus, in: Föderalismus und Europäische Gemeinschaften, Hrsg. v. Detlef Merten, 1990

Oschatz (Georg-Berndt)/Risse (Horst), Die Bundesregierung an der Kette der Länder?, DÖV 1995

Öhlinger (Theo), Kommentar zum Art. 23 d BV-G, Korinek/Holoubek (Hrsg.), Wien/New-York, 1999

Öhlinger (Theo), Verfassungsrecht, 1995

Öhlinger (Theo), Unmittelbare Geltung und Vorrang des Gemeinschaftsrechts und die Auswirkungen auf das verfassungsrechtliche Rechtsschutzsystem in: Griller/Korinek/Potacs (Hrsg.), Grundfragen und aktuelle Probleme des öffentliches Rechts – FS für Heinz Peter Rill, 1995, S. 359

Öhlinger (Theo), Legalitätsprinzip und Europäische Integration – Zur Gesetzbindung des Verwaltungshandelns aus der Sicht des EU-

Beitritts, in: Österreichische Parlamentarische Gesellschaft (Hrsg.), FS 75 Jahre Bundesverfassung, 1995, S. 289

Öhlinger (Theo), Verfassungsrechtliche Aspekte der Übernahme von Gemeinschaftsrecht und Unionsrecht in die österreichische Rechtsordnung in: Hummer/Schweitzer, Österreich und das Recht der Europäischen Union, Wien 1997, S. 169

Öhlinger (Theo), Bundesstaatsreform und Europäische Integration, in: Pernthaler (Hrsg.), Bundesstaatreform als Instrument der Verwaltungsreform und des europäischen Föderalismus, Wien 1997, S. 43

Öhlinger (Theo), Das Scheitern der Bundesstatsreform, in: Kohl/Ofner/Stirnemann (Hrsg.), Österreichisches Jahrbuch für Politik 1994

Öhlinger (Theo), Verfassungsgesetzgebung und Verfassungsgerichtsbarkeit, ÖJZ 1990

Öhlinger (Theo), Die Grundrechte in Österreich, EuGRZ, 1982

Öhlinger (Theo), Bundesstaat und Reine Rechtslehre, ZfRV 1975

Öhlinger (Theo), Der Bundesstaat zwischen Reiner Rechtslehre und Verfassungsrealität, 1976

Öhlinger (Theo)/Potacs (Michael), Gemeinschaftsrecht und staatliches Recht. Die Anwendung des Gemeinschaftsrechts im innerstaatlichen Bereich, 1998

Pacteau (Bernard), Contentieux administratif, PUF, 4. Auflage, 1997, Nr. 248, S. 252

Pappas (Spyros A.), Procédures administratives nationales de préparation et de mise en oeuvre des décisions communautaires, Maastricht, 1994

Pechstein (Matthias), Die Bedeutung von Protokollerklärungen zu Rechtsakten der EG, EuR 1990, S. 249

Pechstein (Matthias), Austria ante portas: Österreichs Neutralität als Hindernis für einen EG-Beitritt? EuR 1989

Pernthalter (Peter), Die Stellung der Länder in der Bundesverfassung, FS 75 Jahre BVG, 1995

Pernthaler (Peter), Das Länderbeteiligungsverfahren an der europäischen Integration, Schriftenreihe des Instituts für Föderalismusforschung Bd. 53, 1992

Pernthalter (Peter), Die Staatsgründungsakte der österreichischen Bundesländer, 1979

Pernthalter (Peter)/Esterbauer, Die Entstehung des österreichischen Bundesstaates als geschichtlicher Vorgang und staatstheoretisches Problem, Montefort 1973, H 2/3

Pernthaler (Peter)/Rath-Kathrein (Irmgard), Die Einführung von Landesverwaltungsgerichten – eine Alternative zu den „unabhängigen Verwaltungssenaten in den Ländern", JBl 1989
Pernthaler (Peter)/Rath-Kathrein (Irmgard), Bindung von Mitgliedern des Bundesrates an Aufträge der sie entsendenden Landtage, in: Grundfragen und aktuelle Probleme des öffentlichen Rechts, Fs für Heinz Peter Rill zum 60. Geburtstag , Hrsg. v. Stefan Griller, Karl Korinek, Michael Potacs, 1995
Persaud (Avinash), Where do we go from here? Fundamental Rights in the Post-Maastricht Legal Order, Vorträge, Reden und Berichte aus dem Europa-Institut der Universität des Saarlandes, Nr. 322, 1994
Pescatore (Pierre), Gemeinschaftsrecht und staatliches Recht in der Rechtssprechung des Gerichtshofes der Europäischen Gemeinschaften, in: NJW 1969
Pescatore (Pierre), Das Zusammenwirken der Gemeinschaftsrechtsordnung mit den nationalen Rechtsordnungen, in. EuR 1970
Pesendorfer (Wolfgang), Föderalismus als Verfassungsprinzip, in: Holzinger/Neisser/Wimmer (Hrsg.), Funktion der Verfassung, 1990
Pipkorn (Jörn), Das Subsidiaritätsprinzip im Vertrag über die Europäische Union: rechtliche Bedeutung und gerichtliche Überprüfbarkeit, in: 3 EuZW, 1992
Piska (Christian), Das Prinzip der festen Geschäftsverteilung in der ordentlichen Gerichtsbarkeit, 1995
Piska (Christian), Die unabhängige Stellung der UVS und ihre Absicherung – aktuelle Probleme, ZUV 1998/3
Pond (Elisabeth), Brief aus Bonn, Europäische Visionen, in: Europäische Rundschau, 25. Jg., 4/97
Potacs (Michael), Erfahrungen eines neuen Mitgliedstaates im Hinblick auf die europäische Rechtseinheit – das Beispiel Österreichs, EuR – Beiheft 1 - 1998
Potacs (Michael), Der Beitritt der Europäischen Gemeinschaft zur Europäischen Menschenrechtskonvention aus gemeinschaftsrechtlicher Sicht, in: Hummer, Österreich und das Recht der Europäischen Union, 1996
Prélot (Marcel)/Boulouis (Jean), Institutions politiques et droit constitutionnel, 1990
Pum (Gabriele), Französische Entlehnungen und ihre Integration ins Deutsche mit besonderer Berücksichtigung der österreichischen Presse, Wien, 1991

Rainaud (Nicolas), Le commissaire du gouvernement près le Conseil d'Etat, LGDJ, 1996

Raschauer (Bernhard), Allgemeines Verwaltungsrecht, 1998, VII

Rechberger (Walter)/ Simotta (Daphné), Grundriß des österreischichen Zivilprozeßrecht, 1994

Reiter (Erich), Neutralität oder NATO, Die sicherheitspolitischen Konsequenzen aus der europäischen Aufgabe Österreichs, in Styria, 1996

Rengeling (Hans-Werner), Rechtsschutzgesetze beim Verwaltungsvollzug des Europäischen Gemeinschaftsrechts, 1977

Ress (Georg), Ist die Europäische Union eine juristische Person?, EuR 1995/Beiheft 2

Ress (Georg), Das Verhältnis zwischen Gemeinschaftsrecht und nationalem Recht der Mitgliedstaaten (Verfassung, einfaches Gesetzrecht, Vollziehung) in: Korinek/Rill, Österreichisches Wirtschaftsrecht und das Recht der EG, 1990, S. 55

Ress (Georg), Über die Notwendigkeit der parlamentarischen Legitimierung der Rechtsetzung der europäischen Gemeinschaften, in: GS für Wilhelm Karl Geck, 1989

Rivero (Jean), Droit administratif, Dalloz, 1990

de la Roncière (Charles-Marie), L'article L. 22 du code des tribunaux administratifs et cours administratives d'appel. Innovations et interrogations, Petites Affiches vom 12. August 1994

Rotter (Manfred), Das Subsidiaritätsprinzip und der Ausschuß der Regionen im Unionsvertrag von Maastricht. Die mißlungene Quadratur des Föderalismus, in: Für Staat und Recht, FS für Herbert Schambeck

Ruppe (Georg), Finanzverfassung im Bundesstaat, 1977

Schaller (Christian), Zur Diskussion um den österreichischen EU-Beitritt, in: Tálos/Falkner, EU-Mitglied Österreich: Gegenwart und Perspektiven: eine Zwischenbilanz, 1996

Schambeck (Herbert), Demokratie und Föderalismus als europäischer Auftrag, ÖJZ 1993

Schambeck (Herbert), Das österreichische Regierungssystem. Ein Verfassungsvergleich. Westdeutscher Verlag, Opladen, 1995

Schantl-Welan, Betrachtungen über die Judikatur des VfGH zur MRK, ÖJZ 1970

Scharpf (Fritz), Die Handlungsfähigkeit des Staates am Ende des Zwanzigsten Jahrhunderts, in: Beate Kohler-Koch (Hrsg.), Staat und Demokratie in Europa, Opladen, 1992

Scharpf (Fritz), Die Politikverflechtungsfalle: Europäische Integration und deutscher Föderalismus im Vergleich, in: Politische Vierteljahresschrift Nr. 26, 1985

Schäffer (Heinz), Europa und die österreichische Bundesstaatlichkeit, DÖV 1994

Schäffer(Heinz), Österreichs Beteiligung an der Willensbildung in der Europäischen Union, insbesondere an der europäischen Rechtssetzung in: Österreichische Juristenkommission, Österreich in der EU: Tagung der Österreichischen Juristenkommission unter Mitwirkung der Vereinigung Österreichischer Richter und des Vereins der Staatsanwälte in Weissenbach am Attersee; 22. Tagung der Österreichischen Juristenkommission vom 25. bis 27. Mai 1995, Wien 1996

Scherer (Joachim), Das Rechnungabschlußverfahren – ein Instrument zur Durchsetzung europäischen Verwaltungsrechts?, in: EuR 1986

Schermers (Henry), The protection of Human Rights in the European Community, Vorträge und Berichte am Zentrum für Europäisches Wirtschaftsrecht Bonn, 1994

Schiller (Theo), Weisungsrechte der EG nach dem EWG-Vertrag bei nationalem Verwaltungsvollzug von EG-Recht?, in: RIW 1985

Schima (Bernhard), Das Subsidiaritätsprinzip im Europäischen Gemeinschaftsrecht, 1994

Schlette (Volker), Die verwaltungsgerichtliche Kontrolle von Ermessensakten in Frankreich, 1991

Scholz (Rupert), Bundesstaaten in der Europäischen Union – Deutschland und Österreich im Vergleich, in: Haller/Kopetzki/Novak/Paulson/Raschauer/Ress/Wiederin (Hrsg.), Staat und Recht – FS Winkler, 1997, S. 1019

Schröder (Hartmut), Expertise zum Themenbereich „Sprache(n) und Grenzen" für das Seminar „Fremdsprachen-Grenzdidaktik", Lehrstuhl für Sprachwissenschaft an der Europa-Universität Viadrina Frankfurt (Oder) u.a. Frankfurt (Oder), 10/1996

de Schutter (Olivier), L´adhésion des Communautés européennes à la Convention européenne des droits de l´Homme, Courrier hebdomadaire No. 1440-1994

Schwarze (Jürgen), Europäisches Verwaltungsrecht, 1988

Schweizer (Michael), Die Verwaltung der Europäischen Gemeinschaften, in: Die Verwaltung, 1984

Schweitzer (Michel)/Hummer (Waldemar), Europarecht, 1998

Siedentopf (Heinrich), Umsetzung und Anwendung des Gemeinschaftsrechts in den Mitgliedstaaten, in: Magiera/Siedentopf (Hrsg.), Die Zukunft der Europäischen Union – Integration, Koordination, Dezentralisierung, S. 105

Siedentopf (Heinrich)/Ziller (Jacques), L'Europe des Administrations ? La mise en oeuvre de la législation communautaire dans les Etats Membres, Volume I (Synthèses comparatives), Brüssel, 1998

Siegler (Heinrich), Dokumentation der Europäischen Integration, Bd. 1, 1961, S.73

Simon (Denys), Le Conseil d'Etat et les directives communautaires, du gallicisme à l'orthodoxie ?, RTD eur., 1992, Le Conseil d'Etat, la directive, la loi , le droit "ad augusta per augusta", Europe, 1992

Stadler (Christian), Autonomer Nachvollzug von Europarecht durch den österreichischen Gesetzgeber, in: Schwind (Hrsg.), Österreichs Weg in die EG – Beiträge zur europäischen Rechtsentwicklung, Wien, 1991

Staeck (Nicolas), Politikprozesse der Europäischen Union. Eine Policy-Netzwerkanalyse der europäischen Strukturfondspolitik, Baden-Baden, 1997

Stolzlechner (Harald), Zur Befangenheit/Unbefangenheit befristet bestellter UVS-Mitglieder, ZUV, 1998/2

Streil (Jochen), Verwaltungsrecht der Gemeinschaft, in: Beutler/Bieber/Pipkorn/ Streil, Die Europäische Gemeinschaft, Rechtsordnung und Politik, 1987

Stein (Torsten), Das Subsidiaritätsprinzip als Strukturmerkmal der Europäischen Union, in: Die Europäische Union und Österreich,

Stirn (Bernard), Le Conseil d'Etat, son rôle sa jurisprudence, Hachette, 1991, S. 54

Streinz (Rudolf), Der Vertrag von Amsterdam – Die institutionellen Veränderungen für die Europäische Union und die Europäische Gemeinschaft, Jura 1998

Streinz (Rudolf), Der Vertrag von Amsterdam – Einführung in die Reform des Unionvertrages von Maastricht und der Bewertung der Ergebnisse, EuZW 1998

Streinz (Rudolf), Europarecht, 1992

Streinz (Rudolf), Der Einfluß des Europäischen Verwaltungsrechts auf das Verwaltungsrecht der Mitgliedstaaten. Dargestellt am Beispiel der Bundesrepublik Deutschland, in : Schweitzer (Hrsg.), Europäisches Verwaltungsrecht, 1991

Streinz (Rudolf), Der Verfassungsstaat als Glied einer europäischen Gemeinschaft, in: DVBl. 1990

Streinz (Rudolf)/Pechstein (Matthias), Procédures administratives nationales de préparation et de mise en oeuvre des décisions communautaires, Le cas de l'Allemagne, Institut européen d'administration publique, Maastricht, 1994, S. 137

Tempel (Sybille), Städtepartnerschaften in der deutsch-polnischen Zusammenarbeit; in: Osteuropa, Jhg. 47, Heft 7, Juli 1997

Thienel (Rudolf), Verfassungsrechtliche Probleme der derzeitigen Ausgestaltung der Unabhängigen Verwaltungssenate, in: Pernthaler (Hrsg.), Unabhängige Verwaltungssenate und Verwaltungsgerichtbarkeit, 1993

Thienel (Rudolf), Das Verfahren der Verwaltungssenate, 1992

Thienel (Rudolf), Ein komplexer oder ein normativer Bundesstaatbegriff? ZÖR 42, 1991

Thun-Hohenstein (Christoph)/Cede (Franz), Das Recht der Europäischen Union unter besonderer Berücksichtigung des EU-Beitritts Österreichs, 1996

Tourdias (Maurice), Le tribunal administratif, juge de droit commun en matière administrative depuis 1945, JCP 1960 I

Trüe (Christiane), Auswirkungen der Bundesstaatlichkeit Deutschlands auf die Umsetzung von EG-Richtlinien und ihren Vollzug, EuR-Heft 2-1996, S. 194

Turpin (Dominique), Contentieux constitutionnel, 1986

Turot (Jérôme), Défaut de transposition d'une directive communautaire. Le choix des armes : la pique ou la masse ?, in RJF, 1992

Verdross (Alfred), Die immerwährende Neutralität der Republik Österreich, 1977

Walter (Robert)/Mayer (Heinz), Grundriß des österreichischen Bundesverfassungsrechts, 8. Auflage, 1996

Weber (Karl), Österreichs kooperativer Föderalismus am Weg in die Europäische Integration, in: FS-Herbert Schambeck, 1994

Weber (Karl)/Walzel v. Wiesentreu (Thomas), Verbraucherschutz und Bundesstaatsreform im Lichte der Europäischen Integration, 1996

Weiler (Hans), Wissenschaft an der Grenze. Zur geistigen Geographie der Frankfurter Europa-Universität, in: Experiment Grenzuniversität/Hrsg. Anna Schwarz u.a., Sonderdruck 1998, Frankfurt (Oder), 1998

Weiss (Jürgen), Föderalismus in einem neuen Europa, in: Föderalismus und Parlamentarismus in Österreich, hrsg. von Schambeck, 1992

Wollmann (Hellmut), Der Systemwechsel in Ostdeutschland, Ungarn, Polen und Rußland. Phasen und Variaten der politisch-administrativen Dezentralisierung; in: Aus Politik und Zeitgeschichte. Beilage zur Wochenzeitung Das Parlament. B 5/1997

Zawadzka (Barbara), Aktuelle Streitfragen des aktuellen Verfassungsstreites, in: Recht in Ost und West. Zeitschrift für Ostrecht und Rechtsvergleichung, 40. Jhg., Heft 5, Juni 1996

Zuleeg (Manfred), in: von der Groeben/ Thiesing/ Ehlermann (Hg.), Kommentar zum EWG-Vertrag, 1991

FSC
www.fsc.org
MIX
Papier | Fördert gute Waldnutzung
FSC® C083411

Kolibri 360 GmbH
Ferdinand-Jühlke-Straße 7
99095 Erfurt, Deutschland
produktsicherheit@kolibri360.de

Druck:
CPI Druckdienstleistungen GmbH
im Auftrag der
Kolibri 360 GmbH
Ferdinand-Jühlke-Str. 7
99095 Erfurt